21 世纪高等职业教育财经类规划教材

财务会计类

工业和信息化高职高专"十二五"
规划教材立项项目

会计职业基础（第2版）

The Accounting Professional Basic (2nd Edition)

◎ 王辉 主编

人民邮电出版社

北 京

图书在版编目（ＣＩＰ）数据

会计职业基础 / 王辉主编. -- 2版. -- 北京 : 人
民邮电出版社, 2014.8
21世纪高等职业教育财经类规划教材. 财务会计类
ISBN 978-7-115-36073-1

Ⅰ. ①会… Ⅱ. ①王… Ⅲ. ①会计学－高等职业教育
－教材 Ⅳ. ①F230

中国版本图书馆CIP数据核字(2014)第138538号

内 容 提 要

本书按照财政部制定的《企业会计准则》《会计从业资格考试大纲——会计基础考试大纲》以及《高等职业学校会计专业教学标准（试行）》等对会计职业及会计职业教育的最新要求编写。本书共 9 章，主要内容包括会计与会计职业道德、账户设置与复式记账、企业主要经济业务的核算、填制和审核会计凭证、登记账簿、财产清查、编制财务报表、账务处理程序、会计档案。通过学习，读者可以系统掌握会计基本概念与核算方法，为后续的会计专业学习打好基础的同时，也满足了会计从业资格考试的基本要求。

本书不仅适用于财务会计类专业的"基础会计"课程教学和非会计专业的会计基础知识学习，同时也可作为自学、会计从业资格培训及其他相关培训的用书。

◆ 主　　编　王　辉
　　责任编辑　李育民
　　责任印制　杨林杰

◆ 人民邮电出版社出版发行　　　北京市丰台区成寿寺路 11 号
　　邮编　100164　　电子邮件　315@ptpress.com.cn
　　网址　http://www.ptpress.com.cn
　　北京鑫正大印刷有限公司印刷

◆ 开本：787×1092　1/16
　　印张：15.5　　　　　　　　　2014 年 8 月第 2 版
　　字数：348 千字　　　　　　　2014 年 8 月北京第 1 次印刷

定价：34.00 元

读者服务热线：(010)81055256　印装质量热线：(010)81055316
反盗版热线：(010)81055315
广告经营许可证：京崇工商广字第 0021 号

　　《会计职业基础》第 1 版自 2011 年 2 月出版以来，承蒙广大同仁和读者厚爱，在教学中得到了较好应用，取得了良好的教学效果。但随着职业教育改革的进一步深化，人才培养模式与教学模式的不断创新，以及《高等职业学校专业教学标准（试行）》对课程体系与教学内容的新要求，必须对原教材进行全面修订，以适应会计职业教育理论与实践的发展。

　　第 2 版教材对原教材的以下方面进行了修订。

　　（1）在"企业主要经济业务的核算"部分，改变了原教材按照经济业务事项的编写模式，采用了按照"筹资→供应→生产→销售→利润形成→利润分配"这一通行的编写模式安排教学内容，使得结构更合理、逻辑更清楚、难易更恰当、教学更简便。

　　（2）删除了原教材的"企业会计准则"一章，将其相关内容进行分解，穿插于其他相关章节，使会计理论与企业会计实务的结合更直接、更紧密，有助于读者对会计基本理论的理解与应用。

　　（3）进一步理顺了本课程与后续课程在教学内容上的衔接，简化了原教材中有关会计要素的确认与计量的相关内容，更加方便初学者对相关内容的理解与掌握。

　　（4）新增了大量教学案例，采用"分步式"讲解教学案例，使得业务处理更直观、更贴近实务。同时，还适时增加"知识链接"、"会计名人"等专栏，既丰富了教学内容，也有助于读者的拓宽知识面，了解会计专业背景及其与其他专业、学科的关系。

　　本书的参考学时为 72～96 学时，建议相关章节采用"理实一体"教学模式，各章的参考学时见学时分配表。

学时分配表

项　目	课程内容	学　时
第 1 章	会计与会计职业道德	6～8
第 2 章	账户设置与复式记账	12～16
第 3 章	企业主要经济业务的核算	24～30
第 4 章	填制和审核会计凭证	6～8
第 5 章	登记账簿	6～8
第 6 章	财产清查	4～6
第 7 章	编制财务报表	6～8
第 8 章	财务处理程序	6～8
第 9 章	会计档案	2～4
课时总计		72～96

　　本书不仅适用于财务会计类专业的"基础会计"课程教学和非会计专业的会计基础知识学习，同时也可作为自学、会计从业资格培训及其他相关培训的教学用书或参考用书。

　　本书由安徽工商职业学院教授王辉任主编。全书共 9 章，王辉编写第 1 章、第 2 章、第 3 章，刘玥编写第 4 章、第 5 章、第 6 章，张智慧编写第 7 章、第 8 章、第 9 章，由王辉总纂全书。本次修订由王辉执笔完成。在修订过程中得到了行业企业的专家和任课老师的大力支持，同时也参考和引用了国内许多作者的观点和有关资料。在此谨向他们表示感谢并致敬。

　　由于编者水平和经验有限，书中难免有欠妥和错误之处，恳请读者批评指正。

编　者

2014年4月

第1章

会计与会计职业道德

📥 学习目标

- 掌握会计的概念与基本特征，明确会计与经济活动的关系
- 掌握会计核算方法及各方法间的关系
- 了解会计职业，掌握会计职业道德要求，熟悉会计法律环境

📥 导入案例

　　蓝鼎投资公司招聘会计主管，公司总经理亲自担任考官，他向所有应聘者只提一个问题，即"1+1=？"。应聘者不知其中奥妙，有的说等于 1，有的说等于 2，还有的说等于 3……总经理均遗憾地摇摇头。终于有位应聘者，轻声反问总经理："您说等于几？"总经理十分满意，终于选到了想要的会计人才了，爽快地录用了此人。

　　由案例引发的疑问是：什么是会计？会计岗位是如何设置的？会计又是如何工作的？是不是如案例所隐含的想怎样做就怎样做？带着这一系列问题进入"会计职业基础"课程的学习吧。

1.1 经济活动与会计

1.1.1 经济活动的类型与特点

经济活动是指人们从事社会物质生产和再生产的活动，其主体包括个人和组织。参与经济活动的组织类型很多，如企业、政府、非营利组织等，但基本形式是企业。企业是以营利为目的的经济组织，通过生产经营活动赚取利润。不同性质的企业，其生产经营活动的形式和内容不同，如制造业和商品流通业。

制造业的生产经营活动可分为供应、生产和销售 3 个过程，通过产品的生产、销售等活动赚取利润。制造业的基本生产经营过程如图 1-1 所示。

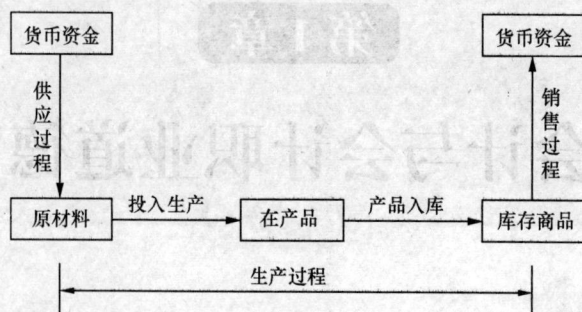

图 1-1 制造业经济活动过程

商品流通企业则是通过购销活动，组织商品流通来满足市场需要，从而赚取利润，其经营活动过程只包括购进和销售两个环节，不从事商品生产，因而没有生产过程。商品流通企业的基本经营过程如图 1-2 所示。

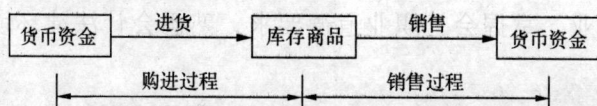

图 1-2 商品流通企业经济活动过程

从制造业和商品流通企业经济活动过程的描述中可以看出，它们有一个共同特点，即都是从货币资金形态出发又回到货币资金形态。但必须注意，经过生产经营活动后回到的货币资金形态，其数量上已经发生了变化，它可能大于也可能小于起点的货币资金金额。另外，通过生产经营取得的货币资金还要通过分配，一部分以税收、利润分配或分派股利等形式退出企业，另一部分则留存企业，继续用于生产经营活动。

实际上，企业生产经营活动所需要的资金不完全来源于企业的积累。为满足生产经济的需要，企业还需要利用各种筹资渠道筹集资金，如向银行贷款、发行股票或债券等。

综上所述，在企业的经济活动中涉及了一系列经济决策问题，其中，主要的经济决策如表 1-1 所示。

表 1-1	经济决策举例
决策者	决策内容
（1）企业管理层	在哪里扩展业务或减少业务？下属的工作情况如何？该奖励谁？
（2）债权人（如银行）	能放贷吗？需要什么贷款条件？
（3）供应商	延长信用吗？多少？多长时间呢？
（4）税务部门	应纳税额的计算正确吗？
（5）证券监管部门	上市公司的财务报表符合规定吗？

经济决策离不开会计信息。会计信息是会计工作的产物，是反映企业的财务状况、经营成果和现金流量的、决策有用的信息。会计就是对单位（包括企业）的经济活动进行确认、计量、记录和报告，生成并披露财务信息的过程。企业的经济活动就天然成为会计的对象，成为会计所要核算与监督的内容。

1.1.2 会计的概念与特征

1．会计的概念

会计是一种信息系统，它以货币为主要计量单位，对企业的经济业务活动系统地加以记录、归类和汇总，并分析解释其结果，为管理者及其他信息使用者提供经济决策有用的信息，为企业的计划、控制和决策过程服务。

作为信息系统，会计是通过以下路径向信息使用者提供会计信息的，如图 1-3 所示。

图 1-3 会计信息的提供路径

同时，会计也被公认为管理活动的组成部分。从管理的角度来定义，会计是以货币为主要计量单位，运用一系列专门方法，综合反映和监督单位经济活动的一种管理活动，它是经济管理的重要组成部分。

2．会计的基本特征

会计不仅是一种信息系统，同时也是一种经济管理活动，它具有以下基本特征。

（1）会计以货币为主要计量单位。会计作为一种信息系统，所提供的信息，即会计信息。会计信息是一种数量信息，是对经济活动过程的数量方面进行计量所形成的信息。说到计量，必然涉及计量单位。计量单位通常包括实物量度（如千克、件、台等）、劳动量度（如小时、工时等）和货币量度（如人民币元、美元等）3 种。在这 3 种量度中，货币量度是从价值上的衡量，反映的是计量对象的价值量，因而最具一般性和综合性。而会计对象，即会计所要核算和监督的内容，是企业的经济活动过程。经济活动是千差万别的，不同单位经济活动的内容不同；即使是同一单位，其经济活动，也是由纷繁复杂的交易和事项构成。因此，要综合反映经济活动过程，就必须抽象掉经济活动的具体特征，选择最具一般性的特征——价值特征，以货币量度来计量经济活动的价值方面，以价值量信息来反映、解释经济活动过程。所以，会计以货币为主要计量单位，辅以实物量度和劳动量度。凡是特定主体能够以货币表现的经济活动，都是会计核算和监督的内容。以货币表现的经济活动通常又称为价值运动或资金运动。

（2）会计拥有一系列专门的方法。经济活动的复杂性决定了对它进行核算和监督并非易事。会计总是伴随着经济的发展而发展，以顺应发展生产和管理经济的要求。经济发展经历了从低级到高级、从简单经济到复杂经济的发展历程。会计方法的发展也经历了同样漫长的发展过程，从萌芽阶段的"结绳记事"到"复式记账"，到如今的一套完整的会计核算与监督体系的形成，会计已经拥有一系列专门的方法来核算与监督日益复杂的经济活动。但会计方法的发展并未停止，它仍将伴随着经济的发展而发展。

（3）会计具有核算与监督的基本职能。会计的职能是指会计在经济管理过程中，客观上具有的功能。它的基本职能包括会计核算和会计监督两个方面。其中，会计核算职能是会计最基本的职能，它贯穿于经济活动的全过程。会计核算职能是指会计以货币为主要计量单位，对特定主体（如某企业）的经济活动进行确认、计量、记录和报告，为信息使用者提供会计信息。会计核算职能也体现了会计信息系统的特征。会计监督职能是指会计人员在进行会计核算的同时，对特定主体经济活动的真实性、合法性和合理性进行审查。如会计人员拒绝处理不合法、不真实的交易或事项，保证了经济活动的真实性与合法性。又如，运用会计核算信息提出合理建议，参与经营管理，以改善经济活动的合理性，等等。会计监督包括事前监督、事中监督和事后监督。事前监督就是在经济活动过程之初，对计划、预算等经济活动进行审查；事中监督就是在经济活动过程中对计划、预算等执行情况进行审查；事后监督就是在过程之后，对会计资料做分析检查。

核算和监督两项基本会计职能相辅相成、是辩证统一的关系。会计核算是会计监督的基础，没有核算所提供的各种信息，监督就失去了依据；而会计监督又是会计核算质量的保障，只有核算没有监督，就难以保证核算所提供信息的真实性、可靠性。

（4）会计的本质是一种管理活动。会计在经济活动过程中，通过会计反映着经济活动过程。但这种反映不是静止的而是动态的反映，不是单向的而是互动的反映。也就是说，会计人员核算经济活动时，需要对经济活动过程的真实性、合法性、合理性进行审查，需要根据会计核算资料提出建议，参与管理，为经济决策提供依据，以保证特定主体财产物资的安全与完整，提高经济活动的效率与效果，实现经营合规性目标。因此说，会计的本质是一种管理活动。即使把会计理解成信息系统也不能掩盖会计是一种管理活动的本质，因为作为信息系统的会计，它所提供的会计信息是决策有用的信息，能够满足经营管理的信息需求，最终服务于经营管理活动。

1.1.3 会计的基本分类

由于会计信息的使用者有内部和外部之分，企业所应用的会计就发展为管理会计和财务会计两大组成部分。

1. 管理会计

所谓管理会计，是指为提供企业管理者所需要的会计信息而实施的会计，简单地说，就是"对内报告会计"。这种会计的目的是帮助企业管理者制订长期规划，指导和控制当期的经营，因而它所提供的信息不仅须适应管理者的需要，在内容上都较详细，并且所使用的报告方式也各不相同，在目前尚没有定型的、完善的和普遍公认的原则可供遵循，具有很大的灵活性。

2．财务会计

财务会计是指为提供企业以外的信息使用者所需要的会计信息而实施的会计，简单地说，就是"对外报告会计"。企业外部信息使用者主要包括投资者（股东）、债权人、供应商、政府和监管部门。正如前文所述，他们在做出相关经济决策时，需要了解企业的财务状况、经营成果和现金流量。所以，财务会计的主要职能就是向他们提供有关企业财务状况、经营成果和现金流量等信息。由于财务会计所披露的会计信息旨在满足所有的外部信息使用者而不是特定的使用者的需要，因而它所提供的信息一般采用总括的财务报表形式，并有一套关于信息处理和披露的公认原则和理论。

概括地说，财务会计主要侧重于向企业外部信息使用者提供有关企业财务状况、经营成果和现金流量情况等信息；管理会计主要侧重于向企业内部管理者提供进行经营规划、经营管理、预测决策所需的相关信息。财务会计侧重于过去信息，为外部有关各方提供所需数据；管理会计侧重于未来信息，为内部管理部门提供数据。

> **知识链接**
>
> 会计作为一项记录、计算和考核收支的工作，无论在我国还是在外国，都是很早以前就有了，世界文明古国在公元前一千年左右就已有简单的计算和记录。但是，最初它只是作为"生产职能的附带部分"，即由生产者在"生产时间之外附带地把收支、支付日等记载下来"。只有当社会生产力发展到一定水平，出现剩余产品之后，会计才逐渐地从生产职能中分离出来，成为独立的职能，由专职人员进行。近代会计是商品经济的产物，一般认为起始于 15 世纪末期。1494 年，意大利数学家卢卡·帕乔利的关于复式记账论著——《算术、几何、比及比例概要》的出版，标志着近代会计的开始。

1.2 会计核算方法

会计的方法，是用来核算和监督会计对象，执行和完成会计任务的手段。会计的方法在一定程度上依存于会计采用的数据处理技术，如手工数据处理和会计电算化有着很大的区别。这里所讲的方法是在手工数据处理条件下所采用的会计方法。

由于会计是由会计核算、会计分析、会计监督等部分组成，所以，会计方法则是由会计核算方法、会计分析方法、会计监督方法等组成的方法体系。其中，会计核算方法，是对会计对象进行连续、系统、完整的核算与监督所应用的专门方法，包括设置账户、复式记账、填制和审核凭证、登记账簿、成本计算、财产清查、编制财务报表等一系列专门方法。

1.2.1　设置账户

设置账户是对会计对象的具体内容进行归类、核算和监督的一种专门方法。我们知道，会计对象的内容是复杂多样的，要对会计对象所包含的经济内容进行系统的反映和经常的监督，就需要对它们进行科学的分类，以便取得各种不同性质的核算指标。因此，对各项财产物资、债权债务、资本、成本费用、收入成果等的增减变化，都要分别设置一定的账户。进行归类、反映和监督，以取得经营管理所需要的各种不同性质的核算指标。

1.2.2　复式记账

复式记账是通过至少两个账户来记录每一项经济业务的一种专门方法。因为任何一项经济业务都会引起两种变化。例如，以银行存款购买原材料，一方面引起原材料的增加，另一方面引起银行存款的减少，这两者是相互联系的，需要分别设置账户进行反映。因此，应用复式记账时，就要将每项经济业务用两个或两个以上账户相互联系地进行登记。这样，才能够全面反映各种现象之间的相互关系，反映经济活动的来龙去脉，便于对各项经济业务进行监督。

1.2.3　填制和审核凭证

填制和审核凭证是为了保证会计记录完整、可靠，审查经济业务是否合理合法而采用的一种专门方法。它既是会计核算的一种方法，也是会计监督的重要方法。会计凭证（简称凭证）是证明各项经济业务已经执行或完成的书面文件，是登记账簿的重要依据。对于任何一项经济业务都要按照实际执行或完成的情况填制凭证，所有凭证都要经过会计部门和有关部门的审核，只有经过审核无误的凭证，才能作为记账的根据，也只有通过凭证的填制和审核，才能够为账簿记录提供完整的和真实可靠的依据。在凭证的审核中，最重要的是对各项法律法规、制度、计划和预算的执行情况实行会计监督。因此，填制和审核凭证是会计核算和会计监督不可或缺的方法。

1.2.4　登记账簿

登记账簿，就是在账簿上连续地、完整地、系统地记录和反映经济活动过程的一种专门方法。登记账簿要以凭证为根据，要利用账户、复式记账的方法，把所有经济业务分门别类地而又相互联系地加以全面反映，以便提供完整而又系统的核算资料。在账簿中，既要将所有经济业务按照账户加以归类反映，又要将全部或部分经济业务按其发生时间的先后，进行序时记录；既要提供总括的核算指标，又要提供某些明细的核算指标。总之，要为经营管理提供一套完整的、必要的会计信息。登记账簿也是完整反映和监督经济活动所必不可少的方法。设置必要的账簿，并按照一定的记账方法和程序进行登记，同时定期进行结账和对账，保证提供正确的、完整的核算资料，是会计工作的一项重要内容。

登记账簿和设置账户有着密切的联系。设置账户是为了对会计对象的经济内容进行分类反映，以便提供经营管理所需要的、各种不同性质的核算指标。而取得各种核算指标，就需要在账簿中开设账户，并按照所应反映的经济内容各个账户登记。但是，设置账户主要是说明经营管理上需要提供哪些核算指标，登记账簿则是把各种核算指标系统地组织起来，分门别类地、相互联系、相互对照地反映经济活动过程，以获取这些核算指标，为进行日常监督和编制财务报表提供完整的、系统的核算资料。因此，两者又有一定的区别。

1.2.5 成本计算

成本计算就是计算与生产经营过程有关的全部费用，并按照一定的对象进行归集，借以确定各该对象的总成本和单位成本的一种专门方法。在企业生产经营过程的每个阶段，都会发生各种费用。如制造业所发生的费用，绝大多数是由采购材料、生产和销售产品而发生的。为了考核各项成本水平的变化情况，分别同采购量、产量和销量联系起来，计算出单位工作量所应负担的成本，即单位成本。进行成本计算，可以核算和监督生产经营过程中所发生的各种费用是否符合预算、是否符合节约原则和经济核算的要求，对于不断降低成本和努力提高经济效益具有重大意义。

1.2.6 财产清查

财产清查是通过盘点实物、核对往来款项来查明财产物资、往来款项实有数额的一种专门方法。为了加强会计记录的准确性，保证账实相符，必须定期或不定期地对各项财产物资、往来款项进行清查、盘点和核对。在清查中如果发现账实不符，应查明原因，明确责任，并调整账簿记录，使账实完全一致。通过财产清查，还可以查明物资储备是否能保证业务需要，有无超储、积压、呆滞的情况；物资的保管和使用是否妥善合理，有无因管理不善造成的霉烂、变质和丢失的情况；各项款项是否及时结算，有无长期拖欠产生坏账的情况。因此，财产清查对于改善经营管理，保证财产物资的安全完整具有十分重要的作用。

1.2.7 编制财务报表

编制财务报表是定期总括地反映经济活动和财务收支情况，考核计划、预算执行结果的一种专门方法。财务报表也称会计报表，是主要以账簿记录为依据，经过加工整理而编制的一套完整的指标体系。财务报表所提供的各项指标，是企业、单位经济活动中最重要的财务信息，不论对于各企业、各单位的经营决策或理财决策，也不论对于外部信息使用者的经济决策都是十分必要的。

上述会计核算的各种专门方法是一个完整的方法体系。为了组织会计核算，实行日常的会计监督，必须全面地、相互联系地应用这些专门方法。也就是说，对于日常所发生的各项经济业务，要以合法的凭证为依据，按照规定的账户，对经济业务进行分类并应用复式记账法在有关的账簿中进行登记；对于企业经营过程中发生的各项费用，应当进行成本计算，还应当定期进行财产清查，在保证账实相符的基础上，根据账簿记录编制财务报表。

会计核算各专门方法之间的关系如图 1-4 所示。

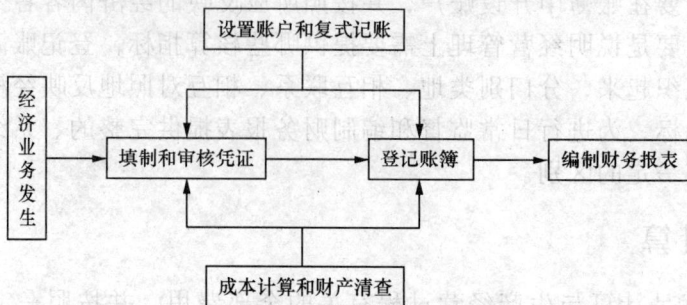

图 1-4　会计核算方法关系图

1.3　会计职业与会计职业道德

1.3.1　会计职业

国际上通常将会计师分为公共会计师和私人会计师。公共会计师是指那些向不确定的对象——社会公众提供服务，并收取费用的会计专业人员，这些服务包括：审计、税务代理、管理咨询、会计服务等。私人会计师则是除公共会计师以外的会计专业人员，他们的工作对象不仅包括企业，而且包括政府机关、事业单位等非营利组织，主要从事会计实务工作。

公共会计师职业，即我们所熟悉的注册会计师职业。根据《中华人民共和国注册会计师法》的规定，注册会计师必须加入会计师事务所才能执行注册会计师业务。注册会计师资格的取得通常采用考试的方式，在我国需要参加会计、审计、财务成本管理、经济法、税法、公司战略与风险管理等 6 个科目的考试，全科合格后方能取得注册会计师资格。但执业资格的取得，还必须加入会计师事务所，具备两年实践经验，经申请批准后才能取得。

私人会计师，实质上是指为企业、政府机关，事业单位及其他非营利组织（如医院、学校等）提供会计专业服务的专业技术人员，他们所从事的职业即狭义上的会计职业。在我国，会计职业实行准入制，并划分了不同等级的专业职务，在国有和国有资产占控股地位或者主导地位的大中型企业还设置了总会计师。

1. 会计从业资格

《中华人民共和国会计法》明确规定，从事会计工作的人员必须取得会计从业资格证书。根据《会计从业资格管理办法》的规定，国家实行会计从业资格考试制度。申请参加会计从业资格考试的人员，应当符合下列基本条件。

（1）遵守会计和其他财经法律、法规。

（2）具有良好的道德品质。

（3）具备会计专业基础知识和技能。会计从业资格考试科目为财经法规与会计职业道德、会计基础、初级会计电算化等，考试大纲由财政部统一制定并公布，实行无纸化考试，无纸化考试题库由财政部统一组织建设。

会计从业资格考试全科合格的申请人，可以向会计从业资格考试所在地的县级以上地方财政部门申请会计从业资格证书。会计从业资格证书是具备会计从业资格的证明文件，在全国范围内有效。持有会计从业资格证书的人员（即持证人员）不得涂改、转让会计从业资格证书。

会计从业资格证书实行注册登记制度。根据规定，持证人员从事会计工作，应在规定的时间内（现行规定是 90 日）填写注册登记表，并持会计从业资格证书和所在单位出具的从事会计工作的证明，向单位所在地的会计从业资格管理机构办理注册登记。离开会计岗位超过 6 个月的，持证人员向原注册登记的会计从业资格管理机构备案。调转工作单位的，也应在规定的时间内（现行规定是 90 日），办理调转登记或办理调出、调入手续。持证人员应当接受继续教育，提高业务素质和会计职业道德水平。

2．会计专业技术职务

我国会计专业技术职务分为高级会计师、会计师、助理会计师、会计员 4 级。其中，高级会计师为高级会计专业技术职务，会计师为中级会计专业技术职务，会计员和助理会计师为初级会计专业技术职务。

在我国，会计专业技术职务的确定是通过全国统一考试取得会计专业技术资格，用人单位根据工作需要和德才兼备的原则，从获得会计专业技术资格的人员中择优聘任的。我国建立了会计专业技术资格考试制度，会计专业技术资格分为初级资格、中级资格和高级资格，均必须通过全国统一考试取得。取得初级资格的，用人单位可根据有关规定，按条件聘任相应的会计专业技术职务。大专毕业担任会计员职务满 2 年，或中专毕业担任会计员职务满 4 年，或不具备规定学历的、担任会计员职务满 5 年的可聘任为助理会计师；不符合助理会计师聘任条件的人员，只可聘任会计员职务。取得中级资格并符合国家有关规定的，可聘任会计师职务。取得高级资格的，还必须通过评审后方能聘任高级会计师，实行的是考试与评审结合的评价制度。

会计专业技术资格实行定期登记制度，资格证书每 3 年登记一次。取得会计专业技术资格的人员，应按照规定接受相应级别会计人员的继续教育，并按规定到当地人事、财政部门指定的办事机构办理登记手续。对于有伪造学历、会计从业资格证书和资历证明或者考试期间有违纪行为之一的，由会计考试管理机构吊销其会计专业技术资格，由发证机关收回其会计专业技术资格证书，2 年内不得再参加会计专业技术资格考试。

3．总会计师

《中华人民共和国会计法》规定，国有和国有资产占控股地位或者主导地位的大中型企业必须设置总会计师。建立总会计师制度，是我国在企业管理中加强财务管理、成本管理，充分发挥会计核算、会计监督职能，促进企业经济效益不断提高的一项重要经验。

总会计师是企业行政领导成员，协助主要行政领导人工作，直接对主要领导人负责。总会计师组织领导企业的财务管理、成本管理、成本核算和会计监督等方面的工作，参与企业重要经济问题的分析与决策。此外，总会计师还应具体组织本单位执行国家有关的财经法律、法规、方针、政策和制度，保护国家财产；还应对本单位财会机构的设置、会计人员的配备、会计专业技术职务的设置和人员聘任提出方案，组织会计人员的业务培训与考核，支持会计人员依法行使职权等。

企业的总会计师由本单位主要行政领导人提名，政府主管部门任命或者聘任；免职或者解聘程序与任命或者聘任程序相同。事业单位和业务主管部门的总会计师依照干部管理权限任命或者聘任；免职或者解聘程序与任命或者聘任程序相同。总会计师的职权受国家法律的保护，任何人包括单位主要领导人都应当支持并保障总会计师依法行使职权。

1.3.2 会计职业道德

职业道德的概念有广义和狭义之分。广义的职业道德是指从业人员在职业活动中应该遵循的行为准则，涵盖了从业人员与服务对象、职业与职工、职业与职业之间的关系。狭义的职业道德是指在一定职业活动中应遵循的、体现一定职业特征的、调整一定职业关系的职业行为准则和规范。因此，会计职业道德是指在会计职业活动中应当遵循的、体现会计职业特征的、调整会计职业关系的职业行为准则和规范的总称。

会计职业道德是调整与单位有关各方面经济利益关系，有效达成财务会计目标和内部会计控制目标的手段。自律是会计从业人员职业道德建设的基石。会计人员应当自觉遵守会计职业道德规范，以规范要求约束自己的职业行为。

会计职业道德规范，是一般社会道德规范在会计职业行为活动中的具体体现，是由会计职业活动的具体内容、方式、所涉及的权责利益关系等所决定的。对内而言，它构成引导、制约、调节会计行为的道德准则；对外而言，它代表着整个会计职业界对社会所承担的道德责任和义务。根据我国国情和现有的会计职业道德规范，结合国际上会计职业道德的一般要求，我国会计职业道德规范的主要内容包括以下 8 个方面。

（1）爱岗敬业。要求会计人员热爱会计工作，安心本职岗位，忠于职守，尽心尽力，尽职尽责。

（2）诚实守信。要求会计人员做老实人，说老实话，办老实事，执业谨慎，信誉至上，不为利益所诱惑，不弄虚作假，不泄露秘密。

（3）廉洁自律。要求会计人员公私分明、不贪不占、遵纪守法、清正廉洁。

（4）客观公正。要求会计人员端正态度，依法办事，实事求是，不偏不倚，保持应有的独立性。

（5）坚持准则。要求会计人员熟悉国家法律、法规和国家统一的会计制度，始终坚持按法律、法规和国家统一的会计制度的要求进行会计核算，实施会计监督。

（6）提高技能。要求会计人员增强提高专业技能的自觉性和紧迫感，勤学苦练，刻苦钻研，不断进取，提高业务水平。

（7）参与管理。要求会计人员在做好本职工作的同时，努力钻研相关业务，全面熟悉本单位经营活动和业务流程，主动提出合理化建议，协助领导决策，积极参与管理。

（8）强化服务。要求会计人员树立服务意识，提高服务质量，努力维护和提升会计职业的良好社会形象。

1.3.3 会计工作岗位设置

会计工作岗位是指一个单位会计机构内部根据业务分工而设置的职能岗位。在会计机构内部设置会计工作岗位，有利于明确分工和确定岗位职责，建立岗位责任制；有利于会计人员钻研业务，提高工作效率和质量；有利于会计工作的程序化和规范化，加强会计基础工作；还有利于强化会计管理职能，提高会计工作的作用；同时，也是配备数量适当的会计人员的客观依据之一。

1. 会计工作岗位设置的基本要求

设置会计工作岗位应当符合以下基本要求。

（1）根据本单位会计业务的需要设置会计工作岗位。各单位会计工作岗位的设置应与其业务活动规模、特点和管理要求相适应，保证单位会计信息的生成、加工和传递真实可靠、及时有效。各单位的业务活动规模、特点和管理要求不同，其会计工作组织方法、会计人员的数量和会计工作岗位的职责分工也不同。通常，业务活动规模大、业务过程复杂、经济业务量大和管理严格的单位，会计机构会相应较大，会计人员相应较多，会计机构内部的岗位职责分工也相应较细；相反，业务活动规模小、业务过程简单、经济业务量少和管理要求不高的单位，会计机构就会相应较小，会计人员相应较少，会计机构内部的岗位职责分工也相应较粗。

（2）符合内部牵制制度的要求。会计工作岗位可以一人一岗、一人多岗或一岗多人。一般在小型企业中，一人一岗、一人多岗的现象较多，而在大中型企业中，一岗多人的现象较普遍。但无论何种情况，在设置会计工作岗位时，必须遵循"不相容职务分离"原则，出纳人员不得兼管审核、会计档案保管和收入、费用、债权债务账目的登记工作，实行"钱账分管"。这是内部牵制制度的基本要求。

单位内部牵制制度是为了提高会计信息质量，保护资产的安全与完整，确保有关法律、法规、规章制度的贯彻执行等而制订和实施的一系列的控制方法、措施和程序，包括职务分离控制、授权批准控制、文件记录控制、财产保全控制、业绩报告控制、人力资源管理和内部审计等。因此，在设置单位会计岗位及岗位职责时，必须在一些会计确认、计量、记录和报告等关键环节，设置必要的具有预防性和自查自纠功能的内部控制方法、措施和程序，预防错弊。同时，在预防措施失效时，能及时发现错弊，并按规定及时处理、纠正。

知识链接

不相容职务是指那些如果由一个人担任，既可能发生错误和舞弊行为，又可能掩盖其错误和舞弊行为的职务。常见的不相容职务主要有：业务授权与执行职务、业务执行与记录职务、业务授权与财产保管职务、财产保管与记录职务、记录总账与明细账职务、经营责任与记账责任、财产保管与财产核对职务。不相容职务应当分离，进而合理设计会计及相关工作岗位，明确职责权限，形成相互制衡机制。

（3）要定期或不定期地进行轮岗。会计人员的工作岗位应当有计划地进行轮换，定期或不定期地轮换会计人员的工作岗位有利于会计人员全面熟悉会计业务，不断提高会计业务技能和业务素质，也有助于降低舞弊风险。

（4）要建立岗位责任制。会计工作岗位责任制是指明确各项会计工作的职责范围、具体内容和要求，并落实到每个会计工作岗位或会计人员的一种工作责任制度。建立会计岗位责任制是为了分清每一位会计人员的职责和要求，做到事事有人管、人人有专责，从而提高会计工作效率，保证会计信息质量。

2．主要会计工作岗位

会计工作岗位一般分为：总会计师（或行使总会计师职权）岗位；会计机构负责人（会计主管人员）岗位；出纳岗位；稽核岗位；资本、基金核算岗位；收入、支出、债权债务核算岗位；工资核算、成本费用核算、财务成果核算岗位；财产物资的收发、增减核算岗位；总账岗位；对外财务会计报告编制岗位；会计电算化岗位；会计档案管理岗位。

对于会计档案管理岗位，在会计档案正式移交档案管理部门之前，在会计机构内的会计档案管理工作属于会计岗位。会计档案正式移交档案管理部门后，会计档案管理工作不属于会计岗位。即档案管理部门的人员管理会计档案，不属于会计岗位。此外，医院门诊收费员、住院处收费员、商场收费（银）员所从事的工作，均不属于会计岗位。单位内部审计、社会审计、政府审计工作也不属于会计岗位。

1.4 会计法律环境

会计法律环境由一系列会计法规组成。会计法规是指国家权力机关和行政机关制定的，用以调整社会经济活动中会计关系的规范性文件的总称，包括会计法律、会计行政法规、会计部门规章和会计规范性文件4个层次，它们共同构成我国的会计法规体系。

1.4.1 会计法律

会计法律是指由全国人民代表大会及其常务委员会制定并颁布的法律规范，是调整我国社会经济生活中会计关系的基本规范，是制定其他会计法律规范的依据，是会计基本法。会计法律通常是指《中华人民共和国会计法》（以下简称《会计法》）。

《会计法》是全国人民代表大会常务委员会制定并颁布实施的有关会计的专门法律，它是调整会计法律关系、规范会计活动的基本法，是其他一切会计法规、制度的母法。该法于1985年1月21日由六届人大常委会第九次会议通过，1985年5月1日起实施，于1993年12月29日由八届人大常委会第五次会议进行了修订。现行的《会计法》是1999年10月31日由九届人大常委会第十二次会议修订的，是一部与新经济环境相适应的新会计法律。

《会计法》主要包括以下内容。

1．总则

《会计法》规定，国家机关、社会团体、公司、企业、事业单位和其他组织必须依照《会计法》办理会计事务。各单位必须依法设置会计账簿，并保证其真实、完整。单位负责人对本单位的会计工作和会计资料的真实性、完整性负责。会计机构、会计人员依照本法规定进行会计核算，实行会计监督。任何单位或者个人不得以任何方式授意、指使、强令会计机构、会计人员伪造、变造会计凭证、会计账簿和其他会计资料，提供虚假财务会计报告。任何单位或者个人不得对依法履行职责、抵制违反本法规定行为的会计人员实行打击报复。对认真执行《会计法》、忠于职守、坚持原则、做出显著成绩的会计人员，给予精神的或者物质的奖励。

国务院财政部门主管全国的会计工作，县级以上地方各级人民政府财政部门管理本行政区域内的会计工作。国家实行统一的会计制度。国家统一的会计制度由国务院财政部门根据本法制定并公布。国务院有关部门可以依照本法和国家统一的会计制度对会计核算和会计监督有特殊要求的行业实施国家统一的会计制度的制定具体办法或者补充规定，报国务院财政部门审核批准。这一规定为财政部发布会计部门规章和会计规范性文件提供了法律依据，财政部因此获得会计准则、会计制度的制定权。

2．会计核算

《会计法》明确规定，各单位必须根据实际发生的经济业务事项进行会计核算，填制会计凭证，登记会计账簿，编制财务会计报告。任何单位不得以虚假的经济业务事项或者资料进行会计核算。

3．公司、企业会计核算的特别规定

公司、企业会计核算的特别规定是指公司、企业进行会计核算不得有下列行为。

（1）随意改变资产、负债、所有者权益的确认标准或者计量方法，虚列、多列、不列或者少列资产、负债、所有者权益。

（2）虚列或者隐瞒收入，推迟或者提前确认收入。

（3）随意改变费用、成本的确认标准或者计量方法，虚列、多列、不列或者少列费用、成本。

（4）随意调整利润的计算、分配方法，编造虚假利润或者隐瞒利润。

（5）违反国家统一的会计制度规定的其他行为。

4．会计监督

《会计法》分别对单位内部会计监督、社会监督和国家监督做出了原则性规定，要求各单位应当按照职责明确、相互分离、相互制约、相互监督的一系列法律要求建立、健全本单位内部会计监督制度，明确了单位内部会计监督的要求、对象、内容、方法和程序。强调对本单位会计资料的外部监督检查，配合财政、税务、审计、银行监管、证券监管、保险监管等部门依法对本单位会计资料的真实性和完整性实施监督检查。有关法律、行政法规规定，须经注册会计师进行审计的单位，应当向受委托的会计师事务所如实提供会计凭证、会计账簿、财务会计报告和其他会计资料以及有关情况。任何单位或者个人不得以任何方式要求或者示意注册会计师及其所在的会计师事务所出具不实或者不当的审计报告。财政部门有权对会计师事务所出具审计报告的程序和内容进行监督。

5．会计机构和会计人员

《会计法》明确规定，各单位应当根据会计业务的需要，设置会计机构，或者在有关机构中设置会计人员并指定会计主管人员；不具备设置条件的，应当委托经批准设立的从事会计代理记账业务的中介机构代理记账。国有和国有资产占控股地位或者主导地位的大、中型企业必须设置总会计师。会计机构内部应当建立稽核制度，出纳人员不得兼任稽核、会计档案保管和收入、支出、费用、债权债务账目的登记工作。

从事会计工作的人员，必须取得会计从业资格证书。担任单位会计机构负责人（会计主管人员）的，除取得会计从业资格证书外，还应当具备会计师以上专业技术职务资格或者从事会计工作3年以上经历。会计人员应当遵守职业道德，提高业务素质。对会计人员的教育和培训工作应当加强。因有提供虚假财务会计报告，做假账，隐匿或者故意销毁会计凭证、会计账簿、财务会计报告，贪污，挪用公款，职务侵占等与会计职务有关的违法行为被依法追究刑事责任的人员，不得取得或者重新取得会计从业资格证书。此外，因违法违纪行为被吊销会计从业资格证书的人员，自被吊销会计从业资格证书之日起5年内，不得重新取得会计从业资格证书。

会计人员调动工作或者离职，必须与接管人员办清交接手续。一般会计人员办理交接手续，由会计机构负责人（会计主管人员）监交；会计机构负责人（会计主管人员）办理交接手续，由单位负责人监交，必要时主管单位可以派人会同监交。

6. 法律责任

《会计法》针对现实生活中存在的带有一定普遍性的违法行为，并根据修改后的刑法的有关规定，明确、具体地规定了行政处罚、行政处分和刑事处罚。其中，行政处罚主要包括责令限期改正、罚款、吊销会计从业资格证书等；行政处分是对国家工作人员的处分，具体包括降级、撤职、开除等。

1.4.2　会计行政法规

会计行政法规是指依据会计基本法由国务院制定并颁布的，调整社会经济生活中某些方面会计关系的法律规范，主要包括1990年12月31日国务院颁布的《总会计师条例》，2000年6月21日国务院颁布的《企业财务会计报告条例》等。

1.4.3　会计部门规章

会计部门规章是国务院财政部门以部长令公布，有关会计核算、会计管理制度等方面所做的具体规范，如2005年1月22日发布实施的《会计从业资格管理办法》（财政部令第26号）和《代理记账管理办法》（财政部令第27号），以及2006年2月15日发布的《企业会计准则——基本准则》（财政部令第33号）等。在会计法规体系中，部门规章所占的比例较大，且涉及面较广，具有较强的及时性、针对性和普遍适用性。

1.4.4　会计规范性文件

会计规范性文件是指财政部门以"财会字"文件印发的，针对具体会计问题所做的具体规范，如1996年发布实施的《会计基础工作规范》（财会字〔1996〕19号），2001年发布的《企业会计制度》（财会字〔2000〕25号），2006年2月15日发布《企业会计准则第 20 号——企业合并》（财会字〔2006〕3 号），《企业会计准则第 20 号——企业合并应用指南》（财会字〔2006〕18 号）等具体的会计准则，以及 2006 年 11 月 20 日发布的《会计人员继续教育规定》（财会字〔2006〕19 号）等。此外，会计规范性文件还包括其他有关会计处理问题的解释性文件，如《财政部关于印发企业会计准则解释第 3 号的通知》（财会字〔2009〕8 号）等。在会计法规体系中，规范性文件的针对性最强，具有及时性、解释性和可操作性强等特点，是规范会计实务的主要形式，对会计实务产生直接影响。

1.4.5　企业会计准则体系

企业会计准则是一套规范企业会计行为的、社会公认的、统一的会计原则，其核心是通过规范企业财务会计确认、计量和报告内容，提高会计信息质量，降低资金成本，提高资源配置效率。我国企业会计准则体系由财政部于 2006 年 2 月 15 日发布的《企业会计准则—基本准则》（以下简称《基本准则》）和 41 项具体准则，以及 2006 年 10 月 30 日发布的《企业会计准则应用指南》和陆续发布的企业会计准则解释构成。

1. 基本准则

在整个会计准则体系中，《基本准则》起统驭作用，主要规范会计目标、会计假设、会计信息质量要求、会计要素的确认、计量和报告原则等基本问题，是会计准则制定的出发点，是制定具体准则的根本依据。其作用主要表现为两个方面。

（1）指导具体准则的制定。随着我国经济迅速发展，会计实务问题层出不穷，会计准则需要规范的内容日益增多，体系日趋庞杂，在这样的背景下，为了确保各项准则的制定建立在统一的理念基础之上，就需要基本准则在其中发挥核心作用。我国《基本准则》规范了会计确认、计量和报告等一般要求，是准则的准则，可以确保各具体准则的内在一致性。为此，《基本准则》第三条明确规定，具体准则的制定应当遵循基本准则。在企业会计准则体系的建设中，各项具体准则也都严格按照基本准则的要求加以制定和完善。

（2）为尚未有具体准则规范的会计实务问题提供处理原则。在会计实务中，由于经济交易事项的不断发展、创新，具体准则的制定有时会出现滞后的情况，会出现一些新的交易或者事项在具体准则中尚未规范但又急需处理，这时企业就需要严格遵循《基本准则》的要求，尤其是《基本准则》关于会计要素的定义及其确认与计量等方面的规定，及时对这些新的交易或事项进行会计处理。因此，《基本准则》不仅扮演着具体准则制定依据的角色，还为会计实务中出现的、具体准则尚未做出规范的新问题提供了会计处理依据，从而确保了企业会计准则体系对所有会计实务问题的规范作用。

2. 具体准则

具体准则主要是规范企业发生的具体交易或者事项的会计处理，如存货准则、长期股权投资准则等。

3. 应用指南

应用指南主要包括具体准则解释和会计科目、主要账务处理等，为企业执行会计准则提供操作性规范。

4. 解释公告

解释公告是就实务中遇到的实施问题而对准则作出的具体解释。

┃ 会计名人 ┃

潘序伦（1893—1985），江苏宜兴人，会计学家、会计教育家、会计实务专家和会计实业家，被誉为"中国现代会计之父"。

1921年保送哈佛大学，两年后获企业管理硕士学位，翌年又获哥伦比亚大学商业经济学博士学位。学成归国后致力于西式簿记的引介与推广，以"诚信"立业，创立了会计教育、会计出版、会计实务"三位一体"的立信会计事业模式。他所创办的立信会计专科学校（现上海立信会计学院）、立信会计图书用品社（现立信会计出版社）、立信会计师事务所，迄今已有80多年历史。独立或合作撰写论文90余篇，出版著作30部、译著17部。财政部副部长王军称他为新式簿记的创始者、会计理论研究的引领者、培育会计人才的播种者、现代会计"产学研"一体化的拓荒者、会计诚信文化的首倡者。

本章小结

会计是以货币为主要计量单位，以特定主体的经济活动为对象，对经济活动过程进行综合反映与监督的一种管理活动。同时，会计又是为企业内部、外部信息使用者提供经济决策有用信息的信息系统。信息使用者不仅包括企业管理者，还包括股东（投资者）、债权人、供应商、政府机构和证券监管部门等外部信息使用者。会计的基本职能是核算与监督，会计的本质是一种管理活动。会计核算方法由设置账户、复式记账、填制和审核凭证、登记账簿、成本计算、财产清查、编制财务报表7种专门方法组成。

在我国，会计职业实行准入制，即从事会计工作必须取得会计从业资格。会计人员可通过专业技术资格考试取得初级资格、中级资格和高级资格，符合聘任条件的，可聘任为会计员、助理会计师、会计师和高级会计师。在国有和国有资产占控股地位或者主导地位的大、中型企业必须设置总会计师。总会计师是主管经济核算和财务会计工作的负责人，不属于会计专业技术职务。

会计人员必须自觉遵守会计职业道德规范。会计职业道德规范，是一般社会道德规范在会计职业行为活动中的具体体现，主要内容包括爱岗敬业、诚实守信、廉洁自律、客观公正、坚持准则、提高技能、参与管理、强化服务8个方面。会计从业人员还必须熟悉会计职业的法律环境，严格遵守会计法规。我国的会计法律环境由会计法律、会计行政法规、会计部门规章和会计规范性文件4个层次组成，它们共同约束着会计职业行为。

思考与练习

一、思考题

（1）如何理解会计的本质是一种管理活动？

（2）如何理解会计核算各专门方法间的内在联系？

（3）你是如何理解会计职业的？会计工作岗位包括哪些，应如何设置？

（4）我国的会计法规体系由哪几部分构成，各部分间存在怎样的关系？

（5）企业会计准则体系由哪些构成，是如何联系并形成统一整体的？

二、判断题

（1）会计是人们用来管理经济活动的一种技术方法。 （ ）

（2）会计随着社会生产的发展而不断发展的，因此，经济越发展，会计越重要。

（ ）

（3）会计的对象应当包括社会经济活动的所有方面。 （ ）

（4）会计的基本职能是以货币为主要计量形式对经济活动进行核算和监督。

（ ）

（5）会计核算职能是以货币为主要计量单位对经济活动进行反映的职能。

（ ）

（6）会计监督不同于会计核算，它们是两个相互独立的职能，分别由不同的部门或人员独立完成。 （ ）

（7）会计对象是企业事业单位的资金运动。 （ ）

（8）会计核算方法是基本会计方法，会计核算资料是其他会计方法应用的基础。

（ ）

（9）《企业会计准则》《企业会计制度》均属于会计行政法规，是依据会计法律制定的，不得违背会计法律的规定。 （ ）

（10）根据《会计法》的规定，各单位均需要设置会计机构，配备会计人员，进行会计核算工作。 （ ）

（11）《会计法》规定，从事会计工作的人员，必须取得会计从业资格证书。

（ ）

（12）总会计师是我国会计专业技术职务中的高级职务。 （ ）

三、单项选择题

（1）会计是一种（ ）。

　　A. 经济监督的工具　　　　　　　B. 管理生产和耗费的工具

　　C. 生财、聚财、用财的方法　　　D. 经济管理活动

（2）会计以（ ）作为主要计量单位。

　　A. 劳动量度　　　　　　　　　　B. 货币量度

　　C. 实物量度　　　　　　　　　　D. 实务量度与货币量度

（3）下列方法中属于会计核算方法的是（ ）。

　　A. 会计检查　　B. 会计分析　　C. 成本计算　　D. 会计预测

（4）设置账户是（ ）的一种专门方法。

  A. 对会计对象进行分类反映和监督

  B. 连续记录经济业务

  C. 检查、分析经济活动从而提高经济效益

  D. 保护各项财产物资

（5）采用复式记账的方法，主要是为了（ ）。

  A. 便于登记账簿   B. 如实、完整地反映经济业务的来龙去脉

  C. 提高会计工作的效率   D. 便于会计人员的分工协作

（6）下列项目中属于会计法律的是（ ）。

  A.《会计法》   B.《财务会计报告条例》

  C.《企业会计准则》   D.《企业会计制度》

四、多项选择题

（1）会计的基本职能是（ ）。

  A. 会计核算 B. 会计预测 C. 会计分析 D. 会计监督

（2）会计计量单位包括（ ）。

  A. 货币量度 B. 价值量度 C. 实物量度 D. 劳动量度

（3）下列有关会计特点的描述中，恰当的是（ ）。

  A. 以货币为主要计量单位   B. 以合法的会计凭证为核算依据

  C. 以时间顺序组织核算   D. 有一整套专门的核算方法

（4）会计职业道德与会计法律制度的区别主要体现在（ ）。

  A. 性质不同   B. 作用范围不同

  C. 实现形式不同   D. 实施保障机制不同

（5）下列会计法规中属于会计行政法规的是（ ）。

  A.《企业会计准则——基本准则》B.《总会计师条例》

  C.《会计基础工作规范》   D.《企业财务会计报告条例》

五、案例分析

运用本章知识分析"导入案例"所提出的系列问题。

第 2 章

账户设置与复式记账

- 理解并掌握各项会计要素的含义、特征与确认条件
- 掌握会计科目的内容，理解会计科目的设置原则
- 掌握账户结构，理解会计对象、会计要素、会计科目及账户之间的内在联系
- 掌握复式记账法的基本原理，借贷记账法的特点及其应用
- 掌握总分类账与明细分类账的关系，掌握总分类账与明细分类账的平行登记

➜ 导入案例

　　李新民是大学一年级学生，有理财意识和记账习惯，生活中的每一笔收支都有记录。10 月 15 日，他花了 200 元买了一件茄克衫，并在账本中记上"10 月 15 日，购茄克衫 1 件，支出 200 元"。现在的问题是，李新民为什么只记录现金支出了 200 元，而不记录茄克衫增加了 1 件呢？其实答案很简单，因为现金收支频繁，不记录就无法全面了解现金的收支情况。茄克衫就不同了，只有少量的变化，不记录也能很清楚。李新民只需要掌握现金的收支情况。但是，如果李新民经营茄克衫生意，购买的茄克衫数量很多，存量又随买卖而不断变化，此时再不记录恐怕就不行了。他需要同时记录茄克和现金的增减变化。如何记录呢？这就必须借助专门的会计核算方法——账户设

置和复式记账，才能全面记录并反映经济业务活动的全貌。

2.1　会计要素与会计等式

2.1.1　会计要素

会计要素是对会计对象的基本分类，是会计对象的具体化，是用于反映特定主体（如某企业）财务状况，确定经营成果的基本单位。我国《企业会计准则——基本准则》将企业会计要素划分为资产、负债、所有者权益、收入、费用和利润。其中，资产、负债和所有者权益3要素表现的是资金运动的相对静止状态，即反映企业的财务状况；收入、费用、利润3要素表现的则是资金运动的显著变动状态，即反映企业的经营成果。

1．资产

资产是指企业过去的交易或者事项形成的、由企业拥有或者控制的、预期会给企业带来经济利益的资源。具体而言，企业从事生产经营活动必须具备一定的物质资源，如货币资金、厂房场地、机器设备、原材料等，这些都是企业从事生产经济的物质基础，也就是企业的资产。除了这些有形资产以外，还有像专利权、商标权等不具有物质形态，但却有助于生产经营活动进行的无形的资产，对其他单位的投资及企业持有的各种有价证券等都属于资产。

资产具有以下特征。

（1）资产应为企业拥有或者控制的资源。资产作为一项资源，应当由企业拥有或者控制，具体是指企业享有某项资源的所有权，或者虽然不享有某项资源的所有权，但该资源能被企业所控制，如企业以融资租赁方式租入一项固定资产等。

（2）资产预期会给企业带来经济利益。资产预期会给企业带来经济利益，是指资产直接或者间接导致现金和现金等价物流入企业的潜力。

（3）资产是由企业过去的交易或者事项形成的。过去的交易或者事项包括购买、生产、建造行为或者其他交易或事项。

资产按其流动性，可以分为流动资产和非流动资产。流动资产是指能在一个会计年度内变现或耗用的资产，主要包括库存现金、银行存款、交易性金融资产、应收票据、应收账款、存货等；非流动资产是指变现或耗用的期限超过一个会计年度的资产，主要包括固定资产、无形资产、长期股权投资等。

2．负债

负债是指企业过去的交易或者事项形成的，预期会导致经济利益流出企业的现时义务。

负债具有以下特征。

（1）负债是企业承担的现时义务。所谓现时义务，是指企业在现行条件下已承担的义务。未来发生的交易或者事项形成的义务，不属于现时义务，不应当确认为负债。

（2）负债预期会导致经济利益流出企业，即只有企业在履行义务时会导致经济利益流出企业的，才符合负债的定义；反之，如果不会导致企业经济利益流出的，就不符合负债的定义。

（3）负债是由企业过去的交易或者事项形成的，即只有过去的交易或者事项才形成负债，企业将在未来发生的承诺、签订的合同等交易或者事项，不形成负债。

负债按其流动性（即偿还期限是否超过一个会计年度）不同，可分为流动负债和非流动负债。流动负债是指在一个会计年度内（含一年）需要清偿的负债，主要包括短期借款、应付票据、应付账款、应付职工薪酬、应交税费等；非流动负债是指偿还期限超过一个会计年度的负债，主要包括长期借款、应付债券、长期应付款等。

3．所有者权益

所有者权益是指企业资产扣除负债后，由所有者享有的剩余权益。公司的所有者权益又称为股东权益。

所有者权益具有以下特征。

（1）除非发生减资、清算或分派现金股利，企业不需要偿还所有者权益。

（2）企业清算时，只有在清偿所有的负债后，剩余的所有者权益才可分配给所有者——投资者或股东。

（3）所有者权益的所有者能够参与利润分配。

所有者权益包括企业投资者对企业的投入资本、资本公积、盈余公积和未分配利润。

① 投入资本。投入资本是指投资者实际投入企业经营活动的各种财产物资，即实收资本，是企业所有者权益构成的主体，是企业注册成立的基本条件之一，也是企业正常运行所必需的资金和承担民事责任的财力保证。

② 资本公积。资本公积包括企业收到投资者的超出其在企业注册资本中所占份额的投资，即资本溢价，以及直接计入所有者权益的利得和损失。其中，直接计入所有者权益的利得和损失，是指不应计入当期损益、会导致所有者权益发生增减变动、与所有者投入资本或者向所有者分配利润无关的利得或者损失。利得是指由企业非日常活动所形成的、会导致所有者增加的、与所有者投入资本无关的经济利益的流入；损失是指由企业非日常活动所发生的、会导致所有者权益减少的、与向所有者分配利润无关的经济利益的流出。资本公积可以按照法定程序转增资本。

③ 盈余公积。盈余公积是指企业按照国家规定从净利润中提取的企业积累资金。盈余公积可以用来弥补亏损和按规定程序转增资本。

④ 未分配利润。未分配利润是企业实现的净利润经分配后留存在企业的、历年结存的利润。

由于盈余公积和未分配利润是企业在生产经营过程中实现的净利润留存于企业所形成的，所以合称为留存收益。

4．收入

收入是指企业在日常活动中形成的、会导致所有者权益增加、与所有者投入资本无关的经济利益的总流入。

收入具有以下特征。

（1）收入是企业在日常活动中形成的。所谓日常活动，是指企业为完成其经营目标所从事的经常性活动以及与之相关的活动。例如，工业企业制造并销售产品、商业企业销售商品等。

（2）收入会导致所有者权益的增加。与收入相关的经济利益的流入应当会导致所有者权益的增加，不会导致所有者权益增加的经济利益的流入不符合收入的定义，不应确认为收入。

（3）收入是与所有者投入资本无关的经济利益的总流入。收入应当会导致经济利益的流入，从而导致资产的增加。但是，经济利益的流入有时是所有者投入资本的增加所导致的，所有者投入资本的增加不应当确认为收入，应当将其直接确认为所有者权益。

按照企业从事日常活动的性质不同，收入可分为销售商品收入、提供劳务收入和让渡资产使用权收入；按照企业经营业务的主次不同可分为主营业务收入和其他业务收入。

5．费用

费用是指企业在日常活动中发生的、会导致所有者权益减少的、与向所有者分配利润无关的经济利益的总流出。

费用具有以下特征。

（1）费用是企业在日常活动中形成的。费用必须是企业在其日常活动中所形成的，非日常活动所形成的经济利益的流出不能确认为费用，应当计入损失。

（2）费用会导致所有者权益的减少。与费用相关的经济利益的流出应当会导致所有者权益的减少，不会导致所有者权益减少的经济利益的流出不符合费用的定义，不应确认为费用。

（3）费用是与向所有者分配利润无关的经济利益的总流出。费用的发生应当会导致经济利益的流出，从而导致资产的减少或者负债的增加（最终也会导致资产的减少）。其表现形式包括现金或者现金等价物的流出，存货、固定资产和无形资产等的流出或者消耗等。企业向所有者分配利润导致经济利益的流出，属于所有者权益的抵减项目，不应确认为费用。

费用主要包括营业成本、营业税金及附加、期间费用等。其中，期间费用包括销售费用、管理费用和财务费用。

6．利润

利润是指企业在一定会计期间的经营成果。利润包括收入减去费用后的净额、直接计入当期利润的利得和损失等。

收入减去费用后的净额，即营业利润，反映的是企业日常活动的经营业绩；直接计入当期利润的利得和损失，即营业外收入和营业外支出，是企业非日常活动的业绩。直接计入当期利润的利得和损失，是指应当计入当期损益、最终会引起所有者权益发生增减变动的、与所有者投入资本或者向所有者分配利润无关的利得或者损失。企业应当严格区分收入和利得、费用和损失，以更加全面地反映企业的经营业绩。

综上所述，会计要素及其构成，如图 2-1 所示。

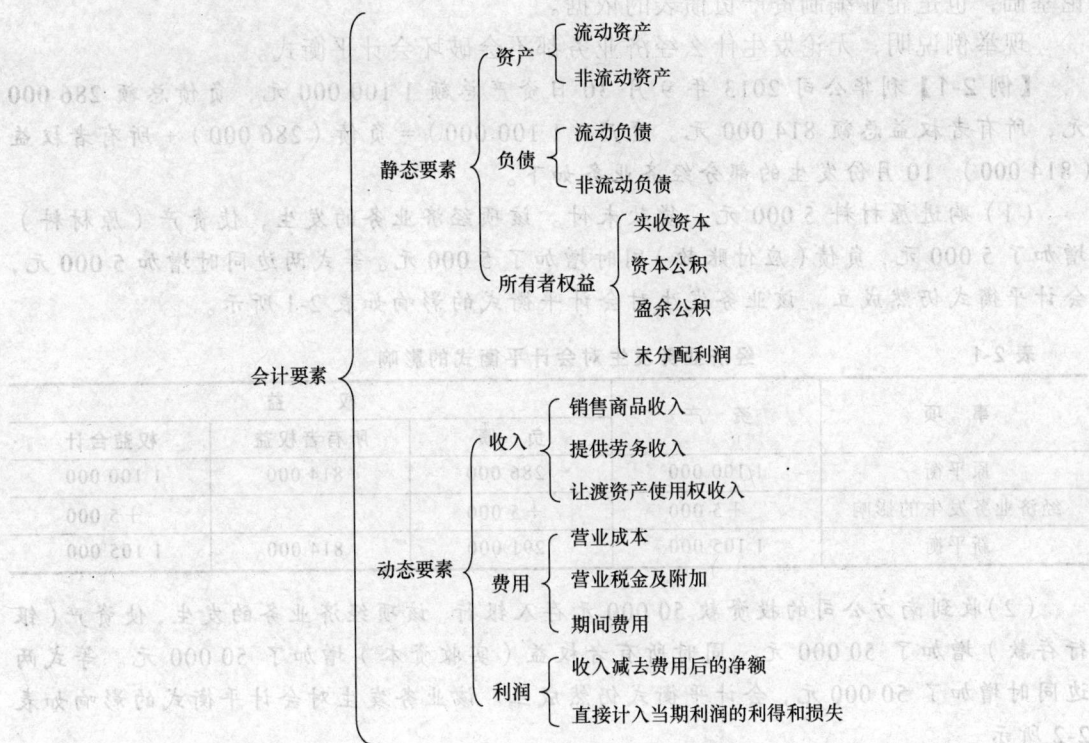

图 2-1　会计要素的构成

2.1.2　会计等式

1. 静态会计平衡式

从任何时点上看，资产表明的是企业拥有多少经济资源和拥有什么样的经济资源，权益则表明是谁提供了这些经济资源，谁对这些经济资源拥有要求权。它们是同一事物的两个方面，即一方面是资产存在的状态，另一方面则表明与资产有关的权益。资产与权益之间是相互依存的关系。没有无资产的权益，也没有无权益的资产。从数量上看，有一定数额的资产，必定有一定数额的权益；反之，有一定数额的权益，也必定有一定数额的资产。也就是说，资产与权益之间在数量上存在着必然相等的关系，即：

$$资产 = 权益$$

任何企业的资产来源不外乎两个渠道，一个是所有者投入，一个是向债权人借入。所有者投入资本形成所有者权益，向债权人借入资金则形成企业的负债。因此，权益包含了负债和所有者权益。根据所有者权益的定义，它是企业资产扣除负债后由所有者享有的剩余权益，由此也可以概括为资产、负债和所有者权益存在以下数量关系。

$$资产 = 负债 + 所有者权益$$

上述资产与权益间的平衡关系是恒等关系，任何经济业务的发生所引起的会计要素的任何变动都不会破坏资产与负债和所有者权益间的平衡关系。所以，"资产 = 负债＋所有者权益"是最基本的会计等式，也称之为会计平衡式，它是复式记账法的理论基础，也是企业编制资产负债表的依据。

现举例说明，无论发生什么经济业务都不会破坏会计平衡式。

【例 2-1】利华公司 2013 年 9 月 30 日资产总额 1 100 000 元，负债总额 286 000 元，所有者权益总额 814 000 元。资产（1 100 000）＝负债（286 000）＋所有者权益（814 000）。10 月份发生的部分经济业务如下。

（1）购进原材料 5 000 元，货款未付。该项经济业务的发生，使资产（原材料）增加了 5 000 元，负债（应付账款）同时增加了 5 000 元。等式两边同时增加 5 000 元，会计平衡式仍然成立。该业务发生对会计平衡式的影响如表 2-1 所示。

表 2-1　　　　　　　　经济业务发生对会计平衡式的影响

事　项	资　产	权　益		
		负　债	所有者权益	权益合计
原平衡	1 100 000	286 000	814 000	1 100 000
经济业务发生的影响	＋5 000	＋5 000		＋5 000
新平衡	1 105 000	291 000	814 000	1 105 000

（2）收到南方公司的投资款 50 000 元存入银行。该项经济业务的发生，使资产（银行存款）增加了 50 000 元，同时所有者权益（实收资本）增加了 50 000 元。等式两边同时增加了 50 000 元，会计平衡式仍然成立。该业务发生对会计平衡式的影响如表 2-2 所示。

表 2-2　　　　　　　　经济业务发生对会计平衡式的影响

事　项	资　产	权　益		
		负　债	所有者权益	权益合计
原平衡	1 105 000	291 000	814 000	1 105 000
经济业务发生的影响	＋50 000		＋50 000	＋50 000
新平衡	1 155 000	291 000	864 000	1 155 000

（3）从银行提取现金 5 000 元备用。该项经济业务的发生，使一项资产（库存现金）增加了 5 000 元，另一项资产（银行存款）减少了 5 000 元。一项资产增加，另一项资产减少，且增减金额相等，因而资产总额没有变化。该业务发生对会计平衡式的影响如表 2-3 所示。

表 2-3　　　　　　　　经济业务发生对会计平衡式的影响

事　项	资　产	权　益		
		负　债	所有者权益	权益合计
原平衡	1 155 000	291 000	864 000	1 155 000
经济业务发生的影响	＋5 000 －5 000			
新平衡	1 155 000	291 000	864 000	1 155 000

（4）以银行存款 30 000 元上交企业所得税。该项经济业务的发生，使资产（银行存款）减少了 30 000 元，负债（应交税费）减少了 30 000 元。等式两边同时减少 30 000

元，会计平衡式仍然成立。该业务发生对会计平衡式的影响如表 2-4 所示。

表 2-4　　　　　　　　　　经济业务发生对会计平衡式的影响

事　项	资　产	权　益		
		负　债	所有者权益	权益合计
原平衡	1 155 000	291 000	864 000	1 155 000
经济业务发生的影响	−30 000	−30 000		−30 000
新平衡	1 125 000	261 000	864 000	1 125 000

（5）签发商业汇票，面值 50 000 元，以抵付所欠的货款。该项经济业务的发生，使一项负债（应付票据）增加了 50 000 元，另一项负债（应付账款）减少了 50 000元。一项负债增加，另一项负债减少，且增减金额相等，因而负债总额没有变化。该业务发生对会计平衡式的影响如表 2-5 所示。

表 2-5　　　　　　　　　　经济业务发生对会计平衡式的影响

事　项	资　产	权　益		
		负　债	所有者权益	权益合计
原平衡	1 125 000	261 000	864 000	1 125 000
经济业务发生的影响		−50 000 +50 000		0
新平衡	1 125 000	261 000	864 000	1 125 000

（6）经协商，同意将所欠长安公司的货款 20 000 元转为投资。该项经济业务的发生，使所有者权益（实收资本）增加了 20 000 元，负债（应付账款）减少了 20 000元。等式的右边有增、有减，且增减金额相等，因而等式仍然成立。该业务发生对会计平衡式的影响如表 2-6 所示。

表 2-6　　　　　　　　　　经济业务发生对会计平衡式的影响

事　项	资　产	权　益		
		负　债	所有者权益	权益合计
原平衡	1 125 000	261 000	864 000	1 125 000
经济业务发生的影响		−20 000	+20 000	0
新平衡	1 125 000	241 000	884 000	1 125 000

（7）公司按法定程序减少注册资本，并以银行存款 10 000 元退还投资款。该经济业务的发生，使资产（银行存款）减少了 10 000 元，所有者权益（实收资本）减少了 10 000 元。等式的两边同时减少 10 000 元，会计平衡式仍然成立。该业务发生对会计平衡式的影响如表 2-7 所示。

表 2-7　　　　　　　　　　经济业务发生对会计平衡式的影响

事　项	资　产	权　益		
		负　债	所有者权益	权益合计
原平衡	1 125 000	241 000	884 000	1 125 000
经济业务发生的影响	−10 000		−10 000	−10 000
新平衡	1 115 000	241 000	874 000	1 115 000

（8）经批准，公司向投资者分配以前年度实现的利润 200 000 元。该经济业务的发生，使负债（应付股利）增加了 200 000 元，所有者权益（未分配利润）减少了 200 000 元。等式的右边有增有减，且增减金额相等，因而等式仍然成立。该业务发生对会计平衡式的影响如表 2-8 所示。

表 2-8　　　　　　　　　　经济业务发生对会计平衡式的影响

事　项	资　产	权　益		
		负　债	所有者权益	权益合计
原平衡	1 115 000	241 000	874 000	1 115 000
经济业务发生的影响		＋200 000	－200 000	0
新平衡	1 115 000	441 000	674 000	1 115 000

（9）按法定程序，将盈余公积 50 000 元转增资本。该经济业务的发生，使一项所有者权益（实收资本）增加 50 000 元，另一项所有者权益（盈余公积）减少 50 000 元。一项所有者权益增加，另一项所有者权益减少，且增减金额相等，因而所有者权益总额不变。该业务发生对会计平衡式的影响如表 2-9 所示。

表 2-9　　　　　　　　　　经济业务发生对会计平衡式的影响

事　项	资　产	权　益		
		负　债	所有者权益	权益合计
原平衡	1 115 000	441 000	674 000	1 115 000
经济业务发生的影响			＋50 000 －50 000	0
新平衡	1 115 000	441 000	674 000	1 115 000

综上所述，尽管企业在生产经营过程中发生的经济业务多种多样，但概括起来，它们对资产、负债、所有者权益的影响不外乎以下 9 种情况。

（1）一项资产和一项负债同时增加。

（2）一项资产和一项所有者权益同时增加。

（3）一项资产增加，另一项资产减少。

（4）一项资产和一项负债同时减少。

（5）一项负债增加，另一项负债减少。

（6）一项负债减少，一项所有者权益增加。

（7）一项资产和一项所有者权益同时减少。

（8）一项负债增加，一项所有者权益减少。

（9）一项所有者权益增加，另一项所有者权益减少。

2．动态会计平衡式

从企业生产经营过程看，企业总是通过生产经营活动取得收入，同时发生相应的费用，通过收入与费用的比较确定一定时期的盈利水平，即实现利润。企业经营的目的就是为了取得收入，实现盈利。利润就是收入与费用的差额，它们之间的关系用公式表示如下。

$$收入 － 费用 ＝ 利润$$

由于企业是由企业的所有者投资设立，企业实现的利润自然归属于企业的所有者，通过利润分配最终形成所有者权益的组成部分。所以，在生产经营过程中，会计平衡式可以拓展如下。

$$资产 = 负债 + （所有者权益 + 利润）$$
$$= 负债 + （所有者权益 + 收入 - 费用）$$
$$= 负债 + 所有者权益 + （收入 - 费用）$$

这一等式表明了企业的财务状况与经营成果之间的相互关系。财务状况表现企业特定日期资产的来源与运用情况，反映特定日期的资产存量。经营成果则表明企业一定期间所有者权益（即净资产）的增加（或减少）情况，反映一定期间的增量（或减量）。企业的经营成果最终要影响到企业的财务状况，企业实现利润，将使企业资产增加，或负债减少；企业发生亏损，将使企业资产减少，或负债增加。另外，这一等式也直观地表明了收入与费用的本质，也就是，收入会导致所有者权益增加，费用会导致所有者权益减少。

2.2　会计科目与账户

2.2.1　会计科目

会计要素是对会计对象的基本分类，但会计要素对于纷繁复杂的企业经济业务事项的反映又显得过于粗略。因此，为满足经营管理及有关各方对会计信息的需要，还必须对会计要素进行细化，即采用一定的形式，对每一个会计要素所反映的具体内容进行进一步分类，设置会计科目。会计科目就是对会计要素的具体内容进行分类核算的项目。例如，为了核算和监督各项资产的增减变动，设置了"库存现金"、"银行存款"、"原材料"、"固定资产"、"无形资产"等科目。

1. 会计科目的设置原则

在实际工作中，会计科目是预先通过国家统一会计制度规定的，它是设置账户、处理账务所必须遵守的规则和依据，是正确组织会计核算的一个重要条件。所以，企业在按照国家统一会计制度的规定设置会计科目时，应当遵循以下原则。

（1）合法性原则。为了保证会计信息的可比性，国家财政部门对企业所使用的会计科目都做了较为具体的规定。企业应当按照国家统一会计制度规定的会计科目，设置适用的会计科目。对于国家统一会计制度规定的会计科目，企业仍可以根据自身的生产经营特点，在不影响会计核算要求和财务报表指标汇总，以及对外提供统一的财务报表的前提下，自行增设、减少或合并某些会计科目，具有一定的灵活性。

（2）相关性原则。会计科目的设置，是企业分类核算经济业务事项的基础，也是生成会计信息的基础，设置的会计科目应提供有关各方所需要的会计信息服务，满足信息使用者经济决策的需要。因此，企业必须充分考虑信息使用者对本企业会计信息的需求，考虑哪些会计信息与经济决策相关，以设置本企业所适用的会计科目。例如，企业还应当考虑本企业内部管理的要求，考虑强化内部经营管理和内部控制对会计信息的要求，为企业提高经营管理水平提供信息支持。

（3）实用性原则。企业的组织形式、所处行业、经营内容及业务种类等不同，在会计科目的设置上亦应有所区别。会计核算的目的在于客观真实反映企业经济活动情况，提供经济决策有用的会计信息。因此，企业在合法性的基础上，应根据企业自身特点，设置符合企业实际情况的会计科目。对于本企业重要的经济业务事项，可以按照重要性原则的要求，对于会计科目进行细分，设置更为具体的会计科目，以细化对经济业务事项的核算；对于一些不很重要的经济业务事项，或不经常发生的经济业务事项，也可以对会计科目进行适当的归并。对于会计科目的名称，在不违背会计科目使用原则的基础上，也可以结合本企业的实际情况，设置本企业特有的会计科目。

2. 会计科目的分类

（1）会计科目按其所提供会计信息的详细程度分类。会计科目按其所提供会计信息的详细程度不同，分为总分类科目和明细分类科目。总分类科目是对会计要素具体内容进行总括分类、提供总括信息的会计科目，如"固定资产"、"原材料"、"实收资本"、"应付账款"等；明细分类科目是对总分类科目作进一步分类，提供更详细、更具体会计信息的科目，如"应付账款"总分类科目按债权人名称或姓名设置明细分类科目，具体反映应付哪个单位或个人的货款。

为了满足管理上的信息需要，有的总分类科目下设的明细科目较多，此时可在总分类科目与明细分类科目之间增设二级科目（也称子目）。一般而言，会计科目约为三级（当然也有超过三级的情况，是否设置多级科目，取决于管理上的需要），总分类科目统驭所属的明细分类科目。

会计科目按其所提供会计信息的详细程度的分类及举例如表 2-10 所示。

表 2-10　　　　会计科目按其提供信息详细程度的分类和举例

总分类科目	明细分类科目	
（一级科目）	二级科目（子目）	明细科目（细目）
生产成本	一车间	甲产品
		乙产品
	二车间	丙产品
		丁产品
其他应收款	备用金	×部门或个人

（2）会计科目按其所归属的会计要素分类。会计科目按其所归属的会计要素不同，通常分为资产类、负债类、所有者权益类、成本类、损益类 5 大类。资产类科目是指用于核算资产增减变化，提供资产类项目会计信息的会计科目；负债类科目是指用于核算负债增减变化，提供负债类项目会计信息的会计科目；所有者权益类科目是指用于核算所有者权益增减变化，提供所有者权益项目会计信息的会计科目；成本类科目是用于核算成本的发生和归集情况，提供成本信息的会计科目；损益类科目是指用于核算收入、费用的发生或归集，提供一定期间损益信息的会计科目。

根据《企业会计准则应用指南》的规定，一般工商企业常用的各类会计科目如表 2-11 所示。

表 2-11　　　　　　　　　　工商企业常用会计科目一览表

顺序号	会计科目名称	顺序号	会计科目名称
	一、资产类	38	无形资产减值准备
1	库存现金	39	长期待摊费用
2	银行存款	40	递延所得税资产
3	其他货币资金	41	待处理财产损益
4	交易性金融资产		
5	应收票据		二、负债类
6	应收账款	42	短期借款
7	预付账款	43	应付票据
8	应收股利	44	应付账款
9	应收利息	45	预收账款
10	其他应收款	46	应付职工薪酬
11	坏账准备	47	应交税费
12	材料采购	48	应付利息
13	在途物资	49	应付股利
14	原材料	50	其他应付款
15	材料成本差异	51	长期借款
16	库存商品	52	应付债券
17	发出商品	53	长期应付款
18	商品进销差价	54	未确认融资费用
19	委托加工物资	55	递延所得税负债
20	周转材料		
21	存货跌价准备		三、所有者权益类
22	持有至到期投资	56	实收资本
23	持有至到期投资减值准备	57	资本公积
24	可供出售金融资产	58	盈余公积
25	长期股权投资	59	本年利润
26	长期股权投资减值准备	60	利润分配
27	投资性房地产		
28	长期应收款		四、成本类
29	未实现融资收益	61	生产成本
30	固定资产	62	制造费用
31	累计折旧	63	劳务成本
32	固定资产减值准备	64	研发支出
33	在建工程		
34	工程物资		五、损益类
35	固定资产清理	65	主营业务收入
36	无形资产	66	其他业务收入
37	累计摊销	67	公允价值变动损益

续表

顺序号	会计科目名称	顺序号	会计科目名称
68	投资收益	74	管理费用
69	营业外收入	75	财务费用
70	主营业务成本	76	资产减值损失
71	其他业务成本	77	营业外支出
72	营业税金及附加	78	所得税费用
73	销售费用	79	以前年度损益调整

2.2.2 账户

1. 账户的概念

会计科目只是对会计要素具体内容进行分类所形成的项目名称，还不能进行具体的会计核算。为了全面、连续、系统地反映和监督会计要素的增减变动，还必须设置账户。账户是用来记录会计科目所反映经济业务内容的工具，是分类反映会计要素增减变动情况及其结果的载体，是根据会计科目设置的，具有一定的结构。设置账户是会计核算的重要方法之一。

由于会计科目只是对会计要素的具体内容进行了分类，只有分类的名称而没有一定的格式，还不能把发生的经济业务连续、系统地记录下来，以取得经营管理所需的信息资料，所以，为全面、连续、系统地记录经济业务事项，还必须根据规定的会计科目设置账户，利用账户来记录各项经济业务事项，以及由此而引起的有关会计要素具体内容的增减变化及其结果。

与会计科目对应，账户也分为总分类账户和明细分类账户。总分类账户又称为总账账户或一级账户，简称总账，是根据总分类科目设置的，是提供总括分类核算资料和指标的账户，在总分类账户中只使用货币计量单位反映经济业务事项。总分类账户可以提供概括的核算资料和指标，提供的是总括的会计信息。明细分类账户又称明细账户，简称明细账。它是根据明细分类科目设置的，提供的是明细核算资料和指标，是对其总账资料的具体化和补充说明。对于明细账的核算，除用货币计量反映经济业务事项外，必要时还需要用实物计量或劳动量计量单位从数量和时间上进行反映，以满足会计核算的需要。明细分类账又可以进一步分为二级明细账、三级明细账等。

总分类账户与明细分类账户存在以下关系。

（1）总分类账户对明细分类账户具有统驭控制作用。总分类账户和其所属明细分类账户的核算内容相同，都是核算和反映同一经济业务事项，只不过反映内容的详细程度不同。总分类账户反映总括情况，提供的总括核算资料是对有关明细分类账户资料的综合；明细分类账户反映具体详细情况，提供的明细核算资料是对其总分类账户资料的具体化。因此，总分类账户统驭和控制明细分类账户。

（2）明细分类账户对总分类账户具有补充说明作用。总分类账户是对会计要素各项目增减变化的总括反映，提供总括的资料；而明细分类账户反映的是会计要素各项目增减变化的详细情况，提供了某一具体方面的详细资料，有些明细分类账户还可以提供实物数量指标和劳动量指标等。因此，明细分类账户对总分类账户具有补充说明的作用，它从属于总账，是总账的从属账户。

（3）总分类账户与其所属明细分类账户在总金额上应当相等。由于总分类账户与其所属明细分类账户是根据相同的会计凭证登记的，它们所反映的经济内容相同，所以，总金额应当相等。也就是，总分类账户余额应当等于所属明细分类账户余额合计，总分类账户本期发生额应当等于所属明细分类账户本期发生额合计。例如，"原材料"总分类账户与其所属的"燃料"、"辅助材料"等明细分类账户都是反映原材料的收发及结存情况，因此，"原材料"总分类账户的金额（包括期初余额、本期发生额和期末余额）与其所属的"燃料"、"辅助材料"等明细分类账户的总金额必然相等。

2．账户的基本结构

账户是用来记录经济业务的，它有 3 个作用：一是分门别类地记载各项经济业务事项；二是提供日常会计核算资料和数据；三是为编制财务报表提供依据。为此，账户不但要有明确的核算内容，而且还应该具有一定的格式，即结构。由于经济业务事项发生所引起的各项会计要素的变动，从数量上看不外乎是增加和减少两种情况，因此，账户结构也相应地分为两个基本部分，即左、右两方，一方登记增加数，另一方登记减少数。

账户的基本结构，一般应包括下列内容。

（1）账户的名称（即会计科目）。

（2）日期和摘要（记录经济业务事项发生的日期和概括说明经济业务事项的内容）。

（3）增加和减少的金额及余额。

（4）凭证号数（说明账户记录的依据）。

我国《企业会计准则》规定，企业应当采用借贷记账法记账。借贷记账法账户的基本格式如表 2-12 所示。

表 2-12　　　　　　　　　　账户名称（会计科目）

年		凭证号数	摘　要	借　方	贷　方	借或贷	余　额
月	日						

为便于说明，可将上述账户格式简化为"T 形"或称为"丁字形"账户，只保留借方和贷方，其他部分略去，并将余额写在账户的下方，如图 2-2 所示。

账户的"借方"和"贷方"分别用来记录经济业务发生所引起的会计要素的增加额和减少额。增加额和减少额相抵的差额，即为账户的余额。余额按其表示的时间不同，分为期初余额和期末余额。因此，在账户中所记录的金额有期初余额、本期增加额、本期减少额和期末余额。本期增加额是指在一定时期内（月、季、年）记入账户增加金额的合计数，也叫本期增加发生额；本期减少额是指在一定时期内（月、季、年）记入账户减少金额的合计数，也叫本期减少发生额。本期发生额是一个动态指标，它说明资产或权益的增减变动情况。本期增加发生额与本期减

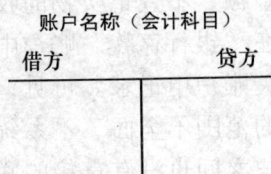

账户名称（会计科目）

借方　　　　　　　　贷方

图 2-2　T 形账户结构

少发生额相抵后的差额，是本期的期末余额。余额是一个静态指标，它说明资产或权益在某一时日增减变动的结果。本期的期末余额就是下期的期初余额。这 4 项金额的关系可以用下列等式表示。

$$本期期末余额 = 本期期初余额 + 本期增加发生额 - 本期减少发生额$$

至于哪一方记录本期增加发生额，哪一方记录本期减少发生额，取决于账户的性质，将在下一节作详细介绍。

3．账户与会计科目的联系和区别

账户和会计科目是两个既相互联系，又相互区别的概念。首先，账户与会计科目是相互联系的。会计科目和账户所反映的会计要素的具体内容是相同的，两者口径一致，性质相同，都是体现对会计要素具体内容的分类。会计科目是账户的名称，也是设置账户的依据。账户则是根据会计科目来设置的，账户是会计科目的具体运用。因此，会计科目的性质决定账户的性质。其次，账户与会计科目是相互区别的。会计科目仅仅是账户的名称，不存在结构，而账户则具有一定的格式和结构。会计科目仅说明反映的经济内容是什么，而账户不仅说明反映的经济内容是什么，而且还系统地反映和监督其增减变化及结余情况。会计科目的作用主要是为了设置账户，填制会计凭证，而账户的作用主要是提供某一具体会计对象的会计资料，为编制财务报表提供依据。

所以，没有会计科目，账户便失去了设置的依据；没有账户，会计科目就无法发挥作用，两者又是一种相互依存的关系。

2.3 复式记账

2.3.1 复式记账法

经济业务事项的发生会引起有关会计要素的增减变动，如何将客观发生的经济业务事项登记到有关账户中去，这就是所谓的记账方法。记账方法就是在账户中登记经济业务事项的方法。按照记录经济业务事项的方式不同，记账方法分为单式记账法和复式记账法。

所谓单式记账法，是指对所发生的每一项经济业务事项，只在一个账户中进行登记的记账方法。通常单式记账法只登记现金和银行存款的收付金额以及债权债务的结算金额，不登记实物的收付金额。例如，以银行存款购买原材料，业务发生后，一般只在"银行存款"账户中记录银行存款的支出业务，而对原材料的收入业务，却不在相关账户中记录。可见，这种记账方法是一种比较简单的、不完整的记账方法，其登记的范围不全面、不系统，需要什么资料就登记什么资料，账户的设置也不完整，各账户之间也没有直接的联系。因而，单式记账法不能全面、系统地反映经济业务的来龙去脉，也不便于检查账户记录的正确性和完整性。目前，只在极少的、经济业务非常简单的情况下采用这种记账方法，如代管物资的登记方法等。

复式记账法，是指对发生的每一项经济业务事项，都以相等的金额，在相关联的两个或两个以上账户中进行记录的记账方法。例如，上述以银行存款购买原材料业务，按照复式记账，则应以相等的金额，一方面在"银行存款"账户中记录银行存款的支出业务，另一方面在"原材料"账户中记录材料收入业务。

复式记账法是以资产与权益平衡关系作为记账基础的一种记账方法，具有以下特点。

（1）对于每一项经济业务，都在两个或两个以上相互关联的账户中进行记录。这样，在将全部经济业务都相互联系地记入各有关账户之后，通过账户记录不仅可以全面、系统地反映经济活动过程和经营成果，而且能够全面、清晰地反映出经济业务的来龙去脉。

（2）由于每项经济业务发生后，都是以相等的金额在有关账户中进行记录，因而便于核对账户记录，进行试算平衡，以检查账户记录是否正确。

可见，复式记账法是一种科学的记账方法，且存在多种具体的记账方法。例如，我国在 1992 年会计制度改革以前，曾采用的复式记账法就包括借贷记账法、增减记账法和收付记账法。增减记账法是以"增"和"减"作为记账符号的一种复式记账方法。收付记账法是以"收"和"付"作为记账符号的一种复式记账方法。但因增减记账法和收付记账法均存在不足之处，而借贷记账法经过数百年的锤炼，已被全世界的会计工作者普遍接受，是一种公认的比较成熟、完善的记账方法，已被世界各国普遍采用，所以，我国于 1992 年 12 月颁布，1993 年 7 月 1 日起实施颁布的《企业会计准则》就已明确规定，企业应当采用借贷记账法记账。

2.3.2 借贷记账法

借贷记账法是以"借"、"贷"为记账符号的一种记账方法。借贷记账法是建立在"资产 = 负债 + 所有者权益"这一会计等式的基础上，以"有借必有贷，借贷必相等"作为记账规则，反映各项会计要素增减变动情况的一种复式记账方法。

1．借贷记账法的记账符号

借贷记账法以"借"、"贷"为记账符号，反映各项会计要素的增减变动情况。作为记账符号的"借"和"贷"已经失去了原来的字面含义，仅作为记账符号使用，用以标明记账的方向。具体而言，借方登记资产、成本、费用的增加及负债、所有者权益、收入、利润的减少；贷方登记负债、所有者权益、收入、利润的增加及资产、成本、费用的减少。

上述记账方向如图 2-3 所示。

账户名称

借方	贷方
资产的增加	资产的减少
负债的减少	负债的增加
所有者权益的减少	所有者权益的增加
收入、利润的减少	收入、利润的增加
成本、费用的增加	成本、费用的减少

图 2-3　借贷记账法的记账方向

▌ 知识链接 ▐

"借"、"贷"两字的含义，最初是从借贷资本家的角度来解释的，即用来表示债权（应收款）和债务（应付款）的增减变动。借贷资本家对于收进的存款，记在贷主的名下，表示债务；对于付出的放款，记在借主的名下，表示债权。这时，"借"、"贷"两字表示债权债务的变化。随着商品经济的发展，经济活动的内容日益复杂，记录的经济业务已不再局限于货币资金的借贷业务，而逐渐扩展到财产物资、经营损益等。为了求得账簿记录的统一，对于非货币资金借贷业务，也以"借"、"贷"两字记录其增减变动情况。这样，"借"、"贷"两字就逐渐失去原来的含义，而转化为记账符号。

2．借贷记账法的账户结构

在借贷记账法下，账户的基本结构是：左方为借方，右方为贷方。但账户所反映的经济内容的性质不同，增加和减少的登记方向也不同，因此，不同性质的账户，其结构不同。

（1）资产类账户的结构。在资产类账户中，借方表示增加，贷方表示减少，期初余额和期末余额均在借方。也就是说，资产类账户发生增加额时，应当登记在该账户的借方，发生减少额时应当登记在该账户的贷方。

资产类账户结构如图 2-4 所示。

资产类账户

借方	贷方
期初余额	
本期增加发生额	本期减少发生额
本期发生额合计	本期发生额合计
期末余额	

图 2-4　资产类账户结构

资产类账户期末余额的计算公式如下。

期末余额 = 期初余额 + 本期借方发生额 － 本期贷方发生额

【例 2-2】利华公司的原材料账户期初余额为 50 000 元，本期借方发生额 150 000 元，本期贷方发生额 160 000 元，则原材料账户期末余额计算如下。

期末余额 = 50 000 + 150 000 － 160 000 = 40 000（元）

（2）权益类账户结构。权益类账户包括负债类账户和所有者权益类账户。权益类账户结构与资产类账户结构正好相反，即贷方登记增加发生额，借方登记减少发生额，期末余额在贷方。也就是说，负债或所有者权益的增加，应当登记在该账户的贷方；负债或所有者权益的减少，应当登记在该账户的借方；余额一般在账户的贷方。

权益类账户结构如图 2-5 所示。

权益类账户

借方	贷方
	期初余额
本期减少发生额	本期增加发生额
本期发生额合计	本期发生额合计
	期末余额

图 2-5　权益类账户结构

权益类账户期末余额的计算公式如下。

期末余额 = 期初余额 + 本期贷方发生额 - 本期借方发生额

【例 2-3】利华公司应付账款账户期初余额 35 000 元，本期贷方发生额 50 000 元，本期借方发生额 80 000 元，则应付账款账户期末余额计算如下。

期末余额 = 35 000 + 50 000 - 80 000 = 5 000（元）

（3）收入类账户结构。企业在生产经营活动中，通过销售商品或提供劳务取得收入，取得收入将会使企业的利润增加，从而增加企业的所有者权益。所以，收入类账户结构与权益类账户结构相似，即收入的增加记入该账户的贷方，收入的减少记入该账户的借方，平时余额在贷方。为定期核算经营成果，计算企业在一定时期内实现了多少利润，在每期期末（通常是月末）需将所有收入类账户的余额全部转入"本年利润"账户的贷方，通过"本年利润"账户计算本期实现的利润。因此，收入类账户一般无期末余额。

收入类账户结构如图 2-6 所示。

收入类账户

借方	贷方
本期减少发生额（含转出额）	本期增加发生额
本期发生额合计	本期发生额合计

图 2-6　收入类账户结构

（4）费用类账户结构。费用是企业为了取得收入所发生的，在计算利润时将其从收入总额中扣除的各项支出。费用会导致所有者权益减少，所以，费用类账户结构与收入类账户结构相反。也就是说，费用的增加记入该账户的借方，费用的减少记入该账户的贷方，平时余额在借方。与收入类账户相同，为定期核算损益，期末需将所有费用类账户余额转入"本年利润"账户的借方，与本期实现的收入总额相配比，计算本期实现的利润。所以，费用类账户一般无期末余额。

费用类账户结构如图 2-7 所示。

费用类账户

借方	贷方
本期增加发生额	本期减少发生额（含转出额）
本期发生额合计	本期发生额合计

图 2-7　费用类账户结构

（5）成本类账户结构。成本是企业为了取得一项资产而发生的支出，也可以理解为对象化的费用。为核算成本，计算生产产品的总成本和单位成本，企业需设置成本类账户。成本类账户结构与资产类账户结构相同，即借方登记成本的增加，贷方登记成本的减少，余额在借方，表示在产品成本。

成本类账户结构如图 2-8 所示。

成本类账户

借方	贷方
期初余额	
本期增加发生额	本期减少发生额
本期发生额合计	本期发生额合计
期末余额	

图 2-8　成本类账户结构

需要注意的是，对于每一个账户来说，余额只可能在账户的一方，要么在借方，要么在贷方，期初余额与期末余额的方向相同。但是，如果期初余额与期末余额的方向相反，则说明账户的性质已经发生改变。例如，"应收账款"账户是资产类账户，倘若期初余额在借方，期末余额仍在借方，则账户性质未变，仍为资产类账户，其余额反映的是尚未收回的货款；如果期末余额在贷方，说明本期多收了货款，多收部分实为企业预收的货款，属于预收账款，是企业的负债，此时的"应收账款"账户就变成了负债类账户。具有类似情况的账户主要有"预收账款"、"应付账款"、"预付账款"等账户。这些账户都是双重性质的账户，需要根据期末余额所在的方向来判断账户的性质，即期末余额在借方，就是资产类账户；反之，期末余额在贷方，则为负债类账户。

3. 借贷记账法的记账规则

借贷记账法的记账规则是：有借必有贷，借贷必相等。根据该规则，对于企业发生的每一项经济业务，都要在两个或两个以上相互关联的账户中进行记录，且借方和贷方要以相等的金额进行登记。也就是，对每一项经济业务，如果登记到一个账户的借方，必须同时以相等的金额登记到另一个或几个账户的贷方；或者是，登记到一个账户的贷方，就必须同时以相等的金额登记到另一个或几个账户的借方。

在运用借贷记账法的记账规则登记经济业务时，一般按照以下步骤进行。

（1）要分析发生的经济业务涉及哪些账户，并判断账户的性质。

（2）分析判断账户中涉及的金额是增加还是减少。

（3）根据账户结构确定记账方向，即是记入账户的借方还是贷方。

现举例说明。

【例 2-4】 用银行存款 2 000 元购买原材料，材料已验收入库。

该项经济业务的发生，使企业的原材料增加 2 000 元，同时银行存款减少 2 000 元。根据借贷记账法的记账规则，需要以相等的金额 2 000 元分别在"原材料"和"银行存款"账户中同时登记。又由于"原材料"和"银行存款"账户均为资产类账户，资产类账户借方登记增加额，贷方登记减少额，所以，该笔经济业务应登记如图 2-9 所示。

银行存款		原材料	
借方	贷方	借方	贷方
	2 000	2 000	

图 2-9

【例 2-5】企业以面值 6 000 元的银行承兑汇票抵付上月购货所欠的货款。

该项经济业务的发生，使企业的应付票据增加 6 000 元，同时应付账款减少 6 000 元。根据借贷记账法的记账规则，需要以相等的金额 6 000 元分别在"应付票据"和"应付账款"账户中同时登记。又由于"应付票据"和"应付账款"账户同属于权益（负债）类账户，权益类账户借方登记减少额，贷方登记增加额，所以，该笔经济业务应登记如图 2-10 所示。

应付票据		应付账款	
借方	贷方	借方	贷方
	6 000		6 000

图 2-10

【例 2-6】接受东方电器公司的货币资金投资 200 000 元，投资款已存入银行。

该项经济业务的发生，使企业的银行存款和实收资本同时增加 200 000 元。根据借贷记账法的记账规则，需要以相等的金额 200 000 元分别在"银行存款"和"实收资本"账户中同时登记。又由于"银行存款"账户属于资产类账户，"实收资本"账户属于权益（所有者权益）类账户，资产类账户借方登记增加额，权益类账户贷方登记增加额，所以，该笔经济业务应登记，如图 2-11 所示。

实收资本		银行存款	
借方	贷方	借方	贷方
	200 000	200 000	

图 2-11

【例 2-7】以银行存款 150 000 元归还已到期的长期借款。

该项经济业务的发生，使企业的银行存款和长期借款同时减少 150 000 元。根据借贷记账法的记账规则，需要以相等的金额 150 000 元分别在"银行存款"和"长期借款"账户中同时登记。又由于"银行存款"账户属于资产类账户，"长期借款"账户属于权益（负债）类账户，资产类账户贷方登记减少额，权益类账户借方登记减少额，所以，该笔经济业务应登记如图 2-12 所示。

银行存款		长期借款	
借方	贷方	借方	贷方
	150 000	150 000	

图 2-12

以上4笔经济业务分别属于以下4种类型，任何经济业务事项都可以归类于其中的某一类型。

（1）资产与权益同时增加，总额增加。

（2）资产与权益同时减少，总额减少。

（3）资产内部有增有减，总额不变。

（4）权益内部有增有减，总额不变。

上述经济业务事项的记录都应遵循"有借必有贷，借贷必相等"的记账规则，它们之间的关系如图2-13所示。

上述经济业务只涉及了两个相互联系的账户，在会计实务中却有相当多的经济业务事项需要在一个账户的借方和几个账户的贷方登记，或相反，出现"一借多贷"或"多借一贷"的情况，但它们仍旧遵循记账规则，借贷双方的金额也必须相等。

图 2-13

【例2-8】购入一批原材料，价款50 000元，以银行存款支付40 000元，余款10 000元尚未支付，原材料已验收入库。

该项经济业务的发生就同时涉及"原材料"、"银行存款"和"应付账款"3个账户，其中，"原材料"账户应记录增加，登记在借方；"银行存款"账户应记录减少，登记在贷方；"应付账款"账户应记录增加，登记在贷方。该笔经济业务的账户登记如图2-14所示。

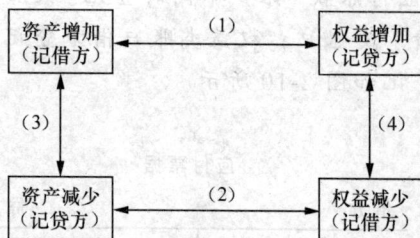

图 2-14

【例2-9】接受迅飞科技公司投资350 000元，其中，以货币资金出资150 000元，以机器设备出资200 000元。投资款已存入银行，机器设备已收到并达到预定可使用状态。

该项经济业务的发生同时涉及"银行存款"、"固定资产"和"实收资本"3个账户，其中，银行存款和固定资产增加应分别记入"银行存款"和"固定资产"账户的借方，实收资本的增加应记入"实收资本"账户的贷方。该笔经济业务的账户登记如图2-15所示。

运用借贷记账法记账时，在有关账户之间会形成一种应借、应贷的对应关系，这种关系称作账户对应关系；存在账户对应关系的账户称为对应账户。为了保证账户对应关系的正确性，登账前应先根据经济业务所涉及的账户及其借贷方向和金额，编制会计分录，据以登账。会计分录就是标明某项经济业务应借、应贷账户及其金额的记录，简称分录。在会计实务中，会计分录编制在记账凭证上，一笔会计分录包括记账符号、会计科目和金额 3 个要素。

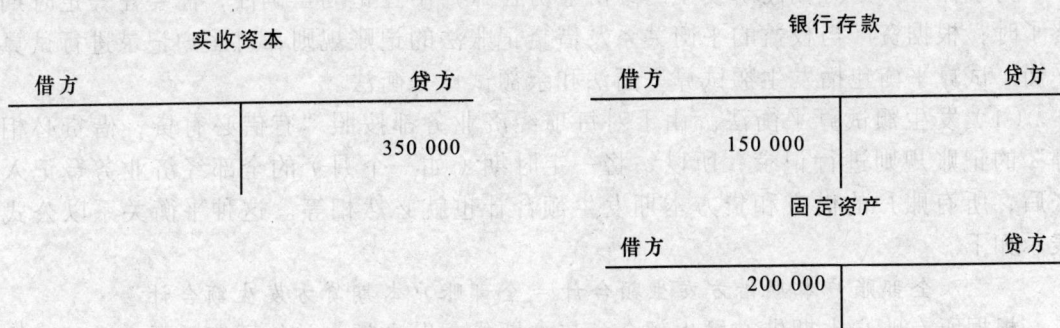

实收资本

借方	贷方
	350 000

银行存款

借方	贷方
150 000	

固定资产

借方	贷方
200 000	

图 2-15

编制会计分录，应按以下步骤进行。

（1）一项经济业务发生后，首先分析这项业务涉及的账户类型，是资产类还是权益类，是收入类还是成本、费用类。

（2）在第一步的基础上，确定经济业务涉及哪些账户，是增加还是减少。

（3）根据账户性质和增减变动情况，确定应借、应贷会计科目。

（4）编制会计分录并检查是否符合记账规则。

依据以上举例资料，编制会计分录如下。

【例 2-4】借：原材料　　　　　　　　　　　　　　　　　　　2 000
　　　　　　　贷：银行存款　　　　　　　　　　　　　　　　　　　2 000

【例 2-5】借：应付账款　　　　　　　　　　　　　　　　　　　6 000
　　　　　　　贷：应付票据　　　　　　　　　　　　　　　　　　　6 000

【例 2-6】借：银行存款　　　　　　　　　　　　　　　　　200 000
　　　　　　　贷：实收资本　　　　　　　　　　　　　　　　　200 000

【例 2-7】借：长期借款　　　　　　　　　　　　　　　　　150 000
　　　　　　　贷：银行存款　　　　　　　　　　　　　　　　　150 000

【例 2-8】借：原材料　　　　　　　　　　　　　　　　　　50 000
　　　　　　　贷：银行存款　　　　　　　　　　　　　　　　　40 000
　　　　　　　　　应付账款　　　　　　　　　　　　　　　　　10 000

【例 2-9】借：银行存款　　　　　　　　　　　　　　　　　150 000
　　　　　　　　　固定资产　　　　　　　　　　　　　　　　　200 000
　　　　　　　贷：实收资本　　　　　　　　　　　　　　　　　350 000

会计分录有简单会计分录和复合会计分录两种。简单会计分录是指一个账户借方同另一个账户贷方发生对应关系的会计分录，即一借一贷的会计分录，如例 2-4～例 2-7 所编制的会计分录；复合会计分录是指由两个以上（不含两个）对应账户所组成的会计分录，即一借多贷、多借一贷和多借多贷的会计分录，如例 2-8 和例 2-9 所编制的会计分录。编制复合会计分录，可以全面地反映经济业务的来龙去脉，并简化记账手续，提高工作效率。但为了明晰账户对应关系，不宜将不同经济业务合并在一起，编制多借多贷的会计分录。

4．借贷记账法的试算平衡

为了保证一定时期内所发生的经济业务在账户中登记的正确性，需要在一定时期终了时，根据资产与权益的平衡关系及借贷记账法的记账规则，对账户记录进行试算平衡。试算平衡包括发生额试算平衡法和余额试算平衡法。

（1）发生额试算平衡法。由于对每项经济业务都按照"有借必有贷，借贷必相等"的记账规则进行记录，所以，将一定时期（如一个月）的全部经济业务登记入账后，所有账户的借方和贷方本期发生额合计也就必然相等。这种平衡关系以公式表示如下。

全部账户本期借方发生额合计 = 全部账户本期贷方发生额合计

根据所有账户本期借方发生额合计与本期贷方发生额合计的恒等关系，进行试算平衡，检查账户记录正确性的方法，即发生额试算平衡法。

（2）余额试算平衡法。根据"资产 = 负债 + 所有者权益"的恒等关系，运用借贷记账法在账户中记录经济业务的结果，各项资产余额合计必然等于各项负债和所有者权益的余额合计。在借贷记账法下，资产类账户的余额在借方，而负债和所有者权益类账户的余额在贷方，所以，所有账户的期末借方余额合计与所有账户期末贷方余额合计一定相等。又由于本期期末余额正是下期期初余额，所以，所有账户期初借方余额合计与所有账户期初贷方余额合计也必定相等。上述平衡关系以公式表示如下。

全部账户期末借方余额合计 = 全部账户期末贷方余额合计
全部账户期初借方余额合计 = 全部账户期初贷方余额合计

根据本期所有账户借方余额合计等于所有账户贷方余额合计的恒等关系，进行试算平衡，检查账户记录正确性的方法，即余额试算平衡法。根据余额的性质不同，又可分为期初余额平衡和期末余额平衡两种。

试算平衡通常是通过编制试算平衡表进行的，试算平衡表的格式如表 2-13 所示。

表 2-13

试算平衡表

2013 年 9 月 30 日

单位：元

会 计 科 目	期 初 余 额		本 期 发 生 额		期 末 余 额	
	借 方	贷 方	借 方	贷 方	借 方	贷 方
银行存款	200 000		160 000	240 000	120 000	
原材料	50 000		50 000	45 000	55 000	
库存商品	15 000		40 000	45 000	10 000	
固定资产	400 000		90 000		490 000	
应付票据				80 000		80 000
应付账款		80 000	110 000	50 000		20 000
短期借款		50 000		60 000		110 000
应付债券		30 000	20 000			10 000
生产成本	10 000		45 000	40 000	15 000	

续表

会 计 科 目	期 初 余 额		本 期 发 生 额		期 末 余 额	
	借 方	贷 方	借 方	贷 方	借 方	贷 方
主营业务收入			60 000	60 000		
主营业务成本			45 000	45 000		
实收资本		300 000	100 000	190 000		390 000
资本公积		200 000	150 000	50 000		
本年利润		15 000		15 000		30 000
合 计	675 000	675 000	870 000	870 000	690 000	690 000

在编制试算平衡表时，要注意以下几个方面的问题。

① 必须将所有账户的余额都记入试算平衡表。如果有遗漏，将会造成期初或期末借方余额合计与期初或期末贷方余额合计不相等的情况发生。

② 如果试算平衡表借贷不相等，就说明账户记录一定有错误，需仔细查找原因，使得试算平衡表能够平衡。

③ 如果试算平衡表经过试算都是平衡的，也不能说明账户记录是正确的，因为有些错误的出现并不影响借贷双方的平衡关系。例如，漏记某项经济业务，将会使本期借贷双方的发生额同时等额减少，不影响借贷双方的平衡关系；重记某项经济业务，则会使本期借贷双方的发生额同时等额增加，也不影响借贷双方的平衡关系；或者是某项经济业务发生后，记错了账户，借贷双方仍然平衡。

所以，在编制试算平衡表之前，一定要认真核对有关的账户记录，避免出现上述问题。

2.3.3 总分类账与明细分类账的平行登记

平行登记是指对所发生的每项经济业务都要以会计凭证为依据，一方面记入有关总分类账户，另一方面记入有关总分类账户所属明细分类账户的方法。

总分类账户与明细分类账户平行登记要求做到如下几个方面。

（1）所依据会计凭证相同。对于发生的经济业务，要根据相同的会计凭证，一方面要在有关的总分类账户中登记，另一方面要在该总分类账户所属的明细分类账户中登记。

（2）借贷方向相同。对于发生的每项经济业务，记入总分类账户和其所属明细分类账户的方向必须相同。也就是说，如果总分类账户登记在借方，那么，其所属明细分类账户也应该登记在借方；反之，如果总分类账户登记在贷方，那么，其所属明细分类账户也应该登记在贷方。

（3）所属会计期间相同。对于发生的每项经济业务，在记入总分类账户和明细分类账户时，必须在同一会计期间全部登记入账。即一项经济业务发生后，必须在记入总分类账户进行总括核算的同一会计期间，在其所属明细分类账户中进行登记，进行明细分类核算。

（4）记入总分类账户的金额与记入明细分类账户的合计金额相等。对于发生的每一项经济业务,记入总分类账户的金额必须等于记入其所属明细分类账户的金额之和。这样，使得总分类账户本期发生额与其所属明细分类账户本期发生额合计相等，总分类账户期初余额与其所属明细分类账户期初余额合计相等，总分类账户期末余额与其所属明细分类账户期末余额合计相等。

现举例说明。

【例2-10】利华公司2013年10月1日，"应收账款"账户借方余额为9 000元，其中，应收A公司3 000元，应收B公司6 000元。10月份发生的相关经济业务如下。

（1）10月5日，售给A公司产品一批，价款4 000元（不考虑相关税费），产品已发出，货款尚未收到。编制会计分录如下。

  借：应收账款——A公司   4 000
    贷：主营业务收入   4 000

（2）10月20日，售给B公司产品一批，价款3 000元（不考虑相关税费），产品已发出，货款尚未收到。编制会计分录如下。

  借：应收账款——B公司   3 000
    贷：主营业务收入   3 000

（3）10月29日，A公司转来货款5 000元，B公司转来货款8 000元，款项均收妥并存入银行。编制会计分录如下。

  借：银行存款   13 000
    贷：应收账款——A公司   5 000
        ——B公司   8 000

根据上述资料，在"应收账款"总分类账户及其所属明细分类账户中进行平行登记，具体步骤如下。

首先，将月初余额分别记入"应收账款"总额及其所属的明细账；然后，根据经济业务事项发生的先后次序和编制的会计分录，依次在"应收账款"总账及其所属的明细账中进行平行登记，并计算出各账户的本期发生额和期末余额。"应收账款"总账及其所属明细账的登记如表2-14~表2-16所示。

表2-14   总分类账

会计科目：应收账款

2013年		凭证号数	摘要	借方	贷方	借或贷	余额
月	日						
10	1		月初余额			借	9 000
	5	（1）	销售	4 000		借	13 000
	20	（2）	销售	3 000		借	16 000
	29	（3）	收回货款		13 000	借	3 000
10	31		本月合计	7 000	13 000	借	3 000

从以上总分类账户及其所属明细分类账户记录可以看出，在平行登记下，"应收账款"总分类账户的期初余额、本期借方发生额、本期贷方发生额、期末余额均分别与其所属明细分类账户的期初余额、本期借方发生额、本期贷方发生额、期末余额之和相等，直观地说明了总分类账户对明细分类账户的统驭作用、明细分类账户对总分类账户的补充作用。

表 2-15   应收账款明细分类账

会计科目：A 公司

| 2013 年 | | 凭证号数 | 摘 要 | 借 方 | 贷 方 | 借或贷 | 余 额 |
月	日						
10	1		月初余额			借	3 000
	5	（1）	销售	4 000		借	7 000
	29	（3）	收回货款		5 000	借	2 000
10	31		本月合计	4 000	5 000	借	2 000

表 2-16   应收账款明细分类账

会计科目：B 公司

| 2013 年 | | 凭证号数 | 摘 要 | 借 方 | 贷 方 | 借或贷 | 余 额 |
月	日						
10	1		月初余额			借	6 000
	20	（2）	销售	3 000		借	9 000
	29	（3）	收回货款		8 000	借	1 000
10	31		本月合计	3 000	8 000	借	1 000

因总分类账户及其所属明细分类账户的本期发生额及余额存在相等的关系，在期末可以对总分类账户和其所属的明细分类账户进行核对和检查，以便发现和纠正错误。通常，这种核对是通过编制"总分类账户与明细分类账户发生额及余额对照表"进行的，其格式与内容如表 2-17 所示，该表列示了例 2-10 中"应收账款"总分类账户与其所属的明细分类账户的对照情况。

表 2-17   总分类账户与明细分类账户发生额及余额对照表

2013 年 10 月 31 日   单位：元

| 会 计 科 目 | 期 初 余 额 | | 本 期 发 生 额 | | 期 末 余 额 | |
	借 方	贷 方	借 方	贷 方	借 方	贷 方
应收账款	9 000		7 000	13 000	3 000	
A 公司	3 000		4 000	5 000	2 000	
B 公司	6 000		3 000	8 000	1 000	

从表 2-17 可以看出，"应收账款"总分类账户的期初余额 9 000 元，等于明细分类账户"A 公司"的期初余额 3 000 元加上"B 公司"的期初余额 6 000 元；本期借方发生额 7 000 元，等于明细分类账户"A 公司"的本期借方发生额 4 000 元加上"B 公司"的本期借方发生额 3 000 元；本期贷方发生额 13 000 元，等于明细分类账户"A 公司"的本期贷方发生额 5 000 元加上"B 公司"的本期贷方发生额 8 000 元；期末余额 3 000 元，等于明细分类账户"A 公司"的期末余额 2 000 元加上"B 公司"的期末余额 1 000 元。通过这样的相互核对，可以确定总分类账户及其所属明细分类账户的登记是正确的。

会计名人

杨纪琬（1917—1999），上海松江人，会计学家、会计理论家、会计教育家，"管理活动论"的主要创始人，我国社会主义会计制度的奠基人之一。

1935年考入国立上海商学院，毕业后留校任教。1949年调入财政部会计司工作，历任副处长、处长、副司长、司长等职。曾任中国会计学会副会长、中国注册会计师协会首任会长。任职期间，主持起草了新中国第一部《会计法》，发起重建注册会计师制度。独立或合作撰写和翻译论文、译文110余篇，出版专著、教材16部。他推动和引领中国会计制度和会计准则建设，为会计理论、会计教育和注册会计师事业的发展奉献了毕生精力，被公认为"新中国会计界的一代名师"。

本章小结

会计对象是特定主体的经济业务活动。为了核算和监督经济业务，必须对会计对象进行科学、合理的分类。会计要素是对会计对象的基本分类，包括资产、负债、所有者权益、收入、费用和利润6要素。其中，资产、负债和所有者权益属于静态要素，在数量上存在"资产＝负债＋所有者权益"的恒等关系，称为会计基本等式；收入、费用和利润为动态要素，存在着"利润＝收入－费用"的数量关系。对会计要素的具体内容进行分类所形成的项目为会计科目。企业单位应当根据自身的生产经营特点和管理上的要求科学设置会计科目。会计科目是设置账户的依据。账户是用来记录会计科目所反映经济业务内容的工具，具有一定的结构，包括总分类账户和明细分类账户。为保证会计信息的一致性、可比性，总分类账户应当按照国家统一会计制度的规定设置。

为全面、连续、系统地记录企业发生的经济业务事项，世界各国普遍采用借贷记账法。借贷记账法是以"借""贷"为记账符号，遵循"有借必有贷，借贷必相等"的记账规则，并以"资产＝负债＋所有者权益"会计等式为理论基础的一种复式记账法。借贷记账法具有的优点：（1）账户对应关系清楚，可以鲜明地反映经济业务活动的来龙去脉；（2）账户设置适用性强，账户不要求固定分类，可设置双重性质的账户；（3）无论发生额和余额都保持借贷平衡关系，日常核算记录的汇总和检查都十分简便。

思考与练习

一、思考题

（1）讨论会计对象、会计要素、会计科目、账户4者之间的区别与联系。

（2）进行一次企业调查，了解被调查企业的生产经营特点，评价该企业会计科目设置的合理性，并组织交流。

（3）分组讨论，为什么借贷记账法会成为世界各国普遍采用的记账方法。

二、判断题

（1）会计要素是按会计对象的经济内容进行分类所形成的基本项目。　（　　）

（2）资产是企业拥有或者控制的全部资源。　（　　）

（3）负债是企业所承担的全部义务，包括现时义务和潜在义务。　（　　）

（4）所有者权益是企业所有者享有的剩余权益，在数量上等于企业全部资产减去全部负债的净额。　（　　）

（5）收入是企业在经济活动中形成的全部经济利益的总流入。　（　　）

（6）费用是企业在经济活动中发生的全部经济利益的总流出。　（　　）

（7）利润是企业在一定会计期间的经营成果，是企业在一定会计期间内实现的收入减去费用的净额。　（　　）

（8）会计科目是对会计要素进行进一步分类所形成的项目，是会计要素的具体化。　（　　）

（9）企业应以客观存在的会计要素为基础，结合经济管理的需要，科学、合理地设置会计科目。　（　　）

（10）账户与会计科目的关系是，会计科目是账户的名称，账户是会计科目的内容。　（　　）

（11）从数量上看，各项经济业务的发生，要么引起会计要素的增加，要么引起会计要素的减少。　（　　）

（12）账户的基本结构包括反映会计要素增加额、减少额和结余额 3 部分。　（　　）

（13）总分类账户提供的是总括的会计信息，明细分类账户提供的是详细的会计信息，但它们的核算内容是一致的。　（　　）

（14）单式记账法和复式记账法同属于记账方法，两者不存在本质区别，都是会计实务中广泛采用的记账方法。　（　　）

（15）复式记账法的理论依据是"资产＝权益"。　（　　）

（16）根据复式记账法原理，对任何一项经济业务的发生至少应在一个资产账户、一个负债账户和一个所有者权益账户中进行相互联系地记录。　（　　）

（17）"有借必有贷，借贷必相等"使各账户的余额、发生额间存在平衡关系，利用这种平衡关系可以检查账户记录的正确性，该方法即试算平衡。　（　　）

（18）账户记录试算不平衡，说明记账一定存在差错，反之不成立。　（　　）

（19）会计分录必须同时具备账户名称、记账方向和金额三项基本内容。（　　）

（20）平行登记的结果是：总分类账户与所属明细分类账户之间存在平衡关系。　（　　）

三、单项选择题

（1）（　　　）是按会计对象的经济内容所作的基本分类，是会计对象的具体化。

　　A．会计要素　　　B．会计科目　　　C．会计账户　　　D．会计报表

（2）下列项目中不属于利润要素的是（　　　）。

　　A．未分配利润　　B．投资收益　　　C．营业利润　　　D．政府补助

（3）会计科目是（　　　）的名称。

  A. 会计要素 B. 账户 C. 报表项目 D. 会计对象

（4）下列各级科目中，属于总分类科目的是（   ）。

  A. 一级科目 B. 二级科目 C. 子目   D. 细目

（5）总分类账户可以使用（   ）量度反映会计要素的变化。

  A. 货币   B. 劳动   C. 实物   D. 混合

（6）总分类账户与明细分类账户的关系是（   ）。

  A. 平等关系   B. 总分类账户统驭明细分类账户

  C. 明细分类账户统驭总分类账户 D. 分工不同，相互独立

（7）复式记账法对每一项经济业务都以相等的金额，在（   ）中进行登记。

  A. 1个账户   B. 2个账户

  C. 两个或两个以上账户   D. 3个以上账户

（8）期末没有余额的账户是（   ）。

  A. 资产类账户   B. 负债类账户

  C. 所有者权益类账户   D. 损益类账户

（9）账户借方反映的是（   ）。

  A. 资产的增加   B. 资产的减少

  C. 所有者权益的增加   D. 负债的增加

（10）账户贷方反映的是（   ）。

  A. 资产的增加   B. 负债的减少

  C. 所有者权益的增加   D. 所有者权益的减少

（11）简单会计分录是指（   ）的会计分录。

  A. 一借一贷 B. 一借多贷 C. 一贷多借   D. 多借多贷

（12）一般地说，总分类账户与明细分类账户的平行登记是出于（   ）的需要。

  A. 复式记账 B. 管理控制 C. 岗位分工   D. 会计管理

（13）"应收账款"总分类账户的期初余额为 500 万元，本期增加额为 1 000 万元，本期减少额为 1 200 万元，期末余额应为（   ）万元。

  A. 500   B. 1 000   C. 1 200   D. 300

（14）"应收账款"总分类账户的期末余额为 500 万元，其所属的明细分类账户的期末余额合计应（   ）。

  A. 等于 500 万元   B. 大于 500 万元

  C. 小于 500 万元   D. 不确定

（15）大华公司的"原材料"总分类账户的本期增加额是 150 万元，其所属的明细分类账户有两个，一个明细分类账户的本期增加额是 100 万元，那么，另一个明细分类账户的本期增加额应为（   ）万元。

  A. 150   B. 100   C. 50   D. 不能确定

  四、多项选择题

（1）下列项目中属于流动资产的是（   ）。

  A. 原材料 B. 银行存款 C. 机器设备   D. 库存商品

（2）下列项目中属于非流动负债的是（   ）。

　　A．应付股利　　B．应付债券　　C．应付职工薪酬　　D．长期借款

（3）所有者权益包括（　　）。

　　A．投资者投入资本　　　　　　　　B．从净利润中提取的公积金

　　C．分配给投资者的股利　　　　　　D．未分配利润

（4）下列各项中，属于收入的是（　　）。

　　A．销售商品收入　　　　　　　　　B．提供劳务收入

　　C．让渡资产使用权　　　　　　　　D．政府补助收入

（5）下列项目中属于利润要素的是（　　）。

　　A．营业利润　　B．投资收益　　C．营业外收入　　D．营业外支出

（6）总分类账户提供的会计信息是（　　）。

　　A．总括信息　　B．价值量信息　　C．详细信息　　D．综合信息

（7）明细分类账户提供的会计信息，属于（　　）。

　　A．总括信息　　B．详细信息　　C．抽象信息　　D．具体信息

（8）下列科目中，属于成本类科目的是（　　）。

　　A．生产成本　　B．制造费用　　C．劳务成本　　D．主营业务成本

（9）下列分类中，正确的是（　　）。

　　A．"盈余公积"科目属于负债类　　B．"预付账款"科目属于资产类

　　C．"制造费用"科目属于损益类　　D．"资本公积"科目属于所有者权益类

（10）下列有关账户的描述中，正确的是（　　）。

　　A．会计科目是账户的名称　　　　　B．账户具有一定的结构

　　C．账户是根据会计科目开设的　　　D．账户是用于记录会计要素增减变化的

（11）总分类账户与明细分类账户间的关系可以概括为（　　）。

　　A．总分类账户补充说明明细分类账户

　　B．明细分类账户补充说明总分类账户

　　C．总分类账户统驭明细分类账户

　　D．明细分类账户统驭总分类账户

（12）一项所有者权益增加的同时，引起的另一方面变化可能是（　　）。

　　A．一项资产增加　　　　　　　　　B．一项负债增加

　　C．一项负债减少　　　　　　　　　D．另一项所有者权益减少

（13）在借贷记账法下，账户间的平衡关系包括（　　）。

　　A．所有账户的期初借方余额合计 = 所有账户的期初贷方余额合计

　　B．所有账户的本期借方发生额合计 = 所有账户的本期贷方发生额合计

　　C．所有账户的期末借方余额合计 = 所有账户的期末贷方余额合计

　　D．所有损益账户的借方发生额合计 = 所有损益账户的贷方发生额合计

（14）总分类账户与明细分类账户的平行登记，其要点是（　　）。

　　A．同时期　　B．同方向　　C．等金额　　D．同人员

（15）总分类账户与所属明细分类账户间的关系，具体表现为（　　）。

　　A．期初余额相等　　　　　　　　　B．期末余额相等

　　C．增加额相等　　　　　　　　　　D．减少额相等

五、业务题

习题一

1. 目的

练习资产、负债和所有者权益的划分。

2. 资料

项 目	资 产	负 债	所有者权益
（1）企业的营业用房			
（2）库存商品			
（3）生产用具			
（4）职工欠企业的款项			
（5）应付职工的工资、福利和养老金			
（6）企业的办公设备			
（7）企业的银行存款			
（8）企业的银行贷款			
（9）企业股东的投入资本			
（10）计提的法定盈余公积			
（11）应付企业股东的股利			
（12）企业欠交的税费			
（13）库存的原材料			
（14）生产车间的机器设备			
（15）生产车间未完工的产品			
（16）应收购货方的货款			
（17）应付供货方的货款			
（18）出纳员保管的现金			
（19）企业购买的专利技术			
（20）尚未分配的净利润			

3. 要求

根据上述资料，分清资产、负债、所有者权益，以标记"√"填入相关空格内。

习题二

1. 目的

练习资产、负债和所有者权益的划分。

2. 资料

项 目	会计科目	资 产	负 债	所有者权益
（1）厂房：150 000元				
（2）生产用的机床设备：300 000元				
（3）运输卡车：80 000元				

续表

项　目	会计科目	资　产	负　债	所有者权益
（4）在产品：50 000 元				
（5）库存商品：120 000 元				
（6）原材料：100 000 元				
（7）应付购货款：25 000 元				
（8）应交各项税费：10 000 元				
（9）预收的包装物押金：1 200 元				
（10）采购员预借的差旅费：200 元				
（11）国家投入资本：600 000 元				
（12）本月实现的利润：70 000 元				
（13）管理用的办公设备：40 000 元				
（14）向银行借入的短期借款：50 000 元				
（15）库存的自用润滑油：300 元				
（16）外单位投入的资本：220 000 元				
（17）存放在银行的款项：133 000 元				
（18）外商投入的资本：40 000 元				
（19）出纳员保管的现金：500 元				
（20）库存的生产用煤：1 000 元				
（21）仓库用房：30 000 元				
（22）未交纳的职工退休金：13 800 元				
（23）尚未收回的销货款：35 000 元				
（24）企业提取的应付福利费：10 000 元				
合　计				

3．要求

（1）分别写出上述各项目所适用的会计科目。

（2）区别资产、负债、所有者权益，并分别计算资产、负债、所有者权益金额合计数。

习题三

1．目的

练习分析经济业务引起的资产、负债、所有者权益的增减变化情况。

2．资料

大名公司 2013 年 9 月份发生的部分经济业务如下。

（1）股东投入资本 250 000 元，存入银行。

（2）通过银行转账支付欠南方公司的购货款 30 000 元。

（3）通过银行支付本月的职工工资 150 000 元。

（4）收回应收账款 45 000 元，存入银行。

（5）以银行存款归还短期借款 100 000 元。

（6）联营企业投入新机器一台，公允价值 75 000 元。

（7）购入材料 21 000 元，货款尚未支付。

（8）收回应收账款 76 000 元，其中 50 000 元直接归还银行短期借款，余款 26 000 元存入银行。

（9）采购员出差，预借差旅费 1 500 元，以现金支付。

3．要求

（1）分析每笔经济业务所引起的资产和权益有关项目的增减变化。

（2）将分析结果填入下表内。

业务序号	涉及的资产、负债和所有者权益项目	资　产		负债和所有者权益	
		增加金额	减少金额	增加金额	减少金额
（1）					
（2）					
（3）					
（4）					
（5）					
（6）					
（7）					
（8）					
（9）					

（3）计算资产和权益的增减净额，验证两者是否相等。

习题四

1．目的

练习会计科目的分类。

2．资料

会计科目	资产类	负债类	所有者权益类	成本类	损益类
银行存款					
短期借款					
实收资本					
生产成本					
主营业务收入					
应付账款					
预收账款					
应交税费					
库存商品					
盈余公积					
制造费用					
财务费用					

续表

会计科目	资产类	负债类	所有者权益类	成本类	损益类
主营业务成本					
本年利润					
固定资产					
管理费用					
应收账款					
应付职工薪酬					
营业税金及附加					
营业外收入					
其他业务收入					
其他业务成本					
预付账款					
所得税费用					
长期借款					
投资收益					

3. 要求

分别在上述会计科目所属的类别栏内做出标记"√"。

习题五

1. 目的

练习借贷记账法下的会计分录编制。

2. 资料

蓝天公司 2013 年 10 月份发生的部分经济业务如下。

（1）从银行提取现金 2 000 元备用。

（2）购入 A 材料 30 000 元，B 材料 26 000 元。B 材料的货款以银行存款付讫，A 材料的货款尚未支付。材料均已收到，并验收入库。

（3）收到购货单位上月所欠货款 25 000 元，其中，10 000 元直接归还银行短期借款，余款 15 000 元存入银行。

（4）购入 C 材料 35 000 元，货款以银行存款支付。材料尚未收到。

（5）接受大名公司的货币资金投资 200 000 元，存入银行。

（6）购入办公用品 400 元，以现金支付。

（7）销售商品 50 000 元，其中，30 000 元货款已收到，并存入银行，余款尚未收回。

（8）以银行存款支付本月职工工资 15 000 元。

3. 要求

分析上述经济业务，并编制相应的会计分录。

习题六

1. 目的

综合练习会计分录的编制、试算平衡。

2. 资料

国泰公司 2013 年 10 月 1 日资产、负债、所有者权益的状况如下。

单位：元

项　目	金　额	项　目	金　额
固定资产	450 000	原材料	26 000
应交税费	2 000	应收账款	2 900
银行存款	18 000	实收资本	482 000
应付账款	4 000	库存现金	100
库存商品	6 000	短期借款	20 000
生产成本	4 800	其他应收款	200

该公司 10 月份发生下列经济业务。

（1）从银行存款中提取现金 300 元。

（2）采购员张立预借的差旅费 300 元，以现金支付。

（3）以银行存款交纳上月欠交税费 2 000 元。

（4）从勤丰公司购入材料 8 000 元，货款尚未支付。

（5）向银行取得短期借款 30 000 元。

（6）大华公司投入新机器一台，公允价值 35 000 元。

（7）以银行存款归还勤丰公司货款 12 000 元（包括上月所欠 4 000 元和本月所欠 8 000 元）。

（8）生产车间领用材料 16 000 元，全部投入产品生产。

（9）收到新华公司还来上月所欠货款 2 900 元，存入银行。

（10）以银行存款归还银行短期借款 9 000 元。

3. 要求

（1）开设账户，并登记期初余额。

（2）编制相应的会计分录，并登记入账，结出各账户的本期发生额和期末余额。

（3）编制试算平衡表。

总分类账户试算平衡表

年　　月　　日

单位：元

账户名称	期初余额		本期发生额		期末余额	
	借　方	贷　方	借　方	贷　方	借　方	贷　方
库存现金						
银行存款						
应收账款						
其他应收款						

续表

账户名称	期初余额		本期发生额		期末余额	
	借方	贷方	借方	贷方	借方	贷方
原材料						
库存商品						
生产成本						
固定资产						
短期借款						
应付账款						
应交税费						
实收资本						
主营业务收入						
主营业务成本						
合　计						

习题七

1. 目的

综合练习会计分录的编制、总分类账户和明细分类账户的平行登记。

2. 资料

利华公司 2013 年 9 月 30 日"原材料"和"应付账款"账户余额如下。

（1）"原材料"总分类账户，借方余额 7 940 元，其中：

材料名称	计量单位	数　量	单　价	金额（元）
甲材料	千克	600	0.90	540
乙材料	千克	5 000	1.00	5 000
丙材料	千克	2 000	1.20	2 400

（2）"应付账款"总分类账户，贷方余额 4 140 元，其中：

供货单位名称	金额（元）
新丰公司	600
梅山公司	3 000
江城公司	540

该公司 10 月份发生下列相关经济业务。

（1）4 日，生产车间领用乙材料 2 000 千克，每千克 1 元；领用丙材料 1 500 千克，每千克 1.20 元。材料全部投入产品生产。

（2）5 日，以银行存款偿还前欠货款 3 540 元，其中，梅山公司 3 000 元，江城公司 540 元。

（3）8 日，向梅山公司购入乙材料 1 000 千克，每千克 1 元；丙材料 1 000 千克，每千克 1.20 元。材料均已验收入库，货款尚未支付。

（4）10 日，以银行存款偿还前欠新丰公司货款 600 元。

（5）15 日，向江城公司购入甲材料 500 千克，货款 450 元。材料已验收入库，货款尚未支付。

（6）16 日，生产车间领用下列材料投入生产：甲材料 700 千克，每千克 0.90 元；乙材料 1 800 千克，每千克 1 元。

（7）17 日，向新丰公司购入丙材料 1 000 千克，每千克 1.20 元。材料已验收入库，货款以银行存款支付。

（8）18 日，以银行存款支付梅山公司货款 2 200 元。

（9）22 日，生产车间领用下列材料投入生产：乙材料 900 千克，每千克 1 元；丙材料 1 500 千克，每千克 1.20 元。

（10）30 日，向梅山公司购入乙材料 1 700 千克，每千克 1 元；丙材料 500 千克，每千克 1.20 元。材料已验收入库，货款尚未支付。

3. 要求

（1）开设"原材料"和"应付账款"总分类账户和明细分类账户，登记期初余额。

（2）编制会计分录，登记"原材料"和"应付账款"的总分类账和明细分类账，并结出各账户的本期发生额和期末余额。

（3）分别编制原材料和应付账款的"明细分类账户本期发生额及余额表"，并据以和有关总分类账户核对。

原材料明细分类账户本期发生额及余额表

年　　月

明细账户（材料名称）	计量单位	单价	期初结存		本期发生额				期末结存	
					收　入		发　出			
			数量	金额	数量	金额	数量	金额	数量	金额
甲材料										
乙材料										
丙材料										
合　计										

应付账款明细分类账户本期发生额及余额表

年　　月

明细账户（供货单位名称）	期初余额		本期发生额		期末余额	
	借方	贷方	借方	贷方	借方	贷方
新丰公司						
梅山公司						
江城公司						
合　计						

第3章

企业主要经济业务的核算

学习目标

- 了解企业日常经济业务的主要内容及其特点
- 掌握企业主要经济业务的核算，掌握企业会计核算的一般要求与基本核算方法
- 熟练掌握账户和复式记账在主要经济业务核算中的具体应用

导入案例

骄子服装有限责任公司是一家小型服装加工企业，2013 年 12 月 31 日的资产负债表和 2013 年度的利润表如下。

资产负债表

编制单位：骄子服装有限责任公司　　　　　2013 年 12 月 31 日　　　　　单位：元

资产	期初数（略）	期末数	负债和所有者权益	期初数（略）	期末数
流动资产：			流动负债：		
货币资金		8 000	应付账款		11 800
应收账款		15 000	应交税费		6 000
存货		16 000	流动负债合计		17 800
			非流动负债：		
流动资产合计		39 000	长期应付款		43 200

续表

资产	期初数（略）	期末数	负债和所有者权益	期初数（略）	期末数
非流动资产：			非流动负债合计		43 200
固定资产原值		90 000	负债合计		61 000
减：累计折旧		4 000	所有者权益（或股东权益）：		
固定资产净值		86 000	实收资本（或股本）		10 000
			留存收益		54 000
非流动资产合计		86 000	所有者权益合计		64 000
资产合计		125 000	负债和所有者权益合计		125 000

利润表

编制单位：骄子服装有限责任公司　　　　2013 年度　　　　　　　　　　单位：元

项　　目	本　期　金　额	上　期　金　额
一、营业收入	150 000	略
减：营业成本	72 000	
营业税金及附加	3 000	
销售费用	30 000	
管理费用	24 000	
财务费用	1 000	
资产减值损失		
加：公允价值变动收益（损失以"－"号填列）		
投资收益		
其中：对联营企业和合营企业的投资收益		
二、营业利润（亏损以"－"号填列）	20 000	
加：营业外收入		
减：营业外支出		
其中：非流动资产处置损失		
三、利润总额（亏损总额以"－"号填列）	20 000	
减：所得税费用	3 600	
四、净利润（净亏损以"－"号填列）	16 400	
五、每股收益		
（一）基本每股收益		
（二）稀释每股收益		
六、其他综合收益		
七、综合收益总额		

　　你知道财务报表中的数据是如何形成的吗？本章的主要任务就是阐明财务报表数据的形成过程，即企业主要经济业务的核算。

3.1　会计核算的具体内容与一般要求

3.1.1　会计核算前提

会计核算前提，即会计基本假设，是指为了保证会计确认、计量和报告的正常进行和会计信息质量，对会计核算的范围、内容、基本程序和方法所做的限定，并在此基础上建立会计原则。会计核算前提包括会计主体、持续经营、会计分期和货币计量。

1．会计主体

会计主体，是指企业会计确认、计量和报告的空间范围。《企业会计准则——基本准则》规定，企业应当对其本身发生的交易或者事项进行会计确认、计量和报告。为了向财务报告使用者反映企业财务状况、经营成果和现金流量，提供与其决策有用的信息，会计核算和财务报告的编制应当集中于反映特定对象的活动，并将其与其他经济实体区别开来，才能实现财务报告的目标。

在会计主体假设下，企业应当对其本身发生的交易或者事项进行会计确认、计量和报告，反映企业本身所从事的各项生产经营活动，明确界定会计主体是进行会计确认、计量和报告的重要前提。

首先，明确会计主体，才能划定会计所要处理的各项交易或者事项的范围。在会计工作中，只有那些影响企业本身经济利益的各项交易或者事项才能加以确认、计量和报告，那些不影响企业本身经济利益的各项交易或者事项则不能加以确认、计量和报告。会计工作中通常所说的资产负债的确认、收入的实现、费用的发生等都是针对特定会计主体而言的。

其次，明确会计主体，才能将会计主体的交易或者事项与会计主体所有者的交易或者事项，以及其他会计主体的交易或者事项区分开来。例如，企业所有者的交易或者事项是属于企业所有者主体所发生的，不应纳入企业会计核算的范围，但是企业所有者投入到企业的资本或者企业向所有者分配的利润，则属于企业主体所发生的交易或者事项，应当纳入企业会计核算的范围。

会计主体不同于法律主体。一般来说，法律主体必然是一个会计主体。例如，一个企业作为一个法律主体，应当建立财务会计系统，独立反映其财务状况、经营成果和现金流量。但是，会计主体不一定是法律主体。例如，就企业集团而言，母公司拥有若干子公司，母、子公司虽然是不同的法律主体，但母公司对子公司拥有控制权，为了全面反映企业集团的财务状况、经营成果和现金流量，有必要将企业集团作为一个会计主体，编制合并财务报表，在这种情况下，尽管企业集团不是法律主体，但它却是会计主体。

2．持续经营

持续经营，是指在可以预见的将来，企业将会按当前的规模和状态继续经营下去，不会停业，也不会大规模削减业务。《企业会计准则——基本准则》（以下简称《基本准则》）规定，企业会计确认、计量和报告应当以持续经营为前提。

企业能否持续经营，在会计原则、会计方法的选择上存在很大差别。一般情况下，应当假定企业能够持续、正常地经营下去。明确了这一基本假设，就意味着会计主体将按照既定用途使用资产，按照既定的合约条件清偿债务，会计人员就可以在此基础上选择会计原则和会计方法。例如，如果判定企业会持续经营，就可以假定企业的固定资产会在持续经营的生产经营过程中长期发挥作用，并服务于生产经营过程，固定资产就可以根据历史成本进行记录，并采用折旧的方法，将历史成本分摊到各个会计期间或者相关产品的成本中。如果判定企业不能持续经营，固定资产就不应采用历史成本进行记录并按期计提折旧。

如果一个企业在不能持续经营时还假定企业能够持续经营，并仍按持续经营基本假设选择会计确认、计量和报告的原则与方法，就不能客观地反映企业的财务状况、经营成果和现金流量，会误导财务报告使用者的经济决策。

3．会计分期

会计分期，是指将一个企业持续经营的生产经营活动划分为一个个连续的、长短相同的期间。《基本准则》规定，企业应当划分会计期间，分期结算账目和编制财务报告。会计期间分为年度和中期。中期是指短于一个完整的会计年度的报告期间，如月、季、半年等。通过会计分期，可以及时向财务报告使用者提供有关企业财务状况、经营成果和现金流量的信息。

根据持续经营假设，一个企业将按当前的规模和状态持续经营下去。但是，无论是企业的生产经营决策，还是投资者、债权人等的经济决策都需要及时的信息，都需要将企业持续的生产经营活动划分为一个个连续的、长短相同的期间，分期确认、计量和报告企业的财务状况、经营成果的现金流量。明确会计分期假设意义重大，由于会计分期，才产生了当期与以前期间、以后期间的差别，才使不同类型的会计主体有了记账的基准，进而出现了折旧、摊销等会计处理方法。

4．货币计量

货币计量，是指会计主体在财务会计确认、计量和报告时以货币计量，反映会计主体的生产经营活动。《基本准则》规定，企业会计应当以货币计量。

在会计的确认、计量和报告过程中之所以选择货币为基础进行计量，是由货币的本身属性决定的。货币是一般等价物，是衡量一般商品价值的共同尺度，具有价值尺度、流通手段、贮藏手段和支付手段等特点。其他计量单位，如重量、长度、容积、台、件等，只能从一个侧面反映企业的生产经营情况，无法在量上进行汇总和比较，不便于会计计量和经营管理。只有选择货币尺度进行计量，才能充分反映企业的生产经营情况，所以，《基本准则》规定，会计确认、计量和报告选择货币作为计量单位。

但是，在有些情况下，统一采用货币计量也有缺陷，某些影响企业财务状况和经营成果的因素，如企业经营战略、研发能力、市场竞争力等，往往难以用货币来计量，但这些信息对于使用者决策来说也很重要，企业可以在财务报告中补充披露有关非财务信息来弥补上述缺陷。

3.1.2 会计核算的具体内容

会计核算的内容是指特定主体（如某企业）的资金运动。资金运动是指经济活动价值方面的运动，包括资金的筹集、资金的投入、资金的循环与周转、资金的退出四个阶段。资金在上述各阶段的运动又是通过一系列的经济业务和经济事项进行的。其中，经济业务又称经济交易，是指企业与其他单位和个人之间发生的各种经济利益的交换，如商品销售、融资与投资等；经济事项是指在企业内部发生的具有经济影响的各类事件，如资产报废、计提折旧等。以工业企业为例，企业资金运动过程及其产生的基本经济业务业务事项如图 3-1 所示。

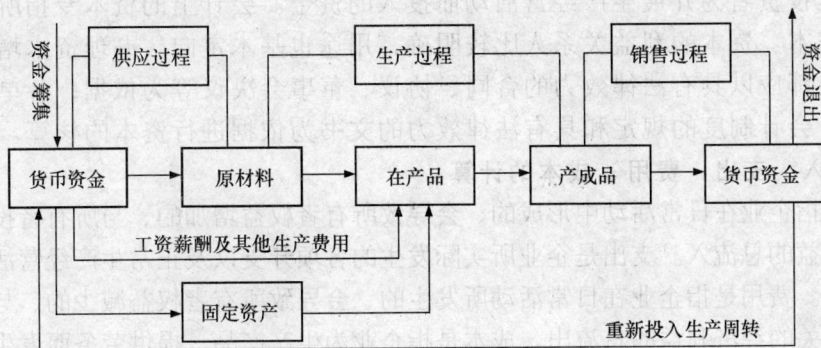

图 3-1　工业企业资金运动过程

企业在资金运动中产生具体的经济业务事项，主要包括：①款项和有价证券的收付；②财物的收发、增减和使用；③债权债务的发生和结算；④资本的增减；⑤收入、支出、费用、成本的计算；⑥财务成果的计算和处理等。

1．款项和有价证券的收付

款项是作为支付手段的货币资金，主要包括现金、银行存款以及其他视同现金和银行存款的银行汇票存款、银行本票存款、信用卡存款等。有价证券是指表示一定财产拥有权或支配权的证券，如国库券、股票、债券等。

款项和有价证券是流动性最强的资产。如果款项和有价证券的收付出现问题，不仅使企业款项和有价证券受损，更直接影响到企业货币资金的供应，从而影响企业生产经营活动。因此，各企业必须按照国家统一会计制度的规定，及时、如实地核算款项和有价证券的收付与结存情况，保证企业货币资金的流通性、安全性，提高货币资金的使用效率。

2．财物的收发、增减和使用

财物是财产物资的简称，企业的财物是企业进行生产经营活动且具有实物形态的经济资源，一般包括原材料、燃料、包装物、低值易耗品、在产品、库存商品等流动资产，以及房屋、建筑物、机器设备、设施、运输工具等固定资产。这些物资在企业资产总额中往往占有很大比重。财物的收发、增减和使用，是会计核算中的经常性业务，也是发挥会计在控制和降低成本、保证财物安全完整、防止资产流失等职能作用的重要方面。因此，各企业必须加强对财物收发、增减和使用环节的核算，维护企业正常的生产经营秩序。

3．债权债务的发生和结算

债权是企业收取款项的权利，一般包括各种应收、预付款项等。债务则是指由于过去的交易、事项形成的企业需要以资产或劳务等偿付的现时义务，一般包括各项借款、应付和预收款项以及应交款项等。债权和债务是企业日常生产经营和业务活动中大量发生的经济业务事项。由于债权债务的发生和结算，涉及本企业与其他单位或有关方面的经济利益，关系到企业自身的资金周转，影响着企业的生产经营活动和业务活动，因此，各企业必须及时、真实、完整地核算本企业的债权债务，加强债权债务的管理，防止坏账损失或信用损失的发生。

4. 资本的增减

资本是投资者为开展生产经营活动而投入的资金。会计上的资本专指所有者权益中的投入资本。资本的利益关系人比较明确，用途也基本定向。办理资本增减的政策性强，一般都应以具有法律效力的合同、协议、董事会决议等为依据，各单位必须按照国家统一会计制度的规定和具有法律效力的文书为依据进行资本的核算。

5. 收入、支出、费用、成本的计算

收入是指企业在日常活动中形成的、会导致所有者权益增加的、与所有者投入资本无关的经济利益的总流入。支出是企业所实际发生的各项开支以及正常生产经营活动以外的支出和损失。费用是指企业在日常活动所发生的、会导致所有者权益减少的、与向所有者分配利润无关的经济利益的总流出。成本是指企业为生产产品、提供劳务而发生的各种耗费，是按一定的产品或劳务对象所归集的费用，是对象化了的费用。收入、支出、费用、成本都是计算和判断企业经营成果及其盈亏状况的主要依据。各企业应当重视收入、支出、成本、费用的管理与控制，按照国家统一会计制度的规定，正确核算收入、支出、成本、费用。

6. 财务成果的计算和处理

财务成果主要是指企业在一定时期内通过从事生产经营活动而在财务上所取得的结果，具体表现为盈利或亏损。财务成果的计算和处理一般包括利润的计算、所得税的计算、利润分配或亏损弥补等。财务成果的计算和处理，涉及投资者、国家等方面的利益，因此，各单位必须按照国家统一会计制度和其他法律法规的规定，正确对财务成果进行计算和处理。

7. 其他事项

除上述核算内容外，其他按照国家统一会计制度和其他相关法规的规定需要进行核算的项目，也应当按照国家统一会计制度的规定办理会计手续、进行会计核算。

综上所述，企业主要经济业务核算的内容可按经济活动过程划分为筹资过程的核算、供应过程的核算、生产过程的核算、销售过程的核算、利润形成与分配的核算。

3.1.3 会计核算的一般要求

1. 会计基础

会计核算包括确认、计量、记录和报告4个环节，会计基础是指会计确认、计量和报告所依据的基本原则。《基本准则》规定，企业应当以权责发生制为基础进行会计的确认、计量和报告。权责发生制又称应计制，它要求，凡是当期已经实现的收入和已经发生或应当负担的费用，无论款项是否收付，都应当作为当期的收入和费用，计入利润表；凡是不属于当期的收入和费用，即使款项已在当期收付，也不应当作为当期的收入和费用。

在实务中，企业交易或者事项的发生时间与相关货币收支时间有时并不完全一致。例如，款项已经收到，但销售并未实现；或者款项已经支付，但并不是为本期生产经营活动而发生的。为了更加真实、公允地反映特定会计期间的财务状况和经营成果，基本准则明确规定，企业在会计确认、计量和报告中应当以权责发生制为基础。权责发生制贯穿于整个企业会计准则体系，是财务会计的基本问题。

与权责发生制相对应的会计基础是收付实现制。收付实现制又称为现金制，它是以收到或者支付的现金作为确认收入和费用等的依据。目前，我国的行政单位会计采用收付实现制，事业单位会计除经营业务可以采用权责发生制外，其他大部分业务采用收付实现制。

例如赊销商品一批，价款 1 000 元。根据权责发生制基础，由于收入已经实现，虽然货款尚未收到，也要确认 1 000 元的收入。但根据收付实现制基础，由于货款尚未收到，因而不能确认 1 000 元的收入，必须在收到 1 000 元货款时才能确认收入。又如预收货款 1 000 元，虽然货款已经收到，但因商品尚未发出，收入尚未实现，根据权责发生制基础不能确认 1 000 元收入，但根据收付实现制基础则要确认 1 000 元收入。因此，权责发生制基础能真实、公允地反映企业在特定会计期间的经营业绩，收付实现制则能如实反映会计主体在特定会计期间的现金流动情况及现金流量净额。

2．会计信息质量要求

会计信息质量要求是对企业财务报告中所提供会计信息质量的基本要求，是使财务报告中所提供会计信息对投资者等财务报告使用者的决策有用，应具备的基本特征，具体包括以下质量要求。

（1）可靠性。可靠性要求企业应当以实际发生的交易或者事项为依据进行确认、计量和报告，如实反映符合确认和计量要求的各项会计要素及其他相关信息，保证会计信息真实可靠、内容完整。

（2）相关性。相关性要求企业提供的会计信息应当与投资者等财务报告使用者的经济决策需要相关，有助于投资者等财务报告使用者对企业过去、现在或者未来的情况作出评价或者预测。

（3）可理解性。可理解性要求企业提供的会计信息应当清晰明了，便于投资者等财务报告使用者理解和使用。

（4）可比性。可比性要求企业提供的会计信息应当相互可比。可比性包括同一企业不同时期可比和不同企业相同会计期间可比两层含义。

（5）实质重于形式。实质重于形式要求企业应当按照交易或者事项的经济实质进行会计确认、计量和报告，不仅仅以交易或者事项的法律形式为依据。企业发生的交易或者事项在多数情况下其经济实质和法律形式是一致的，但在有些情况下也会出现不一致。例如，企业按照销售合同销售商品但又签订了售后回购协议，虽然从法律形式上看，实现了收入，但如果企业没有将商品所有权上的主要风险和报酬转移给购货方，没有满足收入确认的各项条件，即使签订了商品销售合同或者已将商品交付给购货方，也不应当确认为销售收入。

（6）重要性。重要性要求企业提供的会计信息应当反映与企业财务状况、经营成果和现金流量有关的所有重要交易或者事项。

（7）谨慎性。谨慎性要求企业对交易或者事项进行会计确认、计量和报告时保持应有的谨慎，不应高估资产或者收益、低估负债或者费用。

（8）及时性。及时性要求企业对于已经发生的交易或者事项，应当及时进行确认、计量和报告，不得提前或者延后。

3. 会计核算的具体要求

根据《中华人民共和国会计法》（以下简称《会计法》）和国家统一会计制度的规定，各单位（包括企业）在进行会计核算时应遵循以下具体要求。

（1）各单位必须按照国家统一的会计制度的要求，设置会计科目和账户、复式记账、填制会计凭证、登记会计账簿、进行成本计算、财产清查和编制财务会计报告。现行会计制度，包括企业会计准则体系，对会计科目和账户的设置、复式记账、填制会计凭证、登记会计账簿、成本计算、财产清查、财务会计报告的编制等均有具体规定，各单位应当根据本单位的实际，结合经营管理的需要，确定应设置的会计科目和账户，确定成本计算方法等。各单位可以对国家统一会计制度规定的会计科目进行适当调整，可以在规定的范围内选择恰当的会计处理方法和程序，但不得违背国家统一会计制度的规定。

（2）各单位必须根据实际发生的经济业务事项进行会计核算，编制财务会计报告。实际发生的经济业务事项是会计核算的依据，是保证会计信息真实性和可靠性的基础。单位只能以实际发生的、真实的经济业务事项为对象，通过记录经济业务事项的真实情况，并据以编制财务会计报告。计划的或将要发生的经济业务事项不得作为会计核算的依据，虚假的经济业务事项更不能成为会计核算的依据。

（3）各单位发生的各项经济业务事项应当在依法设置的会计账簿上统一登记、核算，不得违反《会计法》和国家统一的会计制度的规定私设会计账簿登记、核算。

（4）各单位对会计凭证、会计账簿、财务会计报告和其他会计资料应当建立档案，妥善保管。财政部制定发布了《会计档案管理办法》，对包括会计凭证、会计账簿、财务会计报告和其他会计资料的保管归档等做出了具体的规定，企业单位应当按照这些规定进行会计档案的管理。

（5）使用计算机进行会计核算的，其软件及其生成的会计凭证、会计账簿、财务会计报告和其他会计资料，也必须符合国家统一的会计制度的规定。根据《会计法》的规定，财政部制定发布了《会计电算化管理办法》《会计核算软件基本功能规范》等一系列相关法规，对单位使用会计核算软件、软件生成的会计资料、采用计算机代替手工记账、电算化会计档案保管等会计电算化工作做出了明确而具体的规范，各单位应当严格按照规范要求组织好会计电算化工作。

（6）会计记录的文字应当使用中文。在民族自治地方，会计记录可以同时使用当地通用的一种民族文字。在中华人民共和国境内的外商投资企业、外国企业和其他外国组织的会计记录，可以同时使用一种外国文字。

3.2 资金筹集的核算

资金筹集是指企业根据其生产经营的需要，通过各种渠道从金融市场筹集企业所需资金的过程。资金筹集是企业资金运动的起点，也是企业生产经营活动的首要条件。从企业的资金筹集渠道来看，主要包括两部分：一是投资者投入资本；二是企业借入的资金，即企业的各种负债。

1．投资者投入资本

投资者投入资本，即企业的实收资本（股份有限公司称为股本），是开办企业的本钱，企业所有者权益（或股东权益）的基本组成部分，也是企业设立的基本条件之一。我国法律规定，设立企业必须拥有一定数额的资本，且投资者投入企业的资本应当保全，除法律、法规另有规定处，投资者不得抽回。企业在生产经营过程中所取得的收入、发生的支出，以及财产物质的盘盈盘亏等，也不得直接增减实收资本（或股本）。

企业的资本有多种形式，按投资主体的不同，可分为国家资本、法人资本、个人资本和外商资本等四种；按投入资本的物质形态不同，可分为现金投资和非现金资产投资。其中，非现金资产包括实物、知识产权和土地使用权等无形资产。

> **┃知识链接┃**
>
> 资本是开办企业的本钱，注册资本是在工商行政管理部门登记注册的资本，是一种名义资本；实收资本是指企业实际筹集到的资本。在我国，要求实收资本与注册资本相一致；投入资本是就投资者而言的，是投资者实际投入到企业资本数额，即投资者的实际出资额，它可能高于其认缴的注册资本额。

2．企业借入的资金

企业借入的资金，即借款，是企业向银行或其他金融机构，或以发行债券的方式从资本市场上借入的各种款项。对大多数企业来说，向银行或其他金融机构借款是企业筹集资金的基本渠道，也是企业的一项重要负债，包括短期借款和长期借款。

短期借款是企业向银行或其他金融机构借入的还款期限在 1 年以内（包括 1 年）的各种借款。短期借款一般是企业为维持正常的生产经营所需要的资金而借入的或者为抵偿某项债务而借入的。

长期借款是指企业向银行或其他金融机构借入的期限在 1 年以上的各种借款。目前，我国企业的长期借款主要是从银行取得，主要用于固定资产的购建。长期借款的种类较多，若按归还期限不同可分为定期归还的长期借款和分期归还的长期借款；按借款条件的不同可分为抵押借款、担保借款和信用借款等。

3.2.1　实收资市（或股市）的核算

1．账户设置

（1）"实收资本"账户。为核算企业投资者投入资本的增减变动及其结果，企业应设置"实收资本"账户账户。该账户属于所有者权益类，其结构如图 3-2 所示。

该账户还应当按照投资者设置明细账，进行明细分类核算。另外，股份有限公司则设置"股本"账户，核算投资者投入的资本。

实收资本

借方		贷方
	期初余额：期初企业实收资本总额	
发生额： 企业按法定程序报经批准减少的注册资本	**发生额：** 企业接受投资者投入的资本	
	期末余额：期末企业实收资本总额	

图 3-2 "实收资本"账户结构

（2）"资本公积"账户。为核算企业收到投资者出资额超出其在注册资本中所占份额的部分（即资本溢价），以及直接计入所有者权益的利得和损失，企业应设置"资本公积"账户。该账户属于所有者权益类账户，其结构如图 3-3 所示。

资本公积

借方		贷方
	期初余额：期初企业的资本公积	
发生额： ① 直接计入所有者权益的损失 ② 转增资本的金额	**发生额：** ① 资本溢价 ② 直接计入所有者权益的利得	
	期末余额：期末企业的资本公积	

图 3-3 "资本公积"账户结构

本账户还应当分别设置"资本溢价"、"其他资本公积"明细账，进行明细分类核算。

2．账务处理

企业的实收资本按投资者实际投资数额入账，即投资者以现金投入的资本，应当以实际收到或者存入企业开户银行的金额作为实收资本入账；投资者以非现金资产投入的资本，应按投资各方确认的价值作为实收资本入账。投资者按照出资比例或合同、章程的规定，分享企业利润和承担企业风险。股份有限公司应当在核定的股份总额的范围内发行股票，并按股票面值和核定的股份总额的乘积计算的金额，作为股本的入账价值。企业收到投资者投入的资金，超过其在注册资本所占的份额的部分，作为资本溢价或股本溢价，确认为企业的资本公积，而不应确认为企业的实收资本或股本。账务处理为：按企业收到投资者的实际出资额，借记"银行存款"、"固定资产"、"无形资产"等账户；按投资者认缴的注册资本额，贷记"实收资本（或股本）"账户，实际出资额超过其认缴的注册资本部分，贷记"资本公积——资本溢价（或股本溢价）"账户。

【例 3-1】2013 年 1 月 1 日，乐华公司直接收到国家投入的货币资金 800 000 元，款项已存入银行。

业务分析：该经济业务的发生，引起了企业资产要素和所有者权益要素发生变化。一方面公司的银行存款增加了 800 000 元，另一方面国家对该公司的投资也增加了

800 000 元。

操作步骤：

第一步，确定应借、应贷会计科目。该经济业务涉及"银行存款"和"实收资本"账户。银行存款的增加，应记入"银行存款"账户的借方，国家对该公司的投资所增加的所有者权益，则应记入"实收资本"账户的贷方，入账金额应为实际存入公司开户银行的金额。

第二步，编制会计分录。乐华公司编制的会计分录如下。

借：银行存款　　　　　　　　　　　　　　　　　　　　　800 000
　　贷：实收资本　　　　　　　　　　　　　　　　　　　　　　800 000

【例 3-2】2013 年 1 月 10 日，乐华公司收到国泰公司投入的不需安装已用设备一台和一项土地使用权。设备的原值为 120 000 元，已提取折旧 50 000 元，双方协商作价 80 000 元；土地使用权协商作价 400 000 元。

业务分析：该项经济业务的发生，同样引起了资产要素和所有者权益要素发生变化。一方面该公司的固定资产增加了 80 000 元，无形资产增加了 400 000 元，另一方面企业法人对该公司的投资也增加了 480 000 元。

操作步骤：

第一步，确定应借、应贷会计科目。该业务涉及"固定资产"、"无形资产"和"实收资本"账户。固定资产和无形资产的增加应分别记入"固定资产"和"无形资产"账户的借方，企业法人对该公司的投资应记入"实收资本"账户的贷方，入账价值应按投资各方确认的价值入账。

第二步，编制会计分录。乐华公司编制的会计分录如下。

借：固定资产　　　　　　　　　　　　　　　　　　　　　　80 000
　　无形资产　　　　　　　　　　　　　　　　　　　　　　400 000
　　贷：实收资本　　　　　　　　　　　　　　　　　　　　　480 000

【例 3-3】长安股份有限公司于 2013 年 7 月 31 日公开发行股票结束，共发行股份 1 000 万股，股票面值为 2 元，实际筹得资金 2 800 万元，款项存入银行。

业务分析：该经济业务的发生，引起了公司资产要素和所有者权益要素发生变化。一方面，公司的银行存款增加了 2 800 万元；另一方面，公司的股本增加了 2 000 万元（2 元/股×1 000 万股），公司的股本溢价增加了 800 万元（2 800 万元－2 000 万元）。

操作步骤：

第一步，确定应借、应贷会计科目。该业务涉及"银行存款"、"股本"和"资本公积"账户。银行存款的增加，应记入"银行存款"账户的借方；股本的增加，应记入"股本"账户的贷方，股本溢价的增加则应记入"资本公积——股本溢价"账户的贷方。

第二步，编制会计分录。长安公司编制的会计分录如下。

借：银行存款　　　　　　　　　　　　　　　　　　　　28 000 000
　　贷：股本　　　　　　　　　　　　　　　　　　　　　20 000 000
　　　　资本公积——股本溢价　　　　　　　　　　　　　　8 000 000

3.2.2 短期借款的核算

为核算企业向银行或其他金融机构借入的期限在 1 年以下（含 1 年）的各种借款，企业应设置"短期借款"账户。该账户属负债类账户，其结构如图 3-4 所示。

短期借款

借方	贷方
	期初余额：期初企业尚未偿还的短期借款
发生额：	发生额：
企业归还的各种短期借款	企业借入的各种短期借款
	期末余额：期末企业尚未偿还的短期借款

图 3-4 "短期借款"账户结构

该账户还应当按照借款种类、贷款人和币种设置明细账，进行明细分类核算。

企业取得的短期借款应按期支付利息。在我国，企业从银行等金融机构取得的借款利息一般采用按季结算的办法。借款利息支出较大的企业一般采用按月预提的方式计入各月费用，于结息日一次性支付。为核算企业按照合同约定应支付的利息，包括分期付息到期还本的长期借款等支付的利息，企业应当设置"应付利息"账户。该账户属于负债类账户，其结构如图 3-5 所示。

应付利息

借方	贷方
	期初余额：期初企业应付未付的利息
发生额：	发生额：
企业实际支付的利息	按合同利率计算确定的应付未付利息
	期末余额：期末企业应付未付的利息

图 3-5 "应付利息"账户结构

本账户还应当按照债权人设置明细账，进行明细分类核算。而利息支出较小的企业，则于结息日按实付利息一次性计入当月费用，不需要通过"应付利息"账户核算。

企业发生的短期借款利息支出应当直接计入当期财务费用，单独在"财务费用"账户中核算，即借记"财务费用"账户，贷记"应付利息"或"银行存款"账户。

【例 3-4】乐华公司于 2013 年 7 月 1 日向银行借入一笔款项，金额 500 000 元，期限为 6 个月，年利率为 6%，所得款项已存入银行。

业务分析：该项经济业务的发生，引起了企业资产要素和负债要素发生变化。一方面企业的银行存款增加了 500 000 元，另一方面企业的短期借款也增加了 500 000 元。

操作步骤：

第一步，确定应借、应贷会计科目。该业务涉及企业的"银行存款"和"短期借款"账户。银行存款的增加应记入"银行存款"账户的借方，短期借款的增加则记入"短期借款"账户的贷方。

第二步，编制会计分录。乐华公司编制的会计分录如下。

借：银行存款　　　　　　　　　　　　　　　　　　　　　　500 000
　　贷：短期借款　　　　　　　　　　　　　　　　　　　　　　　500 000

【例 3-5】承例 3-4，乐华公司于 2013 年 7 月 31 日计提本月短期借款利息 2 500 元（500 000×6%÷12）。

业务分析：该项经济业务的发生，引起了费用要素和负债要素发生变化。一方面企业本月的财务费用增加了 2 500 元，另一方面企业的应付未付的短期借款利息也增加了 2 500 元。

操作步骤：

第一步，确定应借、应贷会计科目。该业务涉及企业的"财务费用"和"应付利息"账户。财务费用的增加应记入"财务费用"账户的借方，应付未付利息的增加则记入"应付利息"账户的贷方。

第二步，编制会计分录。乐华公司编制的会计分录如下。

借：财务费用　　　　　　　　　　　　　　　　　　　　　　　2 500
　　贷：应付利息　　　　　　　　　　　　　　　　　　　　　　　　2 500

8 月份预提本月短期借款利息费用的会计处理与以上处理相同。

【例 3-6】承例 3-4、例 3-5，乐华公司于 2013 年 9 月 30 日收到银行的结息通知，支付该公司第三季度的短期借款利息 7 500 元。

业务分析：该项经济业务的发生，引起了企业费用、负债和资产要素发生变化。一方面本月财务费用增加了 2 500 元，另一方面随着利息的支付，应付未付利息减少了 5 000 元，银行存款也减少了 7 500 元。

操作步骤：

第一步，确定应借、应贷会计科目。该项业务涉及"财务费用"、"应付利息"和"银行存款"账户。财务费用的增加应记入"财务费用"账户的借方，应付未付利息的减少应记入"应付利息"账户的借方，银行存款的减少则记入"银行存款"的贷方。

第二步，编制会计分录。乐华公司编制的会计分录如下。

借：财务费用　　　　　　　　　　　　　　　　　　　　　　　2 500
　　应付利息　　　　　　　　　　　　　　　　　　　　　　　　2 500
　　贷：银行存款　　　　　　　　　　　　　　　　　　　　　　　7 500

3.2.3　长期借款的核算

为核算企业向银行或其他金融机构借入的期限在 1 年以上（不含 1 年）的各项借款，企业应设置"长期借款"账户。该账户属负债类账户，其结构如图 3-6 所示。

该账户应按贷款单位设置明细账，并按贷款种类进行明细核算。

对于长期借款利息支出，应分别不同的情况进行会计处理。若该项利息支出发生在所购建的固定资产达到预定可使用状态之前，直接计入所购建的固定资产成本；若发生在所购建的固定资产达到预定可使用状态之后，则直接计当期的财务费用。我们将借款费用计入资产价值的过程，称为借款费用的资本化；将借款费用直接计入当期费用的过程，称为借款费用的费用化。

长期借款

借方		贷方
		期初余额：期初企业尚未偿还的长期借款
发生额：		发生额：
① 企业归还长期借款		① 企业借入长期借款的实收金额
② 利息调整及其摊销额		② 利息调整及其摊销额
		期末余额：期末企业尚未偿还的长期借款

图 3-6 "长期借款"账户结构

【例 3-7】乐华公司于 2013 年 12 月 1 日向银行借入期限为 2 年的借款，金额为 2 000 000 元，年利率为 6%，所得款项已存入银行。

业务分析：该项经济业务的发生，引起了企业资产要素和负债要素发生变化。一方面企业的银行存款增加了 2 000 000 元，另一方面企业的长期借款增加了 2 000 000 元。

操作步骤：

第一步，确定应借、应贷会计科目。该业务涉及企业的"银行存款"账户和"长期借款"账户。银行存款的增加应记入"银行存款"账户的借方，长期借款的增加则应记入"长期借款"账户的贷方。

第二步，编制会计分录。乐华公司编制的会计分录如下。

借：银行存款   2 000 000

    贷：长期借款   2 000 000

【例 3-8】假定以上借款全部用于该公司的固定资产购建，该项工程已于上月开工，建设期为 2 年。乐华公司于 2013 年 12 月 31 日计提该笔借款利息 10 000 元（2 000 000 ×6%÷12）。

业务分析：因该项利息支出发生在所购建的固定资产达到预定可使用状态之前，应直接计入所购建的固定资产成本。所以该项经济业务的发生，引起了资产要素和负债要素发生变化。一方面企业的在建工程增加了 10 000 元，另一方面企业的应付未付利息也增加了 10 000 元。

操作步骤：

第一步，确定应借、应贷会计科目。因购建固定资产的成本应通过"在建工程"账户核算，所以该业务涉及"在建工程"账户和"应付利息"账户。在建工程成本的增加应记入"在建工程"账户的借方，应付未付利息的增加则应记入"应付利息"账户的贷方。

第二步，编制会计分录。乐华公司编制的会计分录如下。

借：在建工程   10 000

    贷：应付利息   10 000

3.3 供应过程的核算

供应过程是生产的准备过程，主要是采购生产所需的材料。企业买回各种材料，形成储备以供生产之需，将来随着生产的耗用再不断补充各种材料。企业应严格按照企业的生产采购计划采购材料，以免造成超储积压和生产用料不足，给生产经营造成不良后果。

供应过程的核算主要包括材料采购业务的核算，以及材料采购成本的计算。

3.3.1　材料及其采购成本

材料是指企业在生产经营过程中经加工改变其形态或性质并构成产品主要实体的各种原料及主要材料、辅助材料等。外购是企业取得材料的主要途径，企业外购材料所发生的实际成本，即材料采购成本。材料采购成本应当包括从采购到入库前所发生的全部支出，具体内容如下。

（1）购买价款。购买价值是指企业购入材料的发票账单上列明的价款，但不包括按规定可以抵扣的增值税额。

（2）相关税费。相关税费是指企业购买材料发生的进口关税、消费税、资源税和不能抵扣的增值税进项税额等应计入材料采购成本的税费。

（3）采购费用。采购费用是指在材料采购过程中发生的，除上述各项以外的可归属于材料采购成本的费用。采购费用主要包括：①运杂费。包括运输费、装卸费、保险费、包装费、仓储费等；②运输途中的合理损耗；③入库前的挑选整理费。主要包括挑选整理过程中发生的人工费支出和必要的损耗，并减去回收的下脚废料价值；④其他费用等。

需要特别说明的是，企业在采购环节支付的增值税的处理。在我国，将增值税纳税人区分为一般纳税人和小规模纳税人，并采用不同的税务处理办法。对于增值税一般纳税人来说，其当期应纳增值税税额按下列公式计算。

$$当期应纳税额 = 当期销项税额 - 当期进项税额$$

其中，销项税额是指企业销售商品或提供劳务时向购买方收取的增值税税额；进项税额是指企业购入商品或劳务时向销货方或劳务提供方支付的增值税税额。为准确计算增值税应纳税额，增值税一般纳税人应当单独设置账户（即“应交税费——应交增值税”账户）核算销项税额和进项税额。因此，增值税一般纳税人在采购货物时所支付的进项税额，在符合税法规定的条件下，不计入采购成本，而是另设账户进行独立核算；而小规模纳税人不采用上述计税方法，它们在采购货物时所支付的进项税额直接计入采购成本。

> **┃知识链接┃**
>
> 税收是政府为了满足社会公共需要，凭借政治权力，强制、无偿地取得财政收入的一种形式，具有无偿性、强制性和固定性特征。我国税收包括五类 18 个税种，即①流转税，包括增值税、营业税、消费税和关税；②所得税，包括企业所得税和个人所得税；③资源税，包括资源税、城镇土地使用税；④财产税，如房产税。⑤行为税，如印花税，等等。

3.3.2　账户设置

为加强对材料采购业务的管理，组织材料采购的核算，确定材料的采购成本，需要设置和运用以下账户。

1．"材料采购"账户

为核算企业采用计划成本进行材料日常核算而购入材料的采购成本，反映和监督企业采购材料的结算和入库情况，企业应当设置"材料采购"账户。该账户属于资产类账户，其结构如图3-7所示。

材料采购

借方	贷方
期初余额：期初企业在途材料的采购成本	
发生额：	发生额：
① 外购材料的实际采购成本	① 入库材料的计划成本
② 入库材料的实际成本小于其计划成本的差额（即节约差）	② 入库材料的实际成本大于其计划成本的差额（即超支差）
期末余额：期末企业在途材料的采购成本	

图 3-7　"材料采购"账户结构

本账户还应当按供应单位和材料品种设置明细账，进行明细分类核算。

2．"原材料"账户

为核算企业库存的各种材料的计划成本或实际成本，反映和监督企业各种材料的收入、发出和结存情况，企业应当设置"原材料"账户。该账户属于资产类账户，其结构如图3-8所示。

原材料

借方	贷方
期初余额：期初企业库存材料的计划成本或实际成本	
发生额：入库材料的计划成本或实际成本	发生额：发出材料的计划成本或实际成本
期末余额：期末企业库存材料的计划成本或实际成本	

图 3-8　"原材料"账户结构

本账户还应当按材料的保管地点（仓库）、材料的类别、品种和规格等设置明细账，进行明细分类核算。

3．"应交税费——应交增值税"账户

为核算增值税销项税额、进项税额和应纳税额，企业应设置"应交税费——应交增值税"账户。该账户属于负债类账户。设置该账户的真正目的在于核算增值税一般纳税人当期应纳的增值税，因而其结构不同于其他负债类账户，如图3-9所示。

应交税费——应交增值税

借方	贷方
期初余额：期初企业未抵扣的进项税额	
发生额：	发生额：
① 外购货物支付的进项税额	销售货物收取的销项税额
② 已交增值税	
期末余额：期末企业未抵扣的进项税额	

图 3-9　"应交税费——应交增值税"账户结构

该账户还应当设置"销项税额"、"进项税额"等专栏，分别核算当期发生的销项税额、进项税额等。

4．"应付账款"账户

为核算企业因购买材料、商品和接受劳务等而应付给供应单位的款项，反映和监督企业应付款项的增减变化和结存情况，企业应设置"应付账款"账户。该账户属于负债类账户，其结构如图 3-10 所示。

应付账款

借方	贷方
	期初余额：期初企业尚未支付的应付账款
发生额：	发生额：
已偿还的应付账款	发生的应付未付款项
	期末余额：期末企业尚未支付的应付账款

图 3-10　"应付账款"账户结构

该账户应按供应单位设置明细账，进行明细分类核算。另外，如果该账户的期末余额在借方，反映的则是企业预付的账款。

5．"应付票据"账户

为了核算企业购买材料、商品和接受劳务供应等而开出、承兑的商业汇票，包括银行承兑汇票和商业承兑汇票，反映企业应付票据的增减变化及结存情况，企业应设置"应付票据"账户。该账户属于负债类账户，其结构如图 3-11 所示。

应付票据

借方	贷方
	期初余额：期初企业尚未到期的商业汇票的票面金额
发生额：	发生额：
已到期结清的商业汇票的票面金额	开出、承兑商业汇票的票面金额
	期末余额：期末企业尚未到期的商业汇票的票面金额

图 3-11　"应付票据"账户结构

该账户应按供应单位设置明细账，进行明细分类核算。

▎知识链接 ▎

　　票据是指由出票人签发的、约定自己或者委托付款人在见票时或指定的日期向收款人或持票人无条件支付一定金额的有价证券，包括汇票、本票和支票。商业汇票是汇票的一种，是出票人签发的，委托付款人在指定日期无条件支付确定的金额给收款人或者持票人的票据。商业汇票按照承兑人的不同分为商业承兑汇票和银行承兑汇票。商业承兑汇票是由银行以外的付款人承兑，银行承兑汇票由银行承兑。商业汇票的付款人为承兑人。

6."预付账款"账户

　　为了核算企业按照购货合同规定预付给供应单位的款项，反映企业预付账款的增减变化及结余情况，企业应设置"预付账款"账户。该账户属于资产类账户，其结构如图 3-12 所示。

预付账款

借方	贷方
期初余额：期初企业预付的款项	
发生额：	发生额：
① 因购货而预付的款项	① 收到所购物资，应支付的金额
② 补付的款项	② 退回多付的款项
期末余额：期末企业预付的款项	

图 3-12　"预付账款"账户结构

　　该账户应按供应单位设置明细账，进行明细分类核算。另外，如果该账户期末余额在贷方，反映的则是企业尚未补付的款项，即应付账款。

3.3.3　账务处理

　　按照《企业会计准则》的规定，企业外购材料应当按照采购成本计量，分别以下情况进行账务处理：

1. 以银行存款结算货款的

　　该类经济业务的发生，主要引起企业资产要素的增减变化。一方面，企业的材料采购成本和增值税进项税额增加；另一方面，企业的银行存款减少。因此，企业应根据发票账单支付材料价款和运杂费，按应计入材料采购成本的金额，借记"材料采购"账户，按支付的增值税进项税额，借记"应交税金——应交增值税（进项税额）"账户，按实际支付的价款，贷记"银行存款"账户。

　　【例 3-9】 乐华公司于 2013 年 10 月 4 日从中天公司购甲、乙、丙三种材料，发票账单已到达企业，货款以银行存款支付。其中材料的买价为 42 000 元，增值税进项税额为 7 140 元。

　　甲材料 2 000 千克　　　　单价 8 元　　　　　合计 16 000 元

乙材料 4 000 千克	单价 5 元	合计 20 000 元
丙材料 1 000 千克	单价 6 元	合计 6 000 元
		合计 42 000 元

业务分析：该项经济业务的发生，引起了资产要素和负债要素发生增减变化。一方面使企业的材料采购成本增加了 42 000 元，增值税进项税额增加了 7 140 元；另一方面使企业的银行存款减少了 49 140 元。

操作步骤：

第一步，确定应借、应贷会计科目。材料采购成本的增加，应记入"材料采购"账户的借方；增值税进项税额的增加，应记入"应交税金——应交增值税（进项税额）"账户的借方；银行存款的减少，应记入"银行存款"账户的贷方。

第二步，编制会计分录。乐华公司编制的会计分录如下。

借：材料采购——甲材料	16 000
——乙材料	20 000
——丙材料	6 000
应交税费——应交增值税（进项税额）	7 140
贷：银行存款	49 140

2．赊购或以商业汇票结算货款的

该类经济业务的发生，将引起企业资产要素和负债要素同时增加。一方面，企业的材料采购成本和增值税进项税额增加；另一方面，企业的应付账款或应付票据增加。因此，企业应按应计入材料采购成本的金额，借记"材料采购"账户，按增值税进项税额，借记"应交税金——应交增值税（进项税额）"账户，按应付账款金额或应付票据票面价值，贷记"应付账款"账户或"应付票据"账户。

【例 3-10】 乐华公司于 2013 年 10 月 6 日从长安公司购入丁材料 500 千克，每千克 15 元，增值税进项税额为 1 275 元，代垫运费为 500 元，货款尚未支付。

业务分析：该项经济业务的发生，引起了资产要素和负债要素发生增减变化。一方面使企业材料采购成本增加了 8 000 元（500×15＋500），企业的增值税进项税额也增加了 1 275 元，另一方面企业的应付账款增加了 9 275 元。

操作步骤：

第一步，确定应借、应贷会计科目。材料采购成本的增加，应记入"材料采购"账户的借方；增值税进项税额的增加，应记入"应交税金——应交增值税（进项税额）"账户的借方；应付账款的增加，应记入"应付账款"账户的贷方。

第二步，编制会计分录。乐华公司编制的会计分录如下。

借：材料采购——丁材料	8 000
应交税金——应交增值税（进项税额）	1 275
贷：应付账款——长安公司	9 275

假定乐华公司开出承兑商业汇票，面值 9 275 元，用于该笔货款的支付。则该项经济业务的发生，将使企业应付票据增加 9 275 元。应付票据的增加应记入"应付票据"账户的贷方，乐华公司应编制如下会计分录。

借：材料采购——丁材料	8 000

应交税金——应交增值税（进项税额）　　　　　　　　　　　1 275

　　贷：应付票据——长安公司　　　　　　　　　　　　　　　　9 275

3．预付货款购入材料的

当企业发生预付货款业务时，将会引起企业资产要素项目间的增减变化。一方面使企业的预付账款增加，另一方面又使企业的银行存款减少。预付账款的增加，应记入"预付账款"账户的借方，银行存款的减少，则记入"银行存款"账户的贷方。

当企业收到已经预付货款的货物后，同样引起企业资产要素项目间的增减变化。一方面企业的存货采购成本和增值税进项税额增加，另一方面，企业的预付账款减少。预付账款的减少，应按发票账单上注明的应付金额，贷记"预付账款"账户。

【例3-11】乐华公司于2013年10月8日为购入甲材料向长安公司预付货款23 400元，款项以银行存款支付。

业务分析：该项经济业务的发生，引起企业预付账款增加了23 400元，同时银行存款减少了23 400元。

操作步骤：

第一步，确定应借、应贷会计科目。企业预付账款的增加应记入"预付账款"账户的借方，银行存款的减少应记入"银行存款"账户的贷方。

第二步，编制会计分录。乐华公司编制的会计分录如下。

　　借：预付账款——长安公司　　　　　　　　　　　　　　　23 400

　　　　贷：银行存款　　　　　　　　　　　　　　　　　　　　23 400

【例3-12】乐华公司于2013年10月20日收到长安公司发来的甲材料2 000千克，价款20 000元，增值税税款3 400元，长安公司代垫运费1 000元，该批材料的货款已于8日预付，代垫运费以银行存款另付。

业务分析：该项经济业务的发生，一方面使企业的材料采购成本增加了21 000元（20 000+1 000），增值税进项税额增加了3 400元，另一方面企业应冲减预付账款，使预付账款减少了23 400元，银行存款减少了1 000元。

操作步骤：

第一步，确定应借、应贷会计科目。材料采购成本的增加应记入"材料采购"账户的借方，企业支付的增值税进项税额应记入"应交税费——应交增值税（进项税额）"账户的借方，预付账款的减少应记入"预付账款"账户的贷方，银行存款的减少应记入"银行存款"账户的贷方。

第二步，编制会计分录。乐华公司编制的会计分录如下。

　　借：材料采购——甲材料　　　　　　　　　　　　　　　　21 000

　　　　应交税金——应交增值税（进项税额）　　　　　　　　　3 400

　　　　贷：预付账款——长安公司　　　　　　　　　　　　　　23 400

　　　　　　银行存款　　　　　　　　　　　　　　　　　　　　1 000

4．材料采购成本的计算与结转

材料采购成本的计算，就是把企业在材料采购过程中支付的材料买价和采购费用，按材料的批量、品种、类别加以归集，计算其采购总成本和单位成本。其中，采购费用是企业在采购存货过程中发生的应计入材料采购成本的各项费用。如果这些费用能分清负担对象，则属于直接采购费用，应直接计入材料的采购成本；如果不能分清负担对象，则属于间接采购费用。对于间接采购费用，企业应当选择合理的分摊方法，将其分摊计入各材料的采购成本。具体分摊方法如下。

首先，计算采购费用的分摊率。计算公式如下。

采购费用分摊率=采购费用总额÷材料的总重量（或买价等）

其次，计算各材料应分担的采购费用。计算公式如下。

某种材料应分担的采购费用=该材料的总重量（或买价等）×分摊率

企业购入材料运达企业，在验收入库后，"材料采购"账户借方归集的金额即为所购材料的实际成本，应结转记入"原材料"账户。该项经济业务的发生，将引起企业资产要素项目间的增减变化。一方面企业的原材料增加，另一方面企业的材料采购成本减少。因此，企业应按实收材料的实际采购成本，借记"原材料"账户，贷记"材料采购"账户。

【例3-13】承例3-9，乐华公司于2013年10月10日以银行存款支付10月4日向中天公司购入的三种材料的运杂费1 050元。

业务分析：该项经济业务的发生，使企业的资产要素项目间发生增减变化。一方面，企业的材料采购成本增加了1 050元；另一方面，企业的银行存款减少了1 050元。

操作步骤：

第一步，计算采购费用分摊率。由于运杂费属于存货的采购费用，且该笔费用不能分清应归属于何种材料，所以，应按材料的买价或重量进行分摊，计入各材料的采购成本。假定，该公司按材料的重量分摊运杂费用，则计算如下。

分摊率=1 050÷（2 000+4 000+1 000）=0.15（元/千克）

第二步，计算甲、乙、丙三种材料应分担的采购费用。

甲材料应分摊的采购费用=2 000×0.15=300（元）

乙材料应分摊的采购费用=4 000×0.15=600（元）

丙材料应分摊的采购费用=1 000×0.15=150（元）

第三步，确定应借、应贷会计科目。采购成本的增加应记入"材料采购"账户的借方，银行存款的减少应记入"银行存款"账户的贷方。

第四步，编制会计分录。乐华公司编制的会计分录如下。

借：材料采购——甲材料　　　　　　　　　　　　　　　　　　　　　　300
　　　　　　——乙材料　　　　　　　　　　　　　　　　　　　　　　600
　　　　　　——丙材料　　　　　　　　　　　　　　　　　　　　　　150
　　贷：银行存款　　　　　　　　　　　　　　　　　　　　　　　　1 050

【例3-14】承例3-9、例3-13，乐华公司于2013年10月12日收到从中天公司购入的甲、乙、丙三种材料，并于当日全部验收入库。

业务分析：该经济业务的发生，引起了企业原材料增加，同时材料采购成本减少。由于该批材料采购涉及间接采购费用的分摊，因此这三种材料的采购成本需要计算确定。

操作步骤：

第一步，计算各材料的采购成本。假定从中天公司购入的三种材料未发生其他采购费用，则通过"材料采购"账户归集的三种材料的采购成本如表 3-1 所示。

表 3-1 材料采购成本计算表

2013 年 10 月 12 日 单位：元

项 目	甲材料		乙材料		丙材料	
	总成本	单位成本	总成本	单位成本	总成本	单位成本
买 价	16 000	8.00	20 000	5.00	6 000	6.00
采购费用	300	0.15	600	0.15	150	0.15
采购成本	16 300	8.15	20 600	5.15	6 150	6.15

第二步，确定应借、应贷会计科目。该项经济业务的发生，使企业的原材料增加了 43 050 元（16 300+20 600+6 150），材料采购成本减少了 43 050 元。原材料的增加应记入"原材料"账户的借方，材料采购成本的减少应记入"材料采购"账户的贷方。

第三步，编制会计分录。乐华公司编制的会计分录如下。

借：原材料——甲材料 16 300
　　　　——乙材料 20 600
　　　　——丙材料 6 150
　　贷：材料采购——甲材料 16 300
　　　　　　——乙材料 20 600
　　　　　　——丙材料 6 150

3.4　生产过程的核算

产品生产是企业生产经营过程的中心环节，产品生产过程也是生产的耗费过程。企业在生产产品的同时，要发生各种耗费，如各种材料的耗费、机器设备的磨损、支付职工薪酬和其他费用等。产品生产过程中发生的各项费用都需要通过专门的方法归集、分配到所生产的产品成本中去，从而形成产品生产成本。因此，产品生产成本的计算是生产过程核算的主要内容。

3.4.1　产品生产成本及其构成

1．费用与成本的概念

工业企业的生产过程既是产品的制造和形成过程，同时也是各种物化劳动（劳动资料和劳动对象）和活劳动（劳动力）的消耗过程。企业在生产过程中发生的各种耗费主要有各种材料耗费、职工薪酬费用、固定资产折旧费及其他制造费用等。这些耗费的货币表现就是费用。在上述费用中，有些是与产品生产直接相关，而有些则与产品生产无直接关联。与产品生产直接相关的费用称为生产费用，而与产品生产无直接联系的费用则称为期间费用。

在生产费用中，有些在发生时就能确定其产品归属，可以直接计入各种产品成本之中，如构成产品实体的直接材料和直接人工等；而有些则属于多种产品负担的共同费用，如固定资产折旧费等制造费用，在发生时不能确定其产品归属，需要先进行归集汇总，然后按一定标准分配计入各种产品成本。前者称为直接费用，后者称为间接费用。生产费用经过归集和分配，最终形成各种产品的生产成本。

期间费用是指企业在生产经营过程中发生的销售费用、管理费用和财务费用。这些费用容易划分其归属的期间（即在什么时间内发生的），但不能确定其具体的受益对象（即为何种产品生产而发生的），因而不能计入产品生产成本，只能计入当期损益，从当期收益中直接扣除。

概括地说，费用与成本之间的关系如图 3-13 所示。

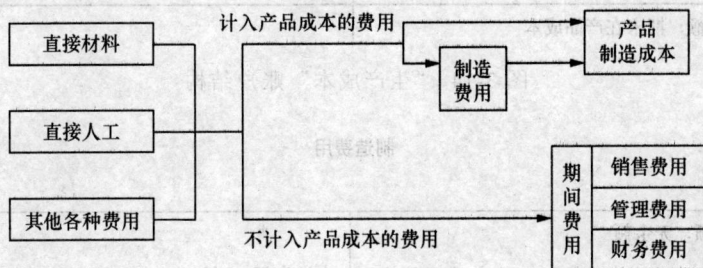

图 3-13　费用与成本之间的关系

2．产品生产成本的构成

企业发生的生产费用有多种，为正确核算产品生产成本，企业应根据其生产特点和管理要求，并按生产费用的经济用途，将生产费用进一步划分为若干个项目，即产品生产成本项目，简称产品成本项目或成本项目。产品成本项目反映了产品生产成本的具体构成，一般设立以下三个成本项目。

（1）直接材料。它是指直接用于产品生产，并构成产品实体的原料、主要材料以及有助于产品形成的辅助材料等。

（2）直接人工。它是指直接参加产品生产的工人工资，以及企业为生产工人支付的医疗保险、失业保险、养老保险等社会保险费及职工福利等。

（3）制造费用。它是指直接用于产品生产，但不便于直接计入产品成本（如机器设备折旧费用），以及间接用于产品生产的各种费用（如机物料消耗、车间厂房折旧费用等）。

3.4.2　账户设置

1．"生产成本"账户

为核算企业进行工业性生产发生的各项生产成本，企业应当设置"生产成本"账户。该账户属于成本类账户，其结构如图 3-14 所示。

企业还应当按成本计算对象（如产品品种、批别、生产步骤等）设置生产成本明细账或成本计算单，并按成本项目（如直接材料、直接人工、制造费用等）设置专栏，进行生产费用的明细分类核算。

2．"制造费用"账户

企业应当设置"制造费用"账户核算企业生产车间（部门）为生产产品和提供劳务而发生的各项间接生产费用。该账户属于成本类账户，其结构如图 3-15 所示。

生产成本

借方	贷方
期初余额：期初在产品成本 发生额： 　①　直接材料 　②　直接人工 　③　制造费用	发生额： 结转的完工产品的实际生产成本
期末余额：期末在产品成本	

图 3-14　"生产成本"账户结构

制造费用

借方	贷方
期初余额：无余额 发生额： 　①　生产车间发生的机物料消耗 　②　生产车间管理人员的工资等职工薪酬 　③　生产车间计提的固定资产折旧 　④　生产车间支付的办公费、水电费等	发生额： 分配计入有关的成本核算对象的制造费用
期末余额：无余额	

图 3-15　"制造费用"账户结构

本账户还应按不同车间设置明细账户，并按费用项目设置专栏，进行明细核算。

3．"应付职工薪酬"账户

为核算企业根据有关规定应付给职工的各种薪酬，包括职工工资、职工福利、社会保险费等，企业应设置"应付职工薪酬"账户。该账户属于负债类账户，其结构如图 3-16 所示。

应付职工薪酬

借方	贷方
	期初余额：期初企业应付未付的职工薪酬
发生额： 企业发放的职工薪酬	发生额： 企业发生的应付职工薪酬
	期末余额：期末企业应付未付的职工薪酬

图 3-16　"应付职工薪酬"账户结构

本账户可按"工资"、"职工福利"、"社会保险费"等薪酬项目设置明细账户，进行明细核算。

4．"累计折旧"账户

企业在生产过程中需要使用厂房、机器设备等使用寿命超过一个会计年度的有形资产，即固定资产。企业拥有的固定资产可以在较长的使用期限内使用，并保持其原有的实物形态，而其价值却随着固定资产的损耗逐渐地转移到所生产的产品或所提供的劳务成本中去。这部分分期转移的价值，就是固定资产折旧。

为核算固定资产因损耗而减少的价值，企业应设置"累计折旧"账户。该账户属于资产类账户。因该账户核算的是固定资产因磨损而减少的价值，是用以调整"固定资产"账户的账面余额的调整账户，所以其结构与一般资产类账户有所不同，具体如图 3-17 所示。

累计折旧

借方	贷方
	期初余额：期初固定资产的累计折旧额
发生额： 处置固定资产时结转的累计折旧	发生额： 按期（月）计提固定资产的折旧
	期末余额：期末固定资产的累计折旧额

图 3-17　"累计折旧"账户结构

"累计折旧"账户通常不设明细账，不进行明细分类核算。

5．"库存商品"账户

企业应当设置"库存商品"账户核算已完工入库并可供销售的产品的实际成本。该账户属于资产类账户，其结构如图 3-18 所示。

库存商品

借方	贷方
期初余额：期初库存商品的实际成本	
发生额： 已完工并验收入库的各种产品的实际成本	发生额： 发出的各种产品的实际成本
期末余额：期末库存商品的实际成本	

图 3-18　"库存商品"账户结构

本账户还应按商品的品种、规格、名称或类别设置明细账户，进行明细核算。

3.4.3　生产费用的核算

1．材料费用的归集和分配

企业在生产过程中，必然要消耗材料。生产部门需要材料时，应填制有关的领料凭证，向仓库办理手续，领用材料。月末，会计部门根据领料凭证编制发料凭证汇总表，并据以进行会计处理。

企业在生产经营过程中领用的各种材料，应当按照材料的具体用途，分别记入有关的成本类账户和有关的费用类账户。即按照领用材料的实际成本，借记"生产成本"、"制造费用"、"管理费用"、"销售费用"等账户，贷记"原材料"等账户。

【例 3-15】乐华公司生产 A、B 两种产品，2013 年 12 月 31 日，该公司根据当月领料凭证，编制发料凭证汇总表，如表 3-2 所示。

表 3-2

发料凭证汇总表

2013 年 12 月 31 日

单位：元

项　　目	原材料	辅助材料	外购半成品	修理备件	合　　计
生产产品耗用	116 000	27 500	20 400		163 900
其中：A 产品	39 000	8 000	6 700		53 700
B 产品	77 000	19 500	13 700		110 200
车间耗用	4 900	8 300		2 800	16 000
销售部门耗用	2 900				2 900
行政管理部门耗用	2 100				2 100
合　　计	125 900	35 800	20 400	2 800	184 900

业务分析：该经济业务的发生，引起了企业资产要素和费用要素均发生变化。一方面企业的原材料减少了 184 900 元；另一方面企业的生产费用增加了 179 900 元、期间费用增加了 5 000 元。

操作步骤：

第一步，确定应借、应贷会计科目。生产费用增加，应其用途分别归集：用于 A 产品和 B 产品生产的，并构成其实体的材料费用，作为直接费用，分别记入"生产成本——A 产品"和"生产成本——B 产品"账户的借方；车间发生的一般消耗性材料，属于间接费用，应记入"制造费用"账户的借方；销售部门耗用的材料，应记入"销售费用"账户的借方；公司行政管理部门耗用的材料，应记入"管理费用"账户的借方。原材料的减少，应记入"原材料"账户的贷方。

第二步，编制会计分录。乐华公司根据发料凭证汇总表编制的会计分录如下。

借：生产成本——A 产品　　　　　　　　　　　　　　53 700
　　　　　　——B 产品　　　　　　　　　　　　　　110 200
　　制造费用　　　　　　　　　　　　　　　　　　　16 000
　　销售费用　　　　　　　　　　　　　　　　　　　2 900
　　管理费用　　　　　　　　　　　　　　　　　　　2 100
　　贷：原材料　　　　　　　　　　　　　　　　　　184 900

2. 职工薪酬费用的归集和分配

职工薪酬是指企业支付给职工的各种报酬，包括职工工资、职工福利和社会保险费等。企业发生的薪酬费用应区分受益对象分别计入有关的成本费用账户。即生产人员的职工薪酬，应作为直接费用，计入产品的生产成本；车间管理人员的职工薪酬，应作为间接费用，先通过"制造费用"账户归集，然后分配计入产品的生产成本；管理部门人员、销售人员的职工薪酬，则直接计入当期的管理费用和销售费用。

【例 3-16】2013 年 12 月 31 日，乐华公司结算本月职工薪酬，并编制职工薪酬汇总分配表，如表 3-3 所示。

业务分析：该经济业务的发生，引起了企业负债要素和费用要素发生变化。一方面企业的应付职工薪酬增加了 58 600 元，提取的应付社会保险费增加了 8 204 元；另一方面企业的生产费用增加了 66 804 元。

表 3-3　　　　　　　　　　　　职工薪酬汇总分配表

2013 年 12 月 31 日　　　　　　　　　　　　　　　单位：元

项　目	职工工资	社会保险费	合　计
生产工人工资	48 300	6 762	55 062
其中：A 产品	18 200	2 548	20 748
B 产品	30 100	4 214	34 314
车间管理人员工资	10 300	1 442	11 742
合　计	58 600	8 204	66 804

操作步骤：

第一步，确定应借、应贷会计科目。应付职工工资和应付社会保险费的增加，应记入"应付职工薪酬"账户的贷方，产品生产工人的工资及其社会保险费应记入"生产成本"账户的借方，车间管理人员的工资及其社会保险费应记入"制造费用"账户的借方。

第二步，编制会计分录。乐华公司根据职工薪酬汇总分配表编制的会计分录如下。

借：生产成本——A 产品　　　　　　　　　　　　　　　　　　　20 748

　　　　　　——B 产品　　　　　　　　　　　　　　　　　　　34 314

　　制造费用　　　　　　　　　　　　　　　　　　　　　　　　11 742

　　贷：应付职工薪酬——工资　　　　　　　　　　　　　　　　58 600

　　　　　　　　　　——社会保险费　　　　　　　　　　　　　 8 204

3．制造费用的归集和分配

制造费用是企业为生产产品和提供劳务而发生的各项间接费用，包括生产车间发生的机物料消耗、生产车间管理人员的工资等职工薪酬、生产车间计提的固定资产折旧及生产车间支付的办公费、水电费等。这些费用应先通过"制造费用"账户进行归集，月末再转入"生产成本"账户。在生产多种产品的企业，归集的制造费用还需要选用一定的分配标准在各种产品之间进行分配。制造费用的分配方法有多种，主要有按生产工人工资、生产工时、机器工时、耗用原材料的数量或成本、直接成本和产品产量等进行分配。企业应当选择恰当的分配方法，且分配方法一经确定，不得随意变更。下面以按生产工时分配法为例，说明制造费用的分配。

首先，计算分配率，即每一工时应分配的制造费用。计算公式如下。

分配率＝制造费用总额÷生产工时总数

其次，计算各种产品应负担的制造费用。计算公式如下。

某产品应负担的制造费用＝该产品耗用的生产工时数×分配率

【例 3-17】2013 年 12 月 31 日，乐华公司计提本月份车间使用厂房、机器设备等固定资产折旧费 12 500 元。

业务分析：由于计提的固定资产折旧系车间使用固定资产的折旧，属于间接费用，应计入当期的产品生产成本。所以，该经济业务的发生，将引起企业资产要素和费用要素发生变化。一方面累计折旧增加了 12 500 元（即固定资产价值减少了 12 500 元），另一方面，企业的生产费用增加了 12 500 元。

操作步骤:

第一步,确定应借、应贷会计科目。企业间接生产费用的增加应记入"制造费用"账户的借方,企业计提当期的固定资产折旧应记入"累计折旧"账户的贷方。

第二步,编制会计分录。乐华公司编制的会计分录如下。

借:制造费用   12 500

  贷:累计折旧   12 500

【例3-18】2013年12月31日,乐华公司以银行存款3 000元支付车间水电费。

业务分析:该经济业务的发生,引起企业资产要素和费用要素发生变化。一方面,企业当期的生产费用增加了3 000元,另一方面企业的银行存款减少了3 000元。

操作步骤:

第一步,确定应借、应贷会计科目。因车间水电费属于间接生产费用,其增加应记入"制造费用"账户的借方,企业银行存款的减少应记入"银行存款"账户的贷方。

第二步,编制会计分录。乐华公司编制的会计分录如下。

借:制造费用   3 000

  贷:银行存款   3 000

【例3-19】2013年12月31日,乐华公司预提生产车间向南方公司租入设备的租金1 200元。

业务分析:由于该项固定资产为车间使用,因此该项租金费用属于间接费用,应计入当期的产品生产成本。该经济业务的发生,引起企业费用要素和负债要素发生变化。一方面企业的生产费用增加了1 200元,另一方面企业的负债也增加了1 200元。

操作步骤:

第一步,确定应借、应贷会计科目。间接生产费用的增加应记入"制造费用"账户的借方,企业预提的应付未付租金应记入"其他应付款"账户的贷方。

第二步,编制会计分录。乐华公司编制的会计分录如下。

借:制造费用   1 200

  贷:其他应付款——南方公司   1 200

【例3-20】2013年12月31日,乐华公司以银行存款支付生产车间的办公费1 800元。

业务分析:因该项办公费用发生在生产车间,属于间接生产费用,应计入当期的生产成本。所以,该经济业务的发生,引起了企业资产要素和费用要素发生变化。一方面企业的生产费用增加了1 800元,另一方面企业的银行存款减少了1 800元。

操作步骤:

第一步,确定应借、应贷会计科目。间接生产费用的增加应记入"制造费用"账户的借方,企业银行存款的减少应记入"银行存款"账户的贷方。

第二步,编制会计分录。乐华公司编制的会计分录如下。

借:制造费用   1 800

  贷:银行存款   1 800

【例3-21】2013年12月31日,乐华公司将12月份发生的制造费用全部记入"制造费用明细账",如表3-4所示。该公司的制造费用按生产工人工资比例进行分配。

表 3-4　　　　　　　　　　　　　　　　　制造费用明细账

2013 年		凭证号数	摘　　要	材料费	职工薪酬	折旧费	水电费	租赁费	办公费	合计
月	日									
12	31		材料费分配表（见表 3-2）	16 000						16 000
12	31		职工薪酬分配表（见表 3-3）		11 742					11 742
12	31		计提折旧费			12 500				12 500
12	31		支付水电费				3 000			3 000
12	31		预提租金					1 200		1 200
12	31		支付车间办公费						1 800	1 800
12	31		本月合计	16 000	11 742	12 500	3 000	1 200	1 800	46 242
12	31		分配转出	16 000	11 742	12 500	3 000	1 200	1 800	46 242

注：框内数字为红字，在会计上表示冲减或相反方向的记录（下同）。

业务分析：因乐华公司仅生产 A、B 两种产品，因此在生产过程中发生的制造费用应由它们分别负担。将 A、B 产品应负担的制造费用计算确定后，应将本期发生的制造费用全部转入产品成本。该项经济业务发生，将引起企业费用要素项目间的增减变化。一方面产品生产成本增加了 46 242 元，另一方面制造费用减少了 46 242 元。

操作步骤：

第一步，分配本月发生的制造费用，计算分配率。

分配率=46 242÷（18 200+30 100）=0.957 4

第二步，编制制造费用分配表，如表 3-5 所示。

表 3-5　　　　　　　　　　　　　　　　　制造费用分配表

2013 年 12 月 31 日　　　　　　　　　　　　　　　　单位：元

受益对象	生产工人工资总额	分配率	金　　额
A 产品	18 200		17 425
B 产品	30 100		28 817
合　计	48 300	0.957 4	46 242

第三步，确定应借、应贷会计科目。产品生产成本的增加应记入"生产成本"账户的借方，制造费用的减少应记入"制造费用"账户的贷方。

第四步，编制会计分录。乐华公司编制的会计分录如下。

借：生产成本——A 产品　　　　　　　　　　　　　　　　17 425

　　　　　　——B 产品　　　　　　　　　　　　　　　　28 817

　　贷：制造费用　　　　　　　　　　　　　　　　　　　　46 242

需要说明的是，在制造费用分配之前，企业已根据有关凭证将生产经营过程中发生的各项直接费用记入生产成本明细账和其他相关账户。制造费用分配之后，企业也应及时将各产品应负担的制造费用，根据有关凭证记入生产成本明细账和制造费用明细账。月末，制造费用分配转出后，该账户无余额，如表 3-4 所示。

3.4.4 产品生产成本的计算

1. 产品生产成本计算的一般程序

一般地说，产品生产成本的计算和生产费用的核算是同时进行的，产品生产成本的计算过程，也就是生产费用的归集和分配过程。这一过程，通常按照以下程序进行：

（1）确定成本计算对象。成本计算对象是生产费用的承担者，即归集和分配生产费用的对象。成本计算对象包括产品品种、产品批别和产品生产步骤等，企业应当根据自身的生产经营特点和管理要求，确定适合的成本计算对象，并按照确定的成本计算对象开设生产成本明细账或成本计算单，归集生产费用，计算产品生产成本。

（2）确定成本项目。成本项目是生产费用按经济用途划分的项目。通过成本项目，可以反映成本的经济构成，以及产品生产过程中不同的资产耗费情况。

（3）确定成本计算期。成本计算期是指成本计算的起止日期。成本计算期可以与会计报告期相同，也可以与产品生产周期相同。

（4）生产费用的审核。对生产费用进行审核，主要是确定各项费用的开支是否合理，开支的费用是否应该计入成本。

（5）生产费用的归集和分配。生产费用归集和分配就是将应计入产品成本的各种要素在各有关产品之间，按照成本项目进行归集和分配。对能够直接确认承担对象的直接费用，直接计入该对象；不能直接确认承担对象的间接费用，分配计入各对象。

（6）计算完工产品成本和月末在产品成本。对既有完工产品又有月末在产品的产品，应将计入该产品的生产费用，在其完工产品和月末在产品之间选用适当方法进行分配，计算完工产品成本和月末在产品成本。

2. 产品生产成本计算的一般方法

生产成本明细账按成本计算对象（如产品品种）将期初在产品成本和本期发生的材料费用、薪酬费用和制造费用等生产费用进行了归集，在期末没有在产品的情况下，归集到某一产品上的生产费用合计数，即为该产品的本月完工产品的制造成本；在期末产品全部未完工的情况下，归集到某一产品上的生产费用合计数，全部为本月在产品的制造成本；在期末既有完工产品，又有在产品的情况下，则需要采用一定的方法将归集到该产品上的生产费用在完工产品与在产品之间分配，计算完工产品成本和期末在产品成本。其计算公式如下。

月初在产品成本＋本月生产费用＝本月完工产品成本＋月末在产品成本

或　　本月完工产品成本＝月初在产品成本＋本月生产费用－月末在产品成本

其中，完工产品成本和月末在产品成本的计算方法有多种，这里不作介绍。

【例 3-22】2013 年 12 月 31 日，乐华公司生产的 A 产品 500 件全部完工并验收入库，B 产品 1 000 件均未完工。A、B 两种产品的月初成本资料如表 3-6 所示。

业务分析： 乐华公司以产品品种为成本计算对象，成本项目包括直接材料、直接人工和制造费用，所以"生产成本"账户应按产品品种设置"A 产品"、"B 产品"两个明细账，并按成本项目设置专栏归集生产费用。因 A 产品于本月全部完工，所以"生产成本——A 产品"明细账归集的生产费用即为该产品的完工产品成本；而 B 产品均未完工，所以"生产成本——B产品"明细账归集的生产费用为该产品的在产品成本。

表 3-6 期初在产品成本资料

单位：元

产品名称	直接材料	直接人工	制造费用	合 计
A 产品	26 000	5 000	2 000	33 000
B 产品	10 000	4 000	1 200	15 200
合 计	36 000	9 000	3 200	48 200

操作步骤：

第一步，按成本计算对象归集生产费用。即将本月发生的直接费用和分配的制造费用全部记入 A、B 产品的生产成本明细账。各产品生产成本明细账如表 3-7、表 3-8 所示。

表 3-7 生产成本明细账

产品名称：A 产品

2013 年		凭证号数	摘 要	直接材料	直接人工	制造费用	…	合 计
月	日							
12	31		月初在产品成本	26 000	5 000	2 000		33 000
12	31		领用材料（见表 3-2）	53 700				53 700
12	31		职工薪酬（见表 3-3）		20 748			20 748
12	31		分配制造费用（见表 3-5）			17 425		17 425
12	31		本月生产费用合计	79 700	25 748	19 425		124 873
12	31		结转本月完工产品成本	79 700	25 748	19 425		124 873

表 3-8 生产成本明细账

产品名称：B 产品

2013 年		凭证号数	摘 要	直接材料	直接人工	制造费用	…	合 计
月	日							
12	31		月初在产品成本	10 000	4 000	1 200		15 200
12	31		领用材料（见表 3-2）	110 200				110 200
12	31		职工薪酬（见表 3-3）		34 314			34 314
12	31		分配制造费用（见表 3-5）			28 817		28 817
12	31		本月生产费用合计	120 200	38 314	30 017		188 531

第二步，根据生产成本明细账编制成本计算单。因 B 产品在本月没有完工产品，所以应根据 A 产品生产成本明细账编制 A 产品成本计算单，计算完工 A 产品的总成本与单位成本，如表 3-9 所示。

第三步，进行具体的账务处理。该经济业务的发生，引起企业资产要素和费用要素发生变化。一方面企业的库存商品中的 A 产品增加了 124 873 元，应记入"库存商品"账户的借方；另一方面企业的产品生产成本减少了 124 873 元，应记入"生产成本"账户的贷方。乐华公司编制的会计分录如下。

表 3-9 成本计算单

产品名称：A 产品

产　量：500 件　　　　2013 年 12 月 31 日　　　　单位：元

成本项目	本月生产费用合计	总成本	单位成本
直接材料	79 700	79 700	159.40
直接人工	25 748	25 748	51.50
制造费用	19 425	19 425	38.85
合　计	124 873	124 873	249.75

借：库存商品——A 产品　　　　　　　　　　　　　　　124 873

贷：生产成本——A 产品　　　　　　　　　　　　　　　124 873

3.5　销售过程的核算

销售过程是企业生产经营过程的最后阶段。在销售过程中，企业一方面按照销售合同的规定出售产品，向客户收取货款；另一方面，销售过程还会发生一定的销售费用，同时还要按照税收法规的规定计算缴纳相关税费。因此，确认销售收入的实现、办理货款结算、结转销售成本、计算缴纳税费等是销售过程核算的基本内容。

3.5.1　营业收入的核算

1. 账户设置

收入是指企业在日常活动中形成的、会导致所有者权益增加的、与所有者投入资本无关的经济利益的总流入，包括主营业务收入和其他业务收入。其中，主营业务收入是指企业为完成经营目标所从事的经常性活动实现的收入，如工业企业生产并销售产品、商业企业销售商品、咨询公司提供咨询服务等实现的收入；其他业务收入是指企业发生的与经常性活动相关的其他活动所取得的收入，如工业企业对外出售不需用的原材料、利用闲置资金对外投资、对外转让无形资产使用权等实现的收入。主营业务收入和其他业务收入组成企业的营业收入。

为核算企业在日常活动中所取得的营业收入，应设置以下账户。

（1）"主营业务收入"账户。为核算企业确认的销售商品、提供劳务等主营业务的收入，企业应当设置"主营业务收入"账户。该账户属于损益类账户，其结构如图 3-19 所示。

主营业务收入

借方	贷方
发生额：	发生额：
转入"本年利润"账户的收入总额	企业销售商品或提供劳务实现的收入
	期末无余额

图 3-19　"主营业务收入"账户结构

该账户可按主营业务的种类设置明细账，进行明细分类核算。

（2）"其他业务收入"账户。为核算企业确认的除主营业务活动以外的其他经营活动实现的收入，企业应当设置"其他业务收入"账户。该账户属于损益类账户，其结构如图3-20所示。

其他业务收入

借方	贷方
发生额：	发生额：
转入"本年利润"账户的其他业务收入	企业确认的其他业务收入
	期末无余额

图 3-20 "其他业务收入"账户结构

该账户可按其他业务收入的种类设置明细账，进行明细分类核算。

（3）"应收账款"账户。为核算企业因销售商品、提供劳务等应向购货单位或接受劳务单位收取的款项，企业应当设置"应收账款"账户。该账户属于资产类，其结构如图3-21所示。

该账户应按购货单位或接受劳务的单位设置明细账，进行明细核算。另外，如果该账户的期末余额在贷方，反映的则是企业预收的账款。

应收账款

借方	贷方
期初余额：期初企业尚未收回的应收账款	
发生额：	发生额：
发生应收账款	收回应收账款
期末余额：期末企业尚未收回的应收账款	

图 3-21 "应收账款"账户结构

（4）"应收票据"账户。为核算企业因销售商品、提供劳务等而收到的商业汇票，包括银行承兑汇票和商业承兑汇票，企业应当设置"应收票据"账户。该账户属于资产类，其结构如图3-22所示。

应收票据

借方	贷方
期初余额：期初企业持有的商业汇票的票面金额	
发生额：	发生额：
收到开出、承兑的商业汇票的票面金额	到期商业汇票的票面金额
期末余额：期末企业持有的商业汇票的票面金额	

图 3-22 "应收票据"账户结构

企业应当设置"应收票据备查簿"，逐笔登记每一应收票据的种类、号数和出票日期、票面金额、票面利率、交易合同号和付款人、承兑人、背书人的姓名或单位名称、到期日、背书转让日、贴现日期、贴现率和贴现净额、未计提的利息，以及收款日和收回金额、退票情况等资料，应收票据到期结清票款或退票后，应当在备查簿内逐笔注销。

（5）"预收账款"账户。为核算企业按照合同规定向购货单位预收的款项，企业应当设置"预收账款"账户。该账户属于负债类，其结构如图 3-23 所示。

预收账款	
借方	贷方
	期初余额：期初企业预收的款项
发生额：	发生额：
① 销售实现时，应收取的金额	① 企业向购货单位预收的款项
② 退回多收的款项	② 补收的款项
	期末余额：期末企业预收的款项

图 3-23 "预收账款"账户结构

该账户应按购货单位设置明细账，进行明细核算。另外，该账户的期末余额如果在借方，反映的则是企业应收的、由购货单位补付的款项，即应收账款。

2. 账务处理

（1）产品销售收入的账务处理。对于符合收入确认条件确认为本期实现的产品销售收入，应按实际收到或应收的价款入账，即企业应按实际收到或应收的价款，借记"银行存款"、"应收账款"、"应收票据"等账户；按实现的营业收入，贷记"主营业务收入"账户，按增值税专用发票上注明的增值税额，贷记"应交税金——应交增值税（销项税额）"账户。

企业若采用预收货款销售方式的，在收到购货单位预付的货款时，不能确认产品销售收入，而应按实收货款，借记"银行存款"账户，贷记"预收账款"账户。待企业交付商品时，才能确认营业收入。即按企业应收的价款，借记"预收账款"账户；按实现的营业收入，贷记"主营业务收入"账户，按专用发票上注明的增值税额，贷记"应交税金——应交增值税（销项税额）"账户。

假定乐华公司 2013 年 12 月份部分的商品销售业务如下。

【例 3-23】 12 月 1 日，向北方公司销售 A 商品一批，价款 20 000 元，增值税销项税额为 3 400 元。商品已经发出，收到全部货款，并存入银行。

业务分析： 该经济业务的发生，使企业的收入和资产、负债要素产生变化。一方面，企业的银行存款增加了 23 400 元；另一方面，企业的营业收入增加了 20 000 元。同时，随产品销售，企业收取了增值税，增值税销项税额也增加了 3 400 元。

操作步骤：

第一步，确定应借、应贷会计科目。银行存款的增加应记入"银行存款"账户的借方；产品销售收入属于企业的主营业务收入，其增加应记入"主营业务收入"账户的贷方，增值税销项税额应记入"应交税金——应交增值税（销项税额）"账户的贷方。

第二步，编制会计分录。乐华公司编制的会计分录如下。

借：银行存款　　　　　　　　　　　　　　　　　　　　　　　　　　　23 400
　　贷：主营业务收入　　　　　　　　　　　　　　　　　　　　　　　　20 000
　　　　应交税金——应交增值税（销项税额）　　　　　　　　　　　　　 3 400

【例 3-24】12 月 5 日，收到南方公司预付 A 商品的货款 50 000 元，并存入银行。

业务分析：该经济业务的发生，引起了企业资产和负债要素产生变化。即企业的
银行存款增加了 50 000 元，另一方面，企业的预收账款增加了 50 000 元。

操作步骤：

第一步，确定应借、应贷会计科目。银行存款的增加应记入"银行存款"账户的
借方；因预收账款属于企业的负债，其增加应记入"预收账款"账户的贷方。

第二步，编制会计分录。乐华公司编制的会计分录如下。

借：银行存款　　　　　　　　　　　　　　　　　　　　　　　　　　　50 000
　　贷：预收账款——南方公司　　　　　　　　　　　　　　　　　　　　50 000

【例 3-25】12 月 20 日，向南方公司发出 A 商品一批，价款 50 000 元，增值税销
项税额 8 500 元。南方公司已预付 50 000 元，余款尚未收到。

业务分析：该经济业务的发生，使企业的收入要素和资产、负债要素均产生变化。
一方面企业的营业收入增加了 50 000 元，企业的增值税销项税额增加了 8 500 元，另
一方面企业的预收账款减少了 50 000 元，同时，企业的应收账款增加了 8 500 元。

操作步骤：

第一步，确定应借、应贷会计科目。预收账款的减少，应记入"预收账款"账户
的借方。应收账款的增加也应当记入"应收账款"账户的借方，但为简化核算，通常
将其并入"预收账款"账户核算，即借记"预收账款"账户；主营业务收入和增值税
销项税额的增加，应分别记入"主营业务收入"和"应交税金——应交增值税（销项
税额）"账户的贷方。

第二步，编制会计分录。乐华公司编制的会计分录如下。

借：预收账款——南方公司　　　　　　　　　　　　　　　　　　　　　58 500
　　贷：主营业务收入　　　　　　　　　　　　　　　　　　　　　　　　50 000
　　　　应交税金——应交增值税（销项税额）　　　　　　　　　　　　　 8 500

如果乐华公司于本月末还未收到南方公司的这笔欠款，则"预收账款"账户本月
末应为借方余额 8 500 元，反映为该公司的应收账款。

【例 3-26】12 月 15 日，向北方公司销售 B 商品一批，价款 80 000 元，增值税销
项税额为 13 600 元，商品已经发出，同时收到北方公司开出并承兑的商品汇票一张，
面值为 93 600 元。

业务分析：该经济业务的发生，使企业的收入要素和资产、负债要素均产生变化。
一方面企业的营业收入增加了 80 000 元，企业的增值税销项税额增加了 13 600 元，
另一方面企业的应收的商业汇票增加 93 600 元。

操作步骤：

第一步，确定应借、应贷会计科目。企业持有的商业汇票面值的增加应记入"应
收票据"账户的借方；主营业务收入和增值税销项税额的增加，应分别记入"主营业
务收入"和"应交税金——应交增值税（销项税额）"账户的贷方。

第二步，编制会计分录。乐华公司编制的会计分录如下。

借：应收票据——北方公司　　　　　　　　　　　　　　　93 600
　　贷：主营业务收入　　　　　　　　　　　　　　　　　80 000
　　　　应交税金——应交增值税（销项税额）　　　　　　13 600

（2）其他业务收入的账务处理。其他业务收入的账务处理可概括为：企业取得其他业务收入时，按应确认的收入，贷记"其他业务收入"账户，按增值税专用发票上注明的增值税额，贷记"应交税金——应交增值税（销项税额）"账户；按实际收到或应收的金额，借记"银行存款"、"应收账款"等账户。

【例3-27】乐华公司于2013年12月25日销售本公司外购的乙材料一批，价值2 000元，增值税销项税额为340元，货款已全部收回，并存入银行。

业务分析：销售材料取得的收入系企业的其他业务收入，该经济业务的发生使企业的收入要素和资产、负债要素均产生变化。一方面企业的银行存款增加了2 340元，另一方面增值税销项税额增加了340元，其他业务收入增加了2 000元。

操作步骤：

第一步，确定应借、应贷会计科目。银行存款的增加应记入"银行存款"账户的借方；其他业务收入和增值税销项税额的增加，应分别记入"其他业务收入"、"应交税金——应交增值税（销项税额）"账户的贷方。

第二步，编制会计分录。乐华公司编制的会计分录如下。

借：银行存款　　　　　　　　　　　　　　　　　　　　　2 340
　　贷：其他业务收入　　　　　　　　　　　　　　　　　2 000
　　　　应交税金——应交增值税（销项税额）　　　　　　　340

3.5.2　营业成市的核算

1. 账户设置

企业在取得收入的同时必然会发生相应的成本。如为取得商品销售收入，企业必须放弃持有的商品，该商品的价值即为取得商品销售收入的成本；又如为取得租金收入，企业必须让渡资产的使用权，承担资产因使用而产生的折旧等费用。与收入相对应，成本也包括主营业务成本和其他业务成本。为取得主营业务收入而支付的成本为主营业务成本，为取得其他业务收入而支付的成本为其他业务成本，它们共同组成企业的营业成本。这也是会计上的配比原则的具体应用。

（1）"主营业务成本"账户。为核算企业确认的销售商品、提供劳务等主营业务收入时应结转的成本，企业应当设置"主营业务成本"账户。该账户属于损益类账户，其结构如图3-24所示。

本账户可按主营业务的种类设置明细账，进行明细分类核算。

（2）"其他业务成本"账户。为核算企业确认的除主营业务活动以外的其他经营活动所发生的支出，企业应当设置"其他业务成本"账户。该账户属于损益类账户，其结构如图3-25所示。

本账户可按其他业务成本的种类设置明细账，进行明细分类核算。

主营业务成本

借方	贷方
发生额： 　计算结转的主营业务成本	发生额： 　转入"本年利润"账户的成本总额
期末无余额	

图 3-24　"主营业务成本"账户结构

其他业务成本

借方	贷方
发生额： 　企业发生的其他业务成本	发生额： 　转入"本年利润"账户的其他业务成本
期末无余额	

图 3-25　"其他业务成本"账户结构

2．账务处理

（1）主营业务成本的账务处理。当企业计算并结转已销产品的实际成本时，应按计算确定的已销产品的实际成本，借记"主营业务成本"账户，贷记"库存商品"等账户。

【例 3-28】2013 年 12 月 31 日，经计算，乐华公司本月已销 A 产品的生产成本为 380 000 元、B 产品的生产成本为 155 000 元。

业务分析：该经济业务的发生，使企业的费用要素和资产要素均发生变化。一方面企业的主营业务成本增加了 535 000 元，另一面企业的库存商品减少了 535 000 元。

操作步骤：

第一步，确定应借、应贷会计科目。主营业务成本的增加应记入"主营业务成本"账户的借方，企业库存商品的减少应记入"库存商品"账户贷方。

第二步，编制会计分录。乐华公司应编制的会计分录如下。

借：主营业务成本　　　　　　　　　　　　　　　　　　535 000
　　贷：库存商品——A 产品　　　　　　　　　　　　　　　380 000
　　　　　　　　——B 产品　　　　　　　　　　　　　　　155 000

（2）其他业务成本的账务处理。企业在计算结转其他业务成本时，应按出售原材料的实际成本，借记"其他业务成本"账户，贷记"原材料"账户。当企业为取得其他业务收入而发生其他支出时，应按实际支出额，借记"其他业务成本"账户，贷记"累计折旧"、"银行存款"等账户。

假定乐华公司 2013 年 12 月份应确认的全部其他业务成本如下。

【例 3-29】12 月 31 日，经计算，乐华公司本月销售乙材料的成本为 1 000 元。

业务分析：材料销售不属于乐华公司的主营业务，公司因销售材料取得的收入应确认为其他业务收入，由此而发生的成本应确认为其他业务成本。所以，该经济业务的发生，使企业的费用要素和资产要素均发生变化。一方面企业的其他业务成本增加了 1 000 元，另一面企业的原材料减少了 1 000 元。

操作步骤：

第一步，确定应借、应贷会计科目。其他业务成本的增加应记入"其他业务成本"账户的借方，企业原材料的减少应记入"原材料"账户的贷方。

第二步，编制会计分录。乐华公司应编制的会计分录如下。

借：其他业务成本　　　　　　　　　　　　　　　　　　　　　　1 000
　　贷：原材料——乙材料　　　　　　　　　　　　　　　　　　　　1 000

【例 3-30】12 月 31 日，经计算，乐华公司本月出租厂房应计提折旧 800 元。

业务分析：出租厂房不属于乐华公司的主营业务，公司因厂房出租而取得的租金收入应确认为其他业务收入，由此而发生的相关成本（如折旧费等）则应确认为其他业务成本。所以，该经济业务的发生，使企业的费用要素和资产要素均发生变化。一方面企业的其他业务成本增加了 800 元，另一面企业的累计折旧增加了 800 元，也就是固定资产的价值减少了 800 元。

操作步骤：

第一步，确定应借、应贷会计科目。其他业务成本的增加应记入"其他业务成本"账户的借方，企业累计折旧的增加（即固定资产价值的减少）应记入"累计折旧"账户的贷方。

第二步，编制会计分录。乐华公司应编制的会计分录如下。

借：其他业务成本　　　　　　　　　　　　　　　　　　　　　　800
　　贷：累计折旧　　　　　　　　　　　　　　　　　　　　　　　800

3.5.3　营业税金及附加的核算

1．账户设置

为核算企业经营活动发生的营业税、消费税、城市维护建设税、教育费附加等相关税费，企业应当设置"营业税金及附加"账户。该账户属于损益类账户，其结构如图 3-26 所示。

营业税金及附加

借方	贷方
发生额： 企业按规定计算确定的与经营活动相关的税费	发生额： 转入"本年利润"账户的税费总额
期末无余额	

图 3-26　"营业税金及附加"账户结构

2．账务处理

企业按规定计算出应由主营业务和其他业务负担的相关税费时，应按计算确定的税费金额，借记"营业税金及附加"账户，贷记"应交税费"账户。实际交纳税款时，借记"应交税费"账户，贷记"银行存款"账户。

【例 3-31】2013 年 12 月 31 日，乐华公司计算出本月应交的城市维护建设税为 3 500元，教育费附加为 1 500 元。

业务分析：城市维护建设税、教育费附加属于企业日常经营活动中产生的税费，应由主营业务和其他业务负担，是企业营业税金及附加的组成部分。所以，该经济业务的发生，使企业的费用要素和负债要素均发生变化。一方面企业的营业税金及附加增加了 5 000 元，另一面企业的应交未交的税费也增加了 5 000 元。

操作步骤：

第一步，确定应借、应贷会计科目。营业税金及附加的增加应记入"营业税金及附加"账户的借方，企业应交未交的税费增加应记入"应交税费"账户的贷方。

第二步，编制会计分录。乐华公司应编制的会计分录如下。

借：营业税金及附加　　　　　　　　　　　　　　　　　　　　　5 000
　　贷：应交税费——应交城市维护建设税　　　　　　　　　　　　3 500
　　　　　　　　——应交教育费附加　　　　　　　　　　　　　　1 500

3.5.4　销售费用的核算

1．账户设置

销售费用是指企业销售商品和材料、提供劳务的过程中发生的各种费用，包括保险费、包装费、展览费和广告费、商品维修费、预计产品质量保证损失、运输费、装卸费等以及为销售本企业商品而专设的销售机构（含销售网点、售后服务网点等）的职工薪酬、业务费、折旧费等经营费用。企业发生的与专设机构相关的固定资产修理费用等后续支出属于销售费用。销售费用是与企业销售商品活动有关的费用，但不包括销售商品本身的成本。

为核算企业销售商品和材料、提供劳务的过程中发生的各种经营费用，企业应当设置"销售费用"账户。该账户属于损益类账户，其结构如图 3-27 所示。

销售费用

借方	贷方
发生额： 　　企业发生的各项销售费用	发生额： 　　转入"本年利润"账户的销售费用余额
期末无余额	

图 3-27　"销售费用"账户结构

该账户可按销售费用项目设置明细账，进行明细分类核算。

2．账务处理

企业发生销售费用时，应按实际发生额，借记"销售费用"账户，贷记"库存现金"、"银行存款"、"应付职工薪酬"等账户。

假定乐华公司 2013 年 12 月份发生的全部销售费用如下。

【例 3-32】12 月 10 日，乐华公司销售部门领用甲材料一批，实际成本为 2 730 元。

业务分析：销售部门耗用材料所发生的费用，应确认为销售费用。所以，该项经济业务的发生，引起了企业费用要素和资产要素发生变化。一方面企业的销售费用增加了 2 730 元，另一方面企业的原材料减少了 2 730 元。

操作步骤：

第一步，确定应借、应贷会计科目。销售费用的增加应记入"销售费用"账户的借方，原材料的减少应记入"原材料"账户的贷方。

第二步，编制会计分录。乐华公司编制的会计分录如下。

借：销售费用——材料费 2 730

贷：原材料——甲材料 2 730

【例3-33】12月15日，以银行存款支付广告费1 310元和应由本公司的销售机构负担的水电费1 140元。

业务分析：广告费与企业的产品销售业务直接相关，应确认为销售费用。由于为销售本企业产品而专设的销售机构发生的经营费用也是销售费用的组成部分，因而由销售机构负担的水电费也应确认为销售费用。所以，该项经济业务的发生，引起了企业费用要素和资产要素发生变化。一方面企业的销售费用增加了2 450元，另一方面企业的银行存款减少了2 450元。

操作步骤：

第一步，确定应借、应贷会计科目。销售费用的增加应记入"销售费用"账户的借方，银行存款的减少应记入"银行存款"账户的贷方。

第二步，编制会计分录。乐华公司编制的会计分录如下。

借：销售费用——广告费 1 310

　　　　——水电费 1 140

贷：银行存款 2 450

【例3-34】12月20日，以现金支付本公司销售机构业务人员差旅费470元。

业务分析：为销售本企业产品而专设的销售机构发生的经营费用是销售费用的组成部分，因而公司销售机构业务人员差旅费应确认为销售费用。所以，该项经济业务的发生，引起了企业费用要素和资产要素发生变化。一方面企业的销售费用增加了470元，另一方面企业的库存现金减少了470元。

操作步骤：

第一步，确定应借、应贷会计科目。销售费用的增加应记入"销售费用"账户的借方，库存现金的减少应记入"库存现金"账户的贷方。

第二步，编制会计分录。乐华公司编制的会计分录如下。

借：销售费用——差旅费 470

贷：库存现金 470

【例3-35】12月31日，分配本月职工薪酬。当月企业销售人员工资为9 700元，应计提的社会保险费为1 358元。

业务分析：销售人员工资及其他薪酬是销售费用的组成部分，应确认为销售费用。所以，该项经济业务的发生，引起了企业费用要素和负债要素发生变化。一方面企业的销售费用增加了11 058元（9 700+1 358），另一方面企业的应付职工薪酬增加了11 058元。

操作步骤：

第一步，确定应借、应贷会计科目。销售费用的增加应记入"销售费用"账户的借方，应付职工薪酬的增加应记入"应付职工薪酬"账户的贷方。

第二步，编制会计分录。乐华公司编制的会计分录如下。

借：销售费用——工资 9 700
　　　　——社会保险费用 1 358
　　贷：应付职工薪酬——工资 9 700
　　　　　　——社会保险费 1 358

【例 3-36】12 月 31 日，计提本月本公司销售部门使用的固定资产折旧费 1 800 元。

业务分析：为销售本企业产品而专设的销售机构使用的固定资产应计提的折旧费，是销售费用的组成部分，应确认为销售费用。所以，该项经济业务的发生，引起了企业费用要素和资产要素发生变化。一方面企业的销售费用增加了 1 800 元，另一方面企业的累计折旧增加了 1 800 元（也就是该项固定资产的价值减少了 1 800 元）。

操作步骤：

第一步，确定应借、应贷会计科目。销售费用的增加应记入"销售费用"账户的借方，累计折旧的增加（即固定资产价值的减少）应记入"累计折旧"账户的贷方。

第二步，编制会计分录。乐华公司编制的会计分录如下。

借：销售费用——折旧费 1 800
　　贷：累计折旧 1 800

该公司将本月发生的所有的销售费用记入"销售费用明细账"，如表 3-10 所示。

表 3-10　　　　　　　　　　　　　　销售费用明细账

2013 年		凭证号数	摘　　要	材料费	工资	社会保险费	折旧费	广告费	其他	合计
月	日									
12	10		领用材料	2 730						2 730
	15		支付广告费、水电费					1 310	1 140	2 450
	20		支付差旅费						470	470
	31		分配职工薪酬		9 700	1 358				11 058
	31		计提折旧费				1 800			1 800
	31		本月合计	2 730	9 700	1 358	1 800	1 310	1 610	18 508

3.6　利润形成与分配的核算

3.6.1　利润的构成

利润是指企业在一定会计期间的经营成果，包括收入减去费用后的净额、直接计入当期利润的利得和损失等。其中，收入减去费用后的净额，即为营业利润。营业利润是利润的主体，在利润总额中应当占有较大的比重；直接计入当期损益的利得和损失，是指应当计入当期损益、会导致所有者权益发生增减变动的、与所有者投入资本或者向所有者分配利润无关的利得或者损失，如非流动资产处置利得或者损失、盘盈利得、盈亏损失、非常损失等。

利润的形成过程，如图 3-28 所示。

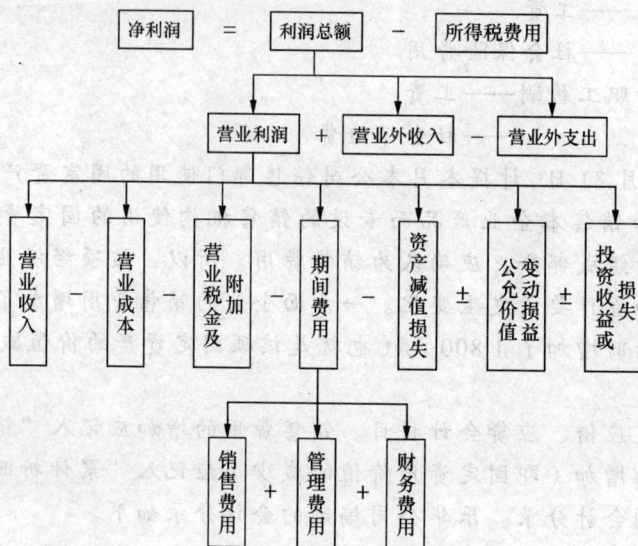

图 3-28　利润的形成过程

3.6.2　管理费用和财务费用的核算

1．账户设置

（1）"管理费用"账户。管理费用是指企业为组织和管理企业生产经营发生的各种费用，包括企业董事会和行政管理部门在企业的经营管理中发生的，或者应由企业统一负担的公司经费（包括行政管理部门职工薪酬、物料消耗、低值易耗品摊销、办公费和差旅费等）、工会经费、董事会会费（包括董事会成员津贴、会议费和差旅费等）、聘请中介机构费、咨询费（含顾问费）、诉讼费、业务招待费、房产税、车船税、土地使用税、印花税、技术转让费、矿产资源补偿费、研究费用、排污费等。企业生产车间（部门）和行政管理部门发生的固定资产修理费用等后续支出属于管理费用。

为核算企业为组织和管理企业生产经营所发生的管理费用，企业应当设置"管理费用"账户。该账户属于损益类账户，其结构如图 3-29 所示。

管理费用

借方	贷方
发生额： 　企业发生的各项管理费用	发生额： 　转入"本年利润"账户的管理费用余额
期末无余额	

图 3-29　"管理费用"账户结构

该账户可按管理费用项目设置明细账，进行明细分类核算。

（2）"财务费用"账户。财务费用是指企业为筹集生产经营所需资金而发生的筹资费用，包括利息支出（减利息收入）、汇兑损益以及相关的手续费等。企业为购建固定资产的专门借款所发生的借款费用，在固定资产达到预定可使用状态前按规定应予资本化的部分，不包括在财务费用之中。

为核算企业为筹集生产经营所需资金而发生的筹资费用，企业应当设置"财务费用"账户。该账户属于损益类账户，其结构如图 3-30 所示。

财务费用

借方	贷方
发生额： 　　企业发生的各项财务费用	发生额： 　① 应冲减财务费用的利息收入 　② 转入"本年利润"账户的财务费用余额
期末无余额	

图 3-30　"财务费用"账户结构

该账户可按财务费用项目设置明细账，进行明细分类核算。

2. 账务处理

（1）管理费用的账务处理。当企业发生管理费用时，应按实际发生额，借记"管理费用"账户，贷记"库存现金"、"银行存款"、"应付职工薪酬"、"累计折旧"等账户。

假定乐华公司 2013 年 12 月份发生的全部管理费用如下。

【例 3-37】 12 月 5 日，企业行政管理部门以现金 580 元购买办公用品。

业务分析： 企业行政管理部分的办公费属于管理费用，因此该经济业务的发生，使企业的资产和费用要素发生变化。一方面企业的管理费用中的公司经费增加了 580 元，另一方面企业的库存现金减少了 580 元。

操作步骤：

第一步，确定应借、应贷会计科目。管理费用的增加应记入"管理费用"账户的借方，库存现金的减少应记入"库存现金"账户的贷方。

第二步，编制会计分录。乐华公司编制的会计分录如下。

借：管理费用——公司经费　　　　　　　　　　　　　　　580

　　贷：库存现金　　　　　　　　　　　　　　　　　　　　　　580

【例 3-38】 12 月 15 日，以银行存款支付应由企业行政管理部门负担的水电费 1 200 元。

业务分析： 应由企业行政管理部门负担的水电费属于管理费用，因此该经济业务的发生，使企业的资产和费用要素发生变化。一方面企业的管理费用中的公司经费增加了 1 200 元，另一方面企业的银行存款减少了 1 200 元。

操作步骤：

第一步，确定应借、应贷会计科目。管理费用的增加应记入"管理费用"账户的借方，银行存款的减少应记入"银行存款"账户的贷方。

第二步，编制会计分录。乐华公司编制的会计分录如下。

借：管理费用——公司经费　　　　　　　　　　　　　　1 200

　　贷：银行存款　　　　　　　　　　　　　　　　　　　　　1 200

【例 3-39】12 月 20 日，以银行存款支付法律顾问费 1 500 元、业务招待费 5 400 元。

业务分析： 企业支付的法律顾问费和业务招待费属于管理费用，因此该经济业务的发生，使企业的资产和费用要素发生变化。一方面企业管理费用中的法律顾问费增加了 1 500 元、业务招待费增加了 5 400 元，另一方面企业的银行存款减少了 6 900 元。

操作步骤：

第一步，确定应借、应贷会计科目。管理费用的增加应记入"管理费用"账户的借方，银行存款的减少应记入"银行存款"账户的贷方。

第二步，编制会计分录。乐华公司编制的会计分录如下。

```
借：管理费用——咨询费                          1 500
        ——业务招待费                        5 400
    贷：银行存款                                   6 900
```

【例 3-40】12 月 31 日，分配本月职工薪酬，其中应付企业行政管理人员工资为 16 100 元，应付社会保险费为 2 254 元。

业务分析： 企业行政管理人员工资及其他薪酬应计入管理费用，因此该经济业务的发生，使企业的费用要素和负债要素发生变化。一方面企业管理费用中的职工工资增加了 16 100 元、社会保险费增加了 2 254 元，另一方面企业的应付职工薪酬增加了 18 354 元（16 100 + 2 254）。

操作步骤：

第一步，确定应借、应贷会计科目。管理费用的增加应记入"管理费用"账户的借方，应付职工薪酬的增加应记入"应付职工薪酬"账户的贷方。

第二步，编制会计分录。乐华公司编制的会计分录如下。

```
借：管理费用——工资                           16 100
        ——社会保险费                       2 254
    贷：应付职工薪酬——工资                         16 100
            ——社会保险费                    2 254
```

【例 3-41】12 月 31 日，企业行政管理部门计提的固定资产折旧费 4 100 元。

业务分析： 企业行政管理部门使用的固定资产计提的折旧费应计入管理费用，因此该经济业务的发生，使企业的费用要素和资产要素发生变化。一方面企业管理费用中的折旧费增加了 4 100 元，另一方面企业的累计折旧增加了 4 100 元。

操作步骤：

第一步，确定应借、应贷会计科目。管理费用的增加应记入"管理费用"账户的借方，累计折旧的增加（即固定资产价值的减少）应记入"累计折旧"账户的贷方。

第二步，编制会计分录。乐华公司编制的会计分录如下。

```
借：管理费用——折旧费                          4 100
    贷：累计折旧                                   4 100
```

【例 3-42】12 月 31 日，本月无形资产价值应摊销 9 000 元。

业务分析： 无形资产的摊销是指企业采用一定的方法将无形资产的成本合理地、系统地分配到各期的成本费用中去，通常计入管理费用，因此该经济业务的发生，使企业的费用要素和资产要素发生变化。一方面企业管理费用中的无形资产摊销增加了9 000 元，另一方面企业的无形资产的价值减少了 9 000 元。

操作步骤：

第一步，确定应借、应贷会计科目。管理费用的增加应记入"管理费用"账户的借方，无形资产价值的减少应记入"累计摊销"账户的贷方。

第二步，编制会计分录。乐华公司编制的会计分录如下。

借：管理费用——无形资产摊销　　　　　　　　　　　　　　　　　9 000
　　贷：累计摊销　　　　　　　　　　　　　　　　　　　　　　　　　　9 000

月末，乐华公司应将本月发生的全部管理费用记入"管理费用明细账"，如表 3-11 所示。

表 3-11　　　　　　　　　　　　管理费用明细账

2013年 月	日	凭证号数	摘　要	公司经费	工资	社会保险费	咨询费	业务招待费	无形资产摊销	折旧费	合计
12	5		购买办公用品	580							580
	15		支付水电费	1 200							1 200
	20		支付法律顾问费				1 500				1 500
	20		支付业务招待费					5 400			5 400
	31		分配工资费、计提福利费		16 100	2 254					18 354
	31		计提固定资产折旧费							4 100	4 100
	31		无形资产摊销						9 000		9 000
	31		本月费用合计	1 780	16 100	2 254	1 500	5 400	9 000	4 100	40 134

（2）财务费用的账务处理。企业发生财务费用时，应借记"财务费用"账户，贷记"应付利息"、"银行存款"等账户。发生的应冲减财务费用的利息收入、汇兑收益时，应借记"银行存款"账户，贷记"财务费用"账户。

假定乐华公司 2013 年 12 月份发生的全部财务费用如下。

【例 3-43】 12 月 20 日，以银行存款支付本季度的短期借款利息 3 500 元，已知 10 月份和 11 月份各预提 1 000 元。

业务分析： 企业于本期发生的借款利息应计入财务费用，其中前期已预提的部分应冲减相应的应付未付利息。因此，该经济业务的发生，使企业的费用要素、资产要素、负债要素均发生变化。一方面企业财务费用中增加了 1 500 元（3 500－1 000×2），另一方面企业的应付未付利息减少了 2 000 元、银行存款减少了 3 500 元。

操作步骤：

第一步，确定应借、应贷会计科目。财务费用的增加应记入"管理费用"账户的借方，应付未付利息的减少应记入"应付利息"账户的借方，银行存款的减少应记入"银行存款"账户的贷方。

第二步，编制会计分录。乐华公司编制的会计分录如下。

借：财务费用   1 500

  应付利息   2 000

  贷：银行存款   3 500

【例3-44】12月22日，收到银行转来的结息通知，银行结付企业存款利息500元，并转为企业的银行存款。

业务分析：企业收到的利息收入应冲减财务费用，因此该经济业务的发生，使企业的费用要素和资产要素发生变化。一方面企业银行存款增加了500元，另一方面企业的财务费用减少了500元。

操作步骤：

第一步，确定应借、应贷会计科目。银行存款的增加应记入"银行存款"账户的借方，财务费用的减少应记入"财务费用"账户的贷方。

第二步，编制会计分录。乐华公司编制的会计分录如下。

借：银行存款   500

  贷：财务费用   500

【例3-45】12月25日，以银行存款支付银行转账结算手续费，共计450元。

业务分析：企业支付的银行转账结算手续费应计入财务费用，因此该经济业务的发生，使企业的费用要素和资产要素发生变化。一方面财务费用增加了450元，另一方面企业的银行存款减少450元。

操作步骤：

第一步，确定应借、应贷会计科目。财务费用的增加应记入"财务费用"账户的借方，银行存款的减少应记入"银行存款"账户的贷方。

第二步，编制会计分录。乐华公司编制的会计分录如下。

借：财务费用   450

  贷：银行存款   450

【例3-46】12月31日，计提企业本月的长期借款利息7 100元。该项长期借款用于企业生产线的购建，该生产线已于上月正式投产使用。

业务分析：该笔借款利息发生在所购建的生产线达到预计可使用状态之后，按规定应计入财务费用，因此该经济业务的发生，使企业的费用要素和负债要素发生变化。一方面财务费用增加了7 100元，另一方面企业的应付未付利息增加了7 100元。

操作步骤：

第一步，确定应借、应贷会计科目。财务费用的增加应记入"财务费用"账户的借方，应付未付利息的增加应记入"应付利息"账户的贷方。

第二步，编制会计分录。乐华公司编制的会计分录如下。

借：财务费用   7 100

  贷：应付利息   7 100

乐华公司将本月发生的财务费用全部记入"财务费用明细账"如表3-12所示。

表 3-12　　　　　　　　　　　　　　　财务费用明细账

2013 年		凭证号数	摘　　要	利息支出	汇兑损益	手续费	利息收入	合　计
月	日							
12	20		付借款利息	1 500				1 500
	22		收存款利息				500	500
	25		付银行手续费			450		450
	31		计提长期借款利息	7 100				7 100
	31		本月费用合计	8 600		450	500	8 550

3.6.3　营业外收支的核算

1．账户设置

营业外收支是指企业发生的与日常活动无直接关系的各项收支，包括营业外收入、营业外支出。其中，营业外收入是指企业发生的与日常活动无直接关系的各项利得，主要包括非流动资产处置利得、政府补助、盘盈利得、捐赠利得等；营业外支出是指企业发生的与日常活动无直接关系的各项损失，主要包括非流动资产处置损失、公益性捐赠支出、非常损失、盘亏损失等。

为核算企业发生的各项营业外收支，企业应当设置"营业外收入"、"营业外支出"账户。这些账户属于损益类账户，账户结构如图 3-31、图 3-32 所示。

营业外收入

借方	贷方
发生额： 转入"本年利润"账户的营业外收入	发生额： 企业确认的直接计入当期利润的利得
	期末无余额

图 3-31　"营业外收入"账户结构

该账户可按营业外收入项目设置明细账户，进行明细分类核算。

营业外支出

借方	贷方
发生额： 企业确认的直接计入当期利润的损失	发生额： 转入"本年利润"账户的营业外支出
期末无余额	

图 3-32　"营业外支出"账户结构

该账户可按营业外支出项目设置明细账户，进行明细分类核算。

2．账务处理

企业发生营业外收入时，应借记"银行存款"、"固定资产"、"应付账款"等账户，贷记"营业外收入"账户。发生营业外支出时，应借记"营业外支出"账户，贷记"银行存款"、"固定资产"、"无形资产"等账户。

假定乐华公司2013年12月份发生的营业外收支业务如下。

【例3-47】12月31日，乐华公司清理长期无法支付的应付账款一笔，账面价值为4 050元，经批准转作企业的营业外收入。

业务分析：企业无法偿还的应付款项属于营业外收入，应直接计入所有者权益（即利润要素），所以该经济业务的发生，使企业的利润要素和负债要素发生变化。一方面企业应付账款的账面价值减少了4 050元，另一方面营业外收入增加了4 050元。

操作步骤：

第一步，确定应借、应贷会计科目。应付账款的减少应记入"应付账款"账户的借方，营业外收入增加应记入"营业外收入"账户的贷方。

第二步，编制会计分录。乐华公司编制的会计分录如下。

借：应付账款 4 050

　　贷：营业外收入 4 050

【例3-48】12月26日，乐华公司开出支票向希望工程捐赠5 500元。

业务分析：企业发生的公益性捐赠支出属于营业外支出，应直接计入所有者权益（即利润要素），所以该经济业务的发生，使企业的利润要素和资产要素发生变化。一方面企业的营业外支出增加了5 500元，另一方面企业的银行存款减少了5 500元。

操作步骤：

第一步，确定应借、应贷会计科目。营业外支出的增加应记入"营业外支出"账户的借方，银行存款的减少应记入"银行存款"账户的贷方。

第二步，编制会计分录。乐华公司编制的会计分录如下。

借：营业外支出 5 500

　　贷：银行存款 5 500

3.6.4 利润形成的核算

1. 利润总额形成的核算

（1）账户设置。为核算企业实现的净利润（或发生的净亏损），企业应设置"本年利润"账户。本账户属于所有者权益类账户，其结构如图3-33所示。

本年利润

借方	贷方
或期初余额：本年累计发生的净亏损	期初余额：本年累计实现的净利润
发生额：	发生额：
① 从损益类账户转入的本期发生的成本、费用和损失	① 从损益类账户转入的本期实现的收入、利得
② 年末，转入"利润分配"账户的净利润	② 年末，转入"利润分配"账户的净亏损
	年末结转后无余额

图3-33 "本年利润"账户结构

值得说明的是，企业于期（月）末结转利润后，"本年利润"账户若为贷方余额为当期实现的净利润；若为借方余额则为当期发生的净亏损。年度终了，企业应当将本年实现的净利润（或发生的净亏损）转入"利润分配"账户，结转后"本年利润"账户应无余额。

（2）账务处理。首先，企业应将当期发生的各项收入和费用全部登记入账后，并于期末结出各损益类账户的贷方余额或借方余额，并将所有的收入类账户的贷方余额转入"本年利润"账户的贷方，将所有的费用类账户的借方余额转入"本年利润"账户的借方。结转后各损益类账户应无余额，此时"本年利润"账户若为贷方余额，即为企业当期实现的利润总额；若为借方余额，则反映为企业当期实现的亏损总额。

【例 3-49】乐华公司 2013 年 12 月份的所有收入账户和费用账户的余额如表 3-13 所示。

表 3-13　　　　　　　　　　损益类账户余额表

2013 年 12 月 31 日　　　　　　　　　　单位：元

会计科目	借　方	贷　方
主营业务收入		958 000
其他业务收入		17 500
营业外收入		4 050
主营业务成本	535 000	
其他业务成本	1 800	
营业税金及附加	5 000	
销售费用	18 508	
管理费用	40 134	
财务费用	8 550	
营业外支出	5 500	

业务分析：上述各损益类账户余额反映的是本月份已实现的各项收入（或利得）总额和发生的各项成本、费用及损失金额，通过计算即可得出本月实现的利润总额。

操作步骤：

第一步，将各项收入转入"本年利润"账户的贷方。会计分录如下。

借：主营业务收入　　　　　　　　　　　　　　　　　　　　　　958 000
　　其他业务收入　　　　　　　　　　　　　　　　　　　　　　 17 500
　　营业外收入　　　　　　　　　　　　　　　　　　　　　　　 4 050
　　贷：本年利润　　　　　　　　　　　　　　　　　　　　　　979 550

第二步，将各项费用支出转入"本年利润"账户的借方。会计分录如下。

借：本年利润　　　　　　　　　　　　　　　　　　　　　　　　614 492
　　贷：主营业务成本　　　　　　　　　　　　　　　　　　　　535 000
　　　　其他业务支出　　　　　　　　　　　　　　　　　　　　 1 800
　　　　营业税金及附加　　　　　　　　　　　　　　　　　　　 5 000
　　　　销售费用　　　　　　　　　　　　　　　　　　　　　　 18 508
　　　　管理费用　　　　　　　　　　　　　　　　　　　　　　 40 134
　　　　财务费用　　　　　　　　　　　　　　　　　　　　　　 8 550
　　　　营业外支出　　　　　　　　　　　　　　　　　　　　　 5 500

第三步，计算确定本期实现的利润总额。结转后，即将本期发生的全部收入与全部费用支出都汇集于"本年利润"账户，将该账户的贷方余额与借方余额相比较，可计算出本公司12月份实现的利润总额为365 058元。

2．净利润形成的核算

（1）账户设置。按照税法规定，企业的生产经营所得和其他所得应缴纳企业所得税。企业缴纳的所得税，即为所得税费用。为核算该项费用，企业应设置"所得税"账户。该账户属于损益类账户，用于核算企业按规定从当期利润总额中扣除的所得税费用，结构如图3-34所示。

所得税费用

借方	贷方
发生额： 资产负债表日，企业确认的所得税费用	发生额： 期末转入"本年利润"账户的所得税费用
期末无余额	

图3-34 "所得税费用"账户结构

（2）账务处理。企业应于期末（月末、季末或年末）计算出所得税费用，借记"所得税费用"账户，贷记"应交税费——应交所得税"账户。实际交纳所得税时，按实际交纳金额，借记"应交税费——应交所得税"账户，贷记"银行存款"账户。企业将"所得税费用"账户的借方余额转入"本年利润"账户借方时，借记"本年利润"账户，贷记"所得税费用"账户。

【例3-50】 乐华公司2013年12月份实现利润总额为365 058元，该公司当月未发生纳税调整事项，适用的企业所得税税率为25%。

业务分析： 企业根据税法规定计算交纳的所得税费是费用要素的组成部分，因此该项经济业务的发生，引起企业费用要素和负债要素发生变化。一方面企业的所得税费用增加，应借记"所得税费用"账户；另一方面企业的应交未交的所得税增加，应贷记"应交税费——应交所得税"账户。

操作步骤：

第一步，计算当期应交所得税。因该月未发生纳税调整事项，所以当月应交所得税以利润总额为基础计算。

当月应纳所得税 = 365 058 × 25% = 91 264.50（元）

第二步，进行所得税费用的账务处理。企业的所得税费用增加，应记入"所得税费用"账户的借方；企业应交税费的增加，应记入"应交税费——应交所得税"账户的贷方。会计分录如下。

借：所得税费用   91 264.50
    贷：应交税费——应交所得税   91 264.50

第三步，结转当期的所得税费用。2013年12月31日，乐华公司应将本月发生的所得税费91 264.50元转入"本年利润"账户。会计分录如下。

借：本年利润   91 264.50
    贷：所得税费用   91 264.50

第四步，计算确定当期实现的净利润。结转当期的所得税费用后，乐华公司"本年利润"账户的贷方余额为 273 793.50 元（365 058 – 91 264.50），即为该公司 12 月份实现的净利润。

3.6.5 利润分配的核算

1．利润分配的顺序

企业取得净利润后一般按下列顺序进行分配：①按税后利润的 10% 提取法定盈余公积金；②向投资者分配利润。

其中，股份制企业向投资者分配利润时，按下列顺序进行：①支付优先股股利；②提取任意盈余公积金；③支付现金股利。

2．账户设置

为核算企业利润分配（或亏损弥补）及其结果，企业应当设置以下账户。

（1）"利润分配"账户。为核算企业利润的分配（或亏损的弥补）和历年分配（或弥补）后的余额，企业应设置"利润分配"账户。该账户属于所有者权益类账户，其结构如图 3-35 所示。

利润分配

借方	贷方
或期初余额：期初企业累计未弥补亏损	期初余额：期初企业累计未分配利润
发生额：	发生额：
① 由"本年利润"账户转入的本年发生的净亏损	由"本年利润"账户转入的本年实现的净利润
② 提取的盈余公积	
③ 分配给投资者的利润或现金股利	
或期末余额：期末企业累计未弥补亏损	期末余额：期末企业累计未分配利润

图 3-35 "利润分配"账户结构

本账户还应当分别按"提取法定盈余公积"、"应付现金股利或利润"、"未分配利润"等设置明细账，进行明细分类核算。

（2）"盈余公积"账户。为核算企业从净利润中提取的盈余公积，企业应当设置"盈余公积"账户。该账户属于所有者权益类账户，其结构如图 3-36 所示。

盈余公积

借方	贷方
	期初余额：期初企业的盈余公积
发生额：	发生额：
已使用的盈余公积	按规定提取的盈余公积
	期末余额：期末企业的盈余公积

图 3-36 "盈余公积"账户结构

（3）"应付股利"账户。为核算企业向投资者分配的现金股利或利润，企业应当设置"应付股利"账户。该账户属于负债类账户，其结构如图3-37所示。

应付股利

借方	贷方
	期初余额：期初企业应付未付的现金股利或利润
发生额： 实际支付的现金股利或利润	发生额： 根据利润分配方案，企业应支付的现金股利或利润
	期末余额：期末企业应付未付的现金股利或利润

图 3-37 "应付股利"账户结构

本账户可按投资者设置明细账，进行明细分类核算。

3. 账务处理

（1）利润分配的账务处理。企业按规定提取法定盈余公积时，应按提取金额，借记"利润分配——提取法定盈余公积"账户，贷记"盈余公积——法定盈余公积"账户；企业根据利润分配方案向投资者分配现金股利或利润时，应按实际分配的现金股利或利润金额，借记"利润分配——应付现金股利（或利润）"账户，贷记"应付股利"账户。

【例 3-51】乐华公司 2013 年度实现净利润 3 000 000 元，根据董事会通过的利润分配方案，按净利润的 10%提取法定盈余公积 300 000 元（3 000 000×10%），向投资者分配现金股利 1 000 000 元。

业务分析：提取法定盈余公积，将使企业的所有者权益要素项目间产生增减变化。一方面企业提取的法定盈余公积增加了 300 000 元，另一方面企业实现的净利润因提取法定盈余公积而减少了 300 000 元；向投资者分配现金股利，则会引起企业的所有者权益要素和负债要素发生变化。一方面企业应付未付的现金股利增加了 1 000 000 元，另一方面企业实现的净利润因分配现金股利而减少了 1 000 000 元。

操作步骤：

第一步，提取法定盈余公积。企业因提取法定盈余公积而引起的盈余公积的增加，应记入"盈余公积"账户的贷方；同时，企业利润分配额的增加，也就是净利润的减少，应记入"利润分配——提取法定盈余公积"账户的借方。会计分录如下。

借：利润分配——提取法定盈余公积 　　　　　　　　　　300 000
　　贷：盈余公积——法定盈余公积 　　　　　　　　　　　　　　300 000

第二步，向投资者分配现金股利。企业因向投资者分配现金股利而产生的应付未付现金股利的增加，应记入"应付股利"账户的贷方；同时，企业利润分配额的增加，也就是净利润的减少，应记入"利润分配——应付现金股利"账户的借方。会计分录如下。

借：利润分配——应付现金股利　　　　　　　　　　　　　　　　1 000 000

　　贷：应付股利　　　　　　　　　　　　　　　　　　　　　　　　　1 000 000

（2）结转未分配利润的账务处理。年度终了，企业应将当年实现的净利润或亏损，转入"利润分配——未分配利润"账户。结转净利润时，按实际的净利润额，借记"本年利润"账户，贷记"利润分配——未分配利润"账户；结转亏损时，则按实际亏损额，借记"利润分配——未分配利润"账户，贷记"本年利润"账户。年末，企业还需将"利润分配"账户的其他明细账户的余额转入"利润分配——未分配利润"账户。账务处理主要为：借记"利润分配——未分配利润"账户，贷记"利润分配——提取法定盈余公积、应付现金股利或利润"等账户。

【例 3-52】2013 年 12 月 31 日，乐华公司结转本年度实现的净利润和本年度的利润分配。

业务分析：年度终了，企业应将本年度实现的净利润（或亏损）及利润分配其他明细账户的余额转入"利润分配——未分配利润"账户，这是一个会计年度核算工作的终结。该项业务的发生，将引起企业所有者权益要素项目间的增减变化，即一项所有者权益增加的同时，另一项所有者权益减少。

操作步骤：

第一步，将本年度实现的净利润转入"利润分配——未分配利润"账户。会计分录如下。

借：本年利润　　　　　　　　　　　　　　　　　　　　　　　　　3 000 000

　　贷：利润分配——未分配利润　　　　　　　　　　　　　　　　　3 000 000

第二步，将"利润分配"账户的其他明细账户的余额转入"利润分配——未分配利润"账户。会计分录如下。

借：利润分配——未分配利润　　　　　　　　　　　　　　　　　1 300 000

　　贷：利润分配——提取法定盈余公积　　　　　　　　　　　　　　300 000

　　　　　　　　——应付现金股利　　　　　　　　　　　　　　　1 000 000

第二步，登记入账，结出期末累计未分配利润（或未弥补亏损）。假定乐华公司本年度期初"利润分配——未分配利润"账户贷方余额为 1 500 000 元，那么本年度结转未分配利润后，该账户的贷方余额为 3 200 000 元（1 500 000 + 3 000 000 - 1 300 000），为该公司截止 2013 年 12 月 31 日累计未分配利润。

▌**会计名人**▐

　　娄尔行（1915—2000），浙江绍兴人，会计学家、会计理论家、会计教育家，新会计学科体系的主要创始人。1937 年从国立上海商学院毕业，赴美国密歇根大学企业管理研究生院深造，获企业管理硕士学位。学成归国后，先后在国立上海商学院、私立光华大学、国立临时大学、上海社会科学院、复旦大学、上海财经大学任教。曾任中国会计学会副会长、中国审计学会副会长、财政部会计准则中方专家咨询组成员。20 世纪 80 年代初，率先组团与美国学者开展中美比较会计研究，其后又与美国学者合作

出版《中华人民共和国会计与审计》，该书为第一部系统介绍中国会计和审计历史、现状与制度的英文学术著作。娄尔行长期坚守教学和研究岗位，发表论文110余篇，出版专著、教材近30部，为推动中国会计理论的发展做出了重要贡献。

本章小结

会计核算的具体内容包括款项和有价证券的收付，财物的收发、增减和使用，债权、债务的发生和结算，资本的增减，收入、支出、费用、成本的计算，财务成果的计算和处理等。从下图所示的工业企业基本经济活动过程可以看出，会计核算的具体内容涵盖了整个企业经济活动过程，从而实现了对企业经济活动过程的反映和监督。

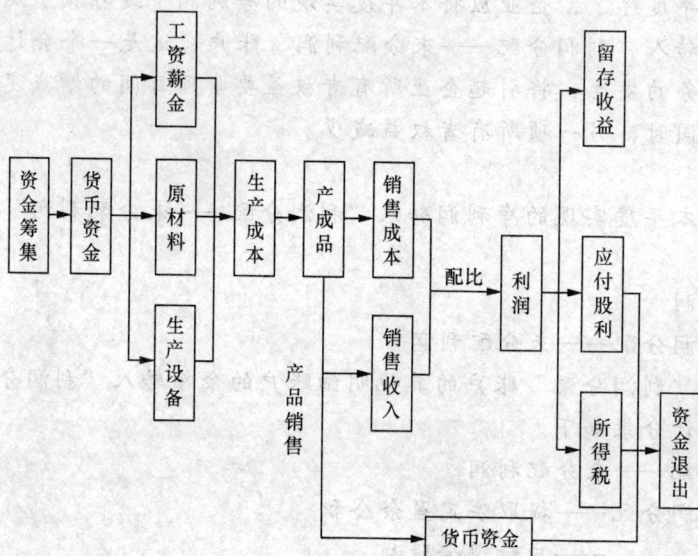

本章以工业企业的经济业务活动为基础，着重阐述账户与借贷记账法在企业主要经济业务事项核算中的应用，体现了会计的基本职能与作用。

思考与练习

一、思考题

（1）查阅资料，试比较不同行业的经济业务有何不同？对会计核算有何影响？并进行讨论与交流。

（2）会计基本假设包括哪些内容？应如何理解？

（3）什么是权责发生制？什么是收付实现制？两者间的区别是什么？企业会计核算为什么要以权责发生制为基础？

（4）会计信息质量要求有哪些？应如何理解？

（5）根据本章举例，请归纳出工业企业成本核算的基本内容与产品成本计算的一般程序。

二、判断题

（1）权责发生制的核心是依据权责关系是否发生来确认收益或费用。　（　　）

（2）可比性要求企业采用的会计核算方法要前后一致，不得随意变更。（　　）

（3）企业外购材料的成本，包括买价、运杂费、增值税等相关税费。　（　　）

（4）企业行政管理部门领用的材料成本，应计入企业的管理费用。　（　　）

（5）购入固定资产时，发生的增值税进项税应计入"应交税费——应交增值税（进项税额）"账户，不计入固定资产成本。　（　　）

（6）原材料按实际采购成本计价入账后，如遇物价变动，入账材料的价值也应随着调整。　（　　）

（7）"应付账款"账户的期末余额借方，反映的是企业的预付账款金额。（　　）

（8）"应收账款"账户和"预收账款"账户均属于资产类账户。　（　　）

（9）在不设"预收账款"账户的企业，发生的少量预收账款业务应在"应收账款"账户中核算。　（　　）

（10）"生产成本"账户期末若有借方余额，表示企业月末在产品成本。（　　）

（11）增值税一般纳税人当期应纳的增值税额，等于当期的销项税额减当期的进项税额。　（　　）

（12）设立企业必须拥有一定数量的资本金，但企业设立后投资人可随时抽回所投资本金。　（　　）

（13）投资人和债权人均有权参与企业利润分配。　（　　）

（14）企业实际缴纳的增值税、消费税和营业税等均应记入"营业税金及附加"账户。　（　　）

（15）"所得税费用"账户的余额期末时应转入"利润分配——未分配利润"账户。　（　　）

（16）生产完工的产品入库结转产品制造成本时，应借记"主营业务成本"科目，贷记"生产成本"科目。　（　　）

（17）收入是企业在日常经营活动中所形成的经济利益总流入，包括商品销售收入、材料销售收入以及营业外收入等。　（　　）

（18）企业的经营成果可能表现为亏损。　（　　）

（19）记账人员把应记入"制造费用"的项目记入了"销售费用"，这一定会造成生产成本的减少。　（　　）

（20）年末结转后，"利润分配——未分配利润"账户的借方余额即企业历年积存的未分配利润。　（　　）

三、单项选择题

（1）会计主体为会计工作规定了（　　）范围。

　　A. 空间　　　　B. 时间　　　　C. 空间与时间　　D. 内容

（2）持续经营为会计工作规定了（　　）范围。

　　A. 空间　　　　B. 时间　　　　C. 空间与时间　　D. 内容

（3）相关性是指企业提供的会计信息应当与（　　）相关。

　　A. 管理者的经营决策　　　　　　B. 政府征税

C．国家宏观经济决策 D．报告使用者的经济决策

（4）应付账款账户期初贷方余额为 30 000 元，本期贷方发生额为 26 300 元，本期借方发生额为 17 900 元，该账户期末余额为（ ）。

    A．贷方 38 400 元 B．借方 27 000 元

    C．贷方 21 600 元 D．贷方 27 000 元

（5）增值税一般纳税人应纳的增值税额，应为（ ）。

    A．增值税进项税额

    B．增值税销项税额

    C．"应交税金——应交增值税"账户的贷方余额

    D．"应交税金——应交增值税"账户的借方余额

（6）某企业 2014 年 6 月 1 日从银行借入 3 个月的短期借款 10 000 000 元，年利率为 12%，7 月 31 日企业对该短期借款计提月利息时，正确的账务处理是（ ）。

    A．借：短期借款 100 000 B．借：财务费用 100 000
        贷：应付利息 100 000   贷：应付利息 100 000

    C．借：财务费用 100 000 D．借：财务费用 120 000
        贷：短期借款 100 000   贷：应付利息 120 000

（7）某企业月初有短期借款 60 万元，本月向银行借入短期借款 20 万元，以银行存款偿还短期借款 40 万元，则月末"短期借款"账户的余额为（ ）元。

    A．借方 40 万 B．贷方 80 万 C．借方 80 万 D．贷方 40 万

（8）某企业某车间月初在产品成本为 3 000 元，本月生产产品耗用材料 80 000 元，生产工人工资及福利费 16 000 元，该车间管理人员工资及福利费 8 000 元，车间水电等费用 8 000 元，月末在产品生产成本 5 800 元。则该车间本月完工产品生产成本总额为（ ）元。

    A．115 000 B．109 200 C．107 200 D．107 600

（9）"营业税金及附加"账户不核算的税金是（ ）。

    A．增值税 B．消费税 C．城建税 D．教育费附加

（10）下列不应计入"生产成本"的费用是（ ）。

    A．生产工人工资 B．制造费用

    C．营业税金及附加 D．直接材料

（11）下列各项支出在工业企业不能作为营业外支出的是（ ）。

    A．希望工程捐款 B．固定资产盘亏损失

    C．材料销售成本 D．罚款

（12）企业在生产经营过程中发生的短期借款利息支出应计入（ ）。

    A．财务费用 B．管理费用

    C．在建工程 D．应付利息

（13）下列账户中，期末一般没有余额的是（ ）。

    A．"生产成本"账户 B．"应交税费"账户

    C．"制造费用"账户 D．"预收账款"账户

（14）期末时，应转入"本年利润"账户借方的是（ ）。

A．"主营业务收入"账户　　　　B．"其他业务成本"账户

C．"营业外收入"账户　　　　　D．"制造费用"账户

四、多项选择题

（1）会计中期包括（　　　）。

A．年度　　　　　B．半年度　　　　C．季度　　　　　D．月度

（2）投资者实际出资额超过其认缴的资本数额部分，应计入（　　　）。

A．"实收资本"账户　　　　　　B．"资本公积"账户

C．"盈余公积"账户　　　　　　D．"营业外收入"账户

（3）外购原材料的采购成本包括（　　　）。

A．买价　　　　　　　　　　　B．入库前的挑选整理费

C．运输途中的合理损耗　　　　D．入库后的挑选整理费

（4）采购费用的分配标准，可以是（　　　）。

A．外购存货的重量　　　　　　B．外购存货的买价

C．外购存货的生产工时　　　　D．外购存货的人工费用

（5）材料发出的核算，可能涉及（　　　）账户。

A．原材料　　　　B．材料采购　　　C．生产成本　　　　D．制造费用

（6）计提固定资产折旧时，借方可能计入的账户是（　　　）。

A．制造费用　　　B．管理费用　　　C．销售费用　　　　D．财务费用

（7）（　　　）属于流动负债构成内容。

A．预付账款　　　B．预收账款　　　C．应付账款　　　　D．应付职工薪酬

（8）下列可以计入"制造费用"的项目有（　　　）。

A．生产工人工资　　　　　　　B．车间管理人员工资

C．管理部门耗用的原材料　　　D．生产设备计提的折旧

（9）应计入产品成本的费用包括（　　　）。

A．生产工人工资　　　　　　　B．销售部门固定资产折旧费

C．车间耗用的水电费　　　　　D．车间固定资产折旧费

（10）"管理费用"包括下列内容（　　　）。

A．厂部固定资产折旧费　　　　B．行政管理部门办公费

C．印花税　　　　　　　　　　D．房产税

（11）下列项目可以作为"营业外收入"的是（　　　）。

A．无法支付的应付款项　　　　B．购买债券取得的利息收入

C．无法查明原因的库存现金长款　D．出售材料取得的收入

（12）属于营业利润构成要素的项目有（　　　）。

A．主营业务收入　　　　　　　B．营业外收入

C．销售费用　　　　　　　　　D．主营业务成本

（13）期末一般无余额的账户是（　　　）。

A．生产成本　　　B．制造费用　　　C．主营业务成本　　D．财务费用

（14）不计入生产成本，应当计入当期损益的费用有（　　　）。

A．支付的广告费　　　　　　　B．计提的管理部门固定资产折旧

  C. 支付的利息费用   D. 支付的车间办公用品费

（15）下列交易或事项中，不确认为收入的是（ ）。

  A. 销售商品收入   B. 企业取得的罚款收入

  C. 出售固定资产利得   D. 销售材料收入

（16）下列费用中，应作为期间费用核算的是（ ）。

  A. 车间机器设备的修理费用   B. 企业行政管理部门设备折旧费用

  C. 工会经费和公司经费   D. 劳动保险费

（17）下列各项中，对企业营业利润产生影响的有（ ）。

  A. 资本公积   B. 营业税金及附加

  C. 营业外收入   D. 投资收益

（18）在结转损益时，下列账户余额应转入"本年利润"账户的是（ ）。

  A. 主营业务收入   B. 营业处收入

  C. 制造费用   D. 其他业务成本

（19）财务费用科目核算的主要内容有（ ）。

  A. 利息支出   B. 汇兑损益

  C. 处置固定资产利得   D. 筹资手续费

（20）年末结转后，"利润分配"账户各明细账中没有余额的是（ ）。

  A. 提取法定盈余公积   B. 提取任意盈余公积

  C. 应付普通股股利   D. 未分配利润

五、业务题

习题一

1. 目的

练习筹资业务的核算。

2. 资料

大雨润公司 2014 年 3 月份发生如下经济业务。

（1）5 日，收到国家投入的货币资金 1 000 000 元，存入银行。

（2）5 日，A 公司以机器设备一台作为对公司的投资，双方协商作价 180 000 元。

（3）8 日，B 公司以专利一项对公司投资，该专利的公允价值为 150 000 元。

（4）10 日，向银行取得为期 3 个月的借款 120 000 元，款项已转存银行。

（5）15 日，向银行取得为期 2 年的借款 250 000 元，款项已转存银行。

（6）20 日，以银行存款 3 200 元支付短期借款利息。

（7）25 日，以银行存款归还到期的短期借款 200 000 元。

（8）30 日，根据公司董事会批准的上年度的利润分配方案，以银行存款向投资者支付现金股利 3 500 000 元。

3. 要求

根据上述资料编制会计分录。

习题二

1. 目的

练习材料采购成本的计算。

2. 资料

永胜公司 2014 年 6 月份发生有关材料采购业务如下。

（1）1 日，购入 A、B 两种材料，价款 150 000 元，增值税专用发票上注明的税款为 25 500 元。货款已付，材料未到。明细资料如下。

品　　种	体　　积	重　　量	买　　价
A 材料	100 立方米	2 000 千克	60 000 元
B 材料	200 立方米	6 000 千克	90 000 元

（2）10 日，以银行存款支付 A、B 材料的运杂费 3 000 元，按材料的体积比例分配该项采购费用。

（3）25 日，上述材料验收入库，按实际采购成本入账。

3. 要求

编制材料采购成本计算表并作出相关会计分录。材料采购成本计算表如下。

A、B 材料采购成本计算表

年　　月　　日　　　　　　　　　　　　　　　　单位：元

品　　种	分配标准	分配率	采购费用分配额	买　　价	总成本	单位成本
A 材料						
B 材料						
合　　计						

习题三

1. 目的

练习原材料收发业务的核算。

2. 资料

长城公司 2014 年 3 月份发生有关原材料的收入、发出业务资料如下。

（1）购入甲材料 2 000 千克，单价 10 元/千克，计买价 20 000 元，增值税进项税额 3 400 元，运杂费 500 元。货款以银行存款支付，材料尚未收到。

（2）购入乙材料 1 500 千克，单价 12 元/千克，计买价 18 000 元，增值税进项税额 3 060 元，公司开出承兑商业汇票一张，材料尚未验收入库。

（3）收到以上购入的甲、乙两种材料，并如数验收入库，结转该批材料的采购成本。

（4）以银行存款预付丙种材料的货款 30 000 元。

（5）收到购入的丙种材料 3 000 千克，单价 15 元/千克，计价款 45 000 元，增值税进项税额 7 650 元。当即以银行存款补付不足货款，材料验收入库。

（6）生产车间领用甲材料一批，成本 4 500 元，其中，直接用于 A 产品生产的 4 000

元，生产车间一般耗用 500 元。

（7）行政管理部门领用乙材料一批，成本 3 000 元。

3. 要求

根据上述资料编制会计分录。

习题四

1. 目的

练习直接人工成本的分配。

2. 资料

星辉公司生产甲、乙两种产品，2014 年 4 月份共发生应付生产工人工资 60 000 元。有关甲、乙两种产品的统计资料如下。

（1）本月甲、乙两种产品的产量分别为 2 000 千克和 4 000 千克。

（2）本月甲、乙两种产品的实际生产工时分别为 2 000 工时和 3 000 工时。

3. 要求

（1）按产品产量的比例分配生产工人工资并编制会计分录。

（2）按产品实际生产工时的比例分配生产工人工资并编制会计分录。

习题五

1. 目的

练习制造费用的归集与分配。

2. 资料

国元公司 2014 年 4 月份发生的制造费用如下。

（1）以银行存款支付生产部门水电费 2 000 元。

（2）计提本月生产部门固定资产折旧费 8 000 元。

（3）计提本月应付生产部门管理人员工资 3 200 元。

（4）以现金支付生产车间的办公费用 1 000 元。

（5）车间管理人员出差归来报销差旅费 800 元。

（6）按产品生产工时比例分配制造费用。甲、乙、丙 3 种产品本月生产工时分别为 1 000 工时、2 000 工时和 3 000 工时。

3. 要求

编制制造费用分配表并根据上述经济业务编制会计分录。制造费用分配表如下。

制造费用分配表

年　　月　　　　　　　　　　　　　　　　　单位：元

受益对象	工时总额	分配率	金　额
甲产品			
乙产品			
丙产品			
合　计			

习题六

1．目的

练习销售业务的核算。

2．资料

胜达公司 2014 年 4 月份与销售有关的业务如下。

（1）销售 A 产品 3 000 件，每件售价 200 元，适用的增值税率为 17%。

（2）销售 B 产品 1 000 件，每件售价 350 元，适用的增值税率为 17%。

（3）以银行存款支付产品广告费 3 500 元。

（4）结转已销产品的生产成本：A 产品单位生产成本为每件 120 元，B 产品单位成本为每件 210 元。

（5）结转"本年利润"账户。

3．要求

根据上述资料编制相应的会计分录。

习题七

1．目的

练习费用的核算。

2．资料

丰达公司 2014 年 5 月份发生如下经济业务。

（1）以银行存款支付：银行短期借款利息 5 000 元；咨询费用 1 000 元；产品展览费用 4 000 元；办公用品 150 元；诉讼费用 1 200 元；业务招待费用 2 400 元；销售产品运输费用 1 500 元。

（2）分配职工工资 50 000 元，其中，生产 A 产品工人工资 30 000 元；生产 B 产品工人工资 20 000 元；车间管理人员工资 10 000 元；公司管理人员工资 8 000 元，同时按上述工资总额的 5% 的比例提取职工福利费，24% 计提社会保险费。

3．要求

根据上述资料编制相应的会计分录。

习题八

1．目的

练习利润形成及利润分配的核算。

2．资料

嘉华公司 2013 年年初未分配利润为 3 000 000 元，盈余公积为 2 000 000 元，本年 1 月到 11 月"本年利润"账户贷方发生额为 9 900 000 元，12 月份损益类结转前金额如下表所示。

科目名称	借或贷	结账前金额
主营业务收入	贷	6 000 000
其他业务收入	贷	700 000
投资收益	贷	600 000
营业外收入	贷	50 000
主营业务成本	借	4 000 000
其他业务成本	借	400 000
营业税金及附加	借	80 000
销售费用	借	500 000
管理费用	借	770 000
财务费用	借	200 000
营业外支出	借	250 000

3．要求

（1）计算并结转本年利润总额。

（2）按利润总额的25%计算企业应交的企业所得税，并编制相应的会计分录。

（3）按净利润的10%计提盈余公积。

（4）按净利润的15%向投资者分配现金股利。

（5）年末结转企业的未分配利润。

习题九

1．目的

综合练习。

2．资料

北方公司2013年12月发生有关经济业务如下。

（1）向银行借入3个月后偿还的借款50 000元，存入银行。

（2）采购材料一批，买价为300 000元，应付增值税为51 000元，货款未付；同时以银行存款支付上述材料的搬运费2 500元。

（3）上述材料已验收入库，结转材料采购成本。

（4）领用材料一批，其中，生产A产品耗用200 000元，生产B产品耗用100 000元，厂部管理部门耗用40 000元。

（5）结转本月应付工资，其中，生产A产品工人工资240 000元，生产B产品工人工资150 000元，车间管理部门人员工资50 000元，厂部管理人员工资60 000元。

（6）按工资比例的10%计提职工福利费。

（7）以银行存款支付车间管理部门水电费32 000元；支付厂部管理部门的零星支出4 000元。

（8）计提固定资产折旧，应由生产车间负担的折旧费为36 000元，应由行政管理部门负担的折旧费为12 000元。

（9）采购员张伟出差，预借差旅费 1 000 元。

（10）月末以银行存款支付四季度应付的利息 24 000 元，10 月、11 月已预提银行借款利息 16 000 元。

（11）结转制造费用，按生产工人工时比例分配，其中，A 产品耗费工时 3 000 小时，B 产品耗费工时 2 000 小时。

（12）期末，投入的产品全部完工，结转完工产品成本。

（13）销售产品一批，货款 5 000 000 元，增值税 850 000 元均未收到，同时以银行存款垫付销售产品的包装费及搬运费 10 000 元。

（14）结转已销售产品成本 900 000 元。

（15）以银行存款支付产品广告费 80 000 元。

（16）向希望工程捐款 10 000 元。

（17）按销售收入的 10%计算应交消费税。

（18）根据上述资料结转本期损益类账户。

（19）按实现利润总额的 25%计算并结转应交所得税，同时结转企业本期实现的净利润。

（20）按净利润额的 10%计算应提的盈余公积金，并结转未分配利润。

3．要求

（1）根据上述经济业务编制会计分录。

（2）开设"生产成本"、"制造费用"的"T 形"账户，并根据编制的会计分录进行登记（假定 A、B 产品期初均无未完工产品）。

第 4 章

填制和审核会计凭证

学习目标

- 掌握会计凭证的概念和种类，了解填制、审核会计凭证的重要意义
- 掌握会计凭证的填制、审核、传递的基本要求和方法
- 学会正确使用会计凭证

导入案例

何教授是某大学生命科学系的著名教授，是魔芋种植研究领域的专家。一天，何教授来到财务处报销相关的科研费用。主办会计张军在审核单据时，发现3张收条，系在山区进行魔芋种植实验期间支付给当地农民的住宿费、农具租用费和伙食费等。张军抽出这3张收条递给何教授说："收条不能作为报销凭证。"何教授一听，很生气，反问道："为什么不能？这又不是伪造的！"坚持要报销，还严厉地批评了张军。张军无奈，只好照办。

张军的处理恰当吗？如果你遇到类似情况该如何处理？请大家发表自己的见解。

4.1　会计凭证的概念和种类

4.1.1　会计凭证的概念

1．会计凭证的含义

会计凭证，简称凭证，是记录经济业务、明确经济责任的书面证明，也是登记账簿的依据。

会计管理工作要求会计核算提供真实的会计资料，强调记录的经济业务必须有根有据。因此，任何企业、事业和行政单位，每发生一笔经济业务，都必须由执行或完成该项经济业务的有关人员取得或填制会计凭证，并在凭证上签名或盖章，以对凭证上所记载的内容负责。例如，购买商品、材料由供货方开出发票；支出款项由收款方开出收据；接收商品、材料入库要有收货单；发出商品要有发货单；发出材料要有领料单等。这些发票、收据、收货单、发货单、领料单都是会计凭证。

所有会计凭证都必须认真填制，同时还得经过财会部门严格审核，只有审核无误的会计凭证才能作为经济业务发生或完成的证明，才能作为登记账簿的依据。

2．会计凭证的作用

填制和审核会计凭证是会计核算方法之一，也是会计核算工作的基础。填制和审核会计凭证在经济管理中具有重要作用，具体表现在以下几个方面。

（1）会计凭证是提供原始资料、传导经济信息的工具。会计信息是经济信息的重要组成部分，它一般是通过数据，以凭证、账簿、报表等形式反映出来。随着生产的发展，及时准确的会计信息在企业管理中的作用越来越重要。任何一项经济业务的发生，都要编制或取得会计凭证。会计凭证是记录经济活动的最原始资料，是经济信息的载体。通过会计凭证的加工、整理和传递，可以直接取得和传递经济信息，既协调了会计主体内部各部门、各单位之间的经济活动，保证生产经营各个环节的正常运转，又为会计分析和会计检查提供了基础资料。

（2）会计凭证是登记账簿的依据。任何单位，每发生一项经济业务，如现金的收付、商品的收发，以及往来款项的结算等，都必须通过填制会计凭证，来如实记录经济业务的内容、数量和金额，然后经过审核无误，才能登记入账。如果没有合法的凭证作依据，任何经济任务都不能登记到账簿中去。因此，做好会计凭证的填制和审核工作，是保证会计账簿资料真实性、正确性的重要条件。

（3）会计凭证是加强经济责任制的手段。由于会计凭证记录了每项经济业务的内容，并要由有关部门和经办人员签章，这就要求有关部门和有关人员对经济活动的真实性、正确性、合法性负责。这样，无疑会增强有关部门和有关人员的责任感，促使他们严格按照有关政策、法令、制度、计划或预算办事。如有发生违法乱纪或经济纠纷事件，也可借助于会计凭证确定各经办部门和人员所负的经济责任，并据以进行正确的裁决和处理，从而加强经营管理的岗位责任制。

（4）会计凭证是实行会计监督的条件。通过会计凭证的审核，可以查明各项经济业务是否符合法规、制度的规定，有无舞弊行为，从而发挥会计的监督作用，保护会计主体所拥有资产的安全完整，维护投资者、债权人和有关各方的合法权益。

4.1.2 会计凭证的种类

经济业务的纷繁复杂决定了会计凭证是多种多样的。为了正确地使用和填制会计凭证，必须对会计凭证进行分类。会计凭证按照编制的程序和用途不同，分为原始凭证和记账凭证。

1. 原始凭证

原始凭证也称单据，是在经济业务发生或完成时由相关人员取得或填制的，用以记录或证明经济业务发生或完成情况并明确有关经济责任的一种原始凭据。任何经济业务发生都必须填制或取得原始凭证，原始凭证是会计核算的原始依据。

2. 记账凭证

记账凭证是会计人员根据审核无误的原始凭证进行归类、整理，记载经济业务内容，确定会计分录的会计凭证。记账凭证是登记会计账簿的直接依据。

原始凭证和记账凭证都是会计凭证，但两者有所不同。

原始凭证记录的是经济信息，它是编制记账凭证的依据，是会计核算的基础。原始凭证由经济交易与事项的经办人员填制或取得，内容与格式各异，种类繁多，对应关系也不直观，如果直接根据原始凭证记账，容易发生差错，也不便于查账。因此，应先根据原始凭证或汇总原始凭证编制记账凭证，在记账凭证摘要中说明经济业务的内容，确定应借、应贷的会计科目名称及金额，并将原始凭证作为附件，然后根据记账凭证登记账簿。这样可以减少记账错误，便于核对和查账，保障记账工作的质量。

记账凭证记录的是会计信息，它是会计核算的起点。记账凭证由企业会计人员根据所取得的原始凭证填制，将原始凭证中的一般数据转化为会计语言，是介于原始凭证与账簿之间的中间环节，是登记明细分类账户和总分类账户的依据。

4.2　原始凭证填制与审核

4.2.1 原始凭证的种类

原始凭证是证明经济业务发生的原始依据，具有较强的法律效力，是一种很重要的会计凭证，如销货发票、银行结算凭证、借款单、差旅费报销单、收料单和领料单等。纷繁复杂的经济业务导致原始凭证的品种繁多，为了更好地认识和利用原始凭证，必须按照一定标准对原始凭证进行分类。原始凭证按照不同的分类标准，可以划分为不同的种类。

1. 原始凭证按其来源不同，可以分为外来原始凭证和自制原始凭证

（1）外来原始凭证。外来原始凭证是在经济业务活动发生或完成时，从其他单位或个人直接取得的原始凭证，如增值税专用发票、普通发票、出差取得的飞机票、车船票、住宿发票等。

外来原始凭证的样式如表4-1所示。

表 4-1　　　　　　　　　　　　增值税专用发票

安徽省增值税专用发票

3400072620　　　　　　此联不作报销、扣税凭证使用　　　开票日期：　年　月　日　　　№00834987

购货单位	名　　称：				密码区	
	纳税人识别号：					
	地址 、电话：					
	开户行及账号：					

货物或应税劳务名称	规格型号	单位	数量	单价	金　额	税率	税　额
合　计							

价税合计（大写）		（小写）

销货单位	名　　称：		备注
	纳税人识别号：		
	地址 、电话：		
	开户行及账号：		

收款人：　　　　　复核：　　　　开票人：　　　　销货单位：（章）

第三联　记账联　销货方记账凭证

> ▌知识链接 ▌
>
> 　　发票是指在购销商品、提供或者接受服务以及从事其他经营活动中，开具、收取的收付款凭证。它是确定经济收支行为发生的法定凭证，是会计核算的原始依据。
> 　　发票包括普通发票、增值税专用发票和专业发票 3 种。其中，普通发票是最常见的一种发票，它的适用面最广，各种经济类型的纳税人都可以使用；增值税专用发票是专供增值税一般纳税人销售货物或提供应税劳务时使用的一种特殊发票；专业发票是指由国有金融、邮电、铁路、民用航空、公路和水上运输等单位开具的专业性很强的发票。
> 　　发票的基本联次包括存根联、发票联和记账联。存根联由收款方或开票方留存备查；发票联由付款方或受票方作为付款原始凭证；记账联由收款方或开票方作为记账原始凭证。
> 　　发票的式样由税务机关确定，在全国范围内统一式样的发票，由国家税务总局确定，在省、自治区、直辖市范围内统一式样的发票，由省、自治区、直辖市国家税务局和地方税务局确定。

　　（2）自制原始凭证。自制原始凭证是指本单位内部具体经办业务的部门和人员，在执行或完成各项经济业务时所填制的原始凭证，如"收料单"、"领料单"、"销货发票"、"产品入库单"、"工资结算表"等。

　　自制原始凭证的样式如表 4-2 所示。

表 4-2　　　　　　　　　　　　　　　领料单

领料部门　　　　　　　　　　　　　　　　　　　　　　　　　　　凭证编号

领料用途　　　　　　　　　　　　　年　月　日　　　　　　　　收料仓库

材料编号	材料名称及规格	计量单位	数　量		单价	金额
			请领	实领		
备　注					合计	

审批人　　　　　　　　　　　　　　领料人　　　　　　　　　　　记账

2. 原始凭证按其填制方法不同，可以分为一次凭证、累计凭证和汇总凭证

（1）一次凭证。一次凭证是指一次填制完成的原始凭证。它反映一笔经济业务或同时反映若干同类经济业务的内容。外来原始凭证一般均属一次凭证，自制原始凭证中大多数也是一次凭证。日常的原始凭证多属此类，如"收据"、"发货票"、"收料单"等。一次凭证能够清晰地反映经济业务活动情况，使用方便灵活，但数量较多。

一次凭证的样式如表 4-3 所示。

表 4-3　　　　　　　　　　　　　　　借款单

资金性质_____　　　　　　　　　　　年　月　日

借款部门：		
借款理由：		
借款金额：人民币（大写）		¥_____
本部门负责人意见		借款人（签章）
领导批示：	会计主管核批：	付款记录： 　年　月　日以第　号 支票或现金支出凭单付给

（2）累计凭证。累计凭证是指在一张凭证上连续登记一定时期内不断重复发生的若干同类经济业务，直到期末才能填制完毕的原始凭证。累计凭证可以连续登记相同性质的经济业务，随时计算出累计数及结余数，期末按实际发生额记账。累计凭证是多次使用的原始凭证，且一般为自制原始凭证。如"费用限额卡"、"限额领料单"等，以工业企业的"限额领料单"最为典型。

累计凭证的样式如表 4-4 所示。

（3）汇总凭证。汇总凭证也叫原始凭证汇总表，是根据许多同类经济业务的原始凭证或会计核算资料定期加以汇总而重新编制的原始凭证。这种凭证的作用主要是把许多同类性质的经济业务汇总后一次记账，以简化会计工作。汇总凭证既可以提供总量指标，又可以简化核算手续。但汇总原始凭证所汇总的内容，只能是同类经济业务，不能汇总两类或两类以上的经济业务。它也是一种自制的原始凭证，如"收料凭证汇总表"、"发出材料汇总表"、"工资结算汇总表"、"差旅费报销单"、"销售日报"等。

汇总凭证的样式如表 4-5 所示。

表 4-4 限额领料单

领料部门　　　　　　　　　　　　　　　　　　　　　　　　　　领料编号

领料用途　　　　　　　　　　　　　年　月　日　　　　　　　　发料仓库

材料类别	材料编号	材料名称及规格	计量单位	领用限额	实际领用	单价	金额	备注

供应部门负责人：　　　　　　　　　　　　　　生产计划部门负责人：

日　期	领　用				退　料			限额结余
	请领数量	实发数量	发料人签章	领料人签章	退料数量	退料人签章	收料人签章	

表 4-5 发出材料汇总表

年　月　日

会计科目	领料部门	领　用　材　料			
		原材料	燃料	周转材料	合　计
生产成本	一车间				
	二车间				
	小　计				
	供电车间				
	供气车间				
	小　计				
制造费用	一车间				
	二车间				
	小　计				
管理费用	行政部门				
合　计					

会计主管　　　　　　　　　　　复核　　　　　　　　　　制表

　　值得注意的是，有些凭证单据不是原始凭证，由于它们不能证明经济业务已经发生或完成的情况，不能作为编制记账凭证和登记账簿的依据，如用工计划表、经济合同、银行余额调节表、派工单等。

　　3．原始凭证按其格式不同，可以分为通用凭证和专用凭证

　　（1）通用凭证。通用凭证是指由有关部门统一印制、在一定范围内使用的具有统一格式和使用方法的原始凭证。通用凭证的使用范围，因制作部门不同而异，可以是某一地区、某一行业，也可以是全国通用，如银行统一印制的银行汇票、转账支票和现金支票等，由铁路部门统一印制的火车票，由税务部门统一印制的发票，财政部门统一印制的收款收据等。这样，不但可以使原始凭证的内容格式统一、规范，便于加强监督管理，而且也可以节省各会计主体的印刷费用。

（2）专用凭证。专用凭证是指由单位自行印制、仅在本单位内部使用的原始凭证。如领料单、差旅费报销单、折旧计算表、借款单、工薪费用分配表等。

以上是按不同的标志对原始凭证进行的分类。它们之间是相互依存密切联系的，有些原始凭证按照不同的分类标准分别属于不同的种类。如现金收据对出具收据的单位来说是自制原始凭证；而对接收收据的单位来说则是外来原始凭证；同时，它既是一次凭证，也是专用凭证。外来的凭证大多为一次凭证，累计凭证、汇总凭证大多为自制原始凭证。

4.2.2　原始凭证的基本内容

各种原始凭证，尽管名称和格式不同，但都具备一些共同的基本内容。这些基本内容就是每一张原始凭证所具备的要素，具体包括如下方面。

（1）原始凭证的名称。

（2）填制原始凭证的日期和凭证编号。

（3）接受凭证的单位名称。

（4）经济业务内容，如品名、数量、单价、金额大小写。

（5）填制原始凭证的单位名称和填制人姓名。

（6）经办人员的签名或盖章。

（7）附件。

有些原始凭证，不仅要满足会计工作的需要，还应满足其他管理工作的需要。因此，在有些凭证上，除具备上述内容外，还应具备其他一些项目，如与业务有关的经济合同编号、结算方式、费用预算等，以更加完整、清晰地反映经济业务，便于一证多用，充分发挥其作用。

4.2.3　原始凭证的填制

填制原始凭证，要由填制人员将各项原始凭证要素按规定方法填写齐全，办妥签章手续，明确经济责任。

由于各种凭证的内容和格式千差万别，因此，原始凭证的具体填制方法也不同。一般来说，自制原始凭证通常有 3 种形式：一是根据经济业务的执行和完成的实际情况直接填列。如根据实际领用的材料品名和数量填制领料单等。二是根据账簿记录对某项经济业务进行加工整理填列。如月末计算产品成本时，先要根据"制造费用"账户本月借方发生额填制"制造费用分配表"，将本月发生的制造费用按照一定的分配标准分配到有关产品成本中去。三是根据若干张反映同类业务的原始凭证定期汇总填列。如发出材料汇总表、销售日报等。外来原始凭证是由其他单位或个人填制的。它同自制原始凭证一样，也要具备能证明经济业务完成情况和明确经济责任所必需的内容。

原始凭证是具有法律效力的证明文件，是进行会计核算的依据，必须认真填制。为了保证原始凭证能清晰地反映各项经济业务的真实情况，原始凭证的填制必须符合以下要求。

（1）记录要真实。原始凭证上填制的日期、经济业务内容和数字必须是经济业务发生或完成的实际情况，不得弄虚作假，不得以匡算数或估计数填入，不得涂改、挖补。

（2）内容要完整。原始凭证中应该填写的项目要逐项填写，不可缺漏；名称要写全，不要简化；品名和用途要填写明确，不能含糊不清；有关部门和人员的签名和盖章必须齐全。

（3）手续要完备。单位自制的原始凭证必须有经办业务的部门和人员签名盖章；对外开出的凭证必须加盖本单位的公章或财务专用章；从外部取得的原始凭证必须有填制单位公章或财务专用章。总之，取得的原始凭证必须符合手续完备的要求，以明确经济责任，确保凭证的合法性、真实性。

（4）填制要及时。在经济业务实际发生或完成时，必须及时填写原始凭证，做到不拖延、不积压，不事后补填，并按规定的程序审核。

（5）编号要连续。原始凭证要顺序连续或分类编号，在填制时要按照编号的顺序使用，跳号的凭证要加盖"作废"戳记，连同存根一起保管，不得撕毁。

（6）书写要规范。原始凭证中的文字、数字的书写都要清晰、工整、规范，做到字迹端正、易于辨认，大小写金额要一致。复写的凭证要做到不串行、不串格、不模糊。一式几联的原始凭证，应当注明各联的用途。数字和货币符号的书写还要符合下列要求。

第一，数字要一个一个地写，不得连笔写。特别是在连写几个"0"时，也一定要单个地写，不能将几个"0"连在一起一笔写完。数字排列要整齐，数字之间的空格要均匀，不宜过大。此外，阿拉伯数字的书写还应有高度的标准，一般要求数字的高度占凭证横格的 1/2 为宜。书写时还要注意紧靠横格底线，使上方能有一定的空位，以便需要进行更正时可以再次书写。

第二，阿拉伯数字前面应该书写和币种符号。币种符号（如人民币符号"￥"等）与阿拉伯数字之间不得留有空白。凡是用阿拉伯数字填写的金额数字前写有货币币种符号的，数字后面不再写货币单位。所有以元为单位（其他货币种类为货币基本单位，下同）的阿拉伯数字，除表示单价等情况外，一律填写到角分；无角分的，角位和分位写"00"或者符号"—"；有角无分的，分位应当写"0"，不得用符号"—"代替。在发货票等须填写大写金额数字的原始凭证上，如果大写金额数字前未印有货币名称，应当加填货币名称（如"人民币"等），然后在其后紧接着填写大写金额数字，货币名称和金额数字之间不得留有空白。

第三，汉字填写金额如零、壹、贰、叁、肆、伍、陆、柒、捌、玖、拾、佰、仟、万、亿等，应一律用正楷或行书体填写，不得用〇、一、二、三、四、五、六、七、八、九、十等简化字代替。大写金额数字到元或角为止的，在"元"或"角"之后应当写"整"或"正"字。阿拉伯金额数字之间有"0"时，汉字大写金额应写"零"字；阿拉伯金额数字中间连续有几个"0"时，大写金额中可以只有一个"零"；阿拉伯金额数字元位为"0"或者数字中间连续有几个"0"，元位也是"0"，但角位不是"0"时，汉字大写金额可以只写一个"零"字，也可以不写"零"字。

（7）不得涂改、刮擦、挖补。原始凭证有错误的，应当由出具单位重开或更正，更正处应加盖出具单位印章。原始凭证金额有错误的，应当由出具单位重开，不得在原始凭证上更正。

4.2.4 原始凭证的审核

1．原始凭证的审核

任何原始凭证都必须经过严格的审核后，才能作为记账的依据，这是保证会计核算真实、正确的基础。根据国家统一会计制度规定，审核原始凭证主要从以下几方面着手。

（1）真实性审核，包括审核原始凭证本身是否真实以及原始凭证反映的经济业务事项是否真实两方面，即确定原始凭证是否虚假、是否存在伪造或者涂改等情况；核实原始凭证所反映的经济业务是否发生过，是否反映了经济业务事项的本来面目等。

（2）合法性审核，即审核原始凭证所反映的经济业务事项是否符合国家有关法律、法规、政策和国家统一会计制度的规定，是否符合有关审批权限和手续的规定，以及是否符合单位的有关规章制度，有无违法乱纪、弄虚作假等现象。

（3）完整性审核，即根据原始凭证所反映基本内容的要求，审核原始凭证的内容是否完整，手续是否齐备，应填项目是否齐全，填写方法、填写形式是否正确，有关签章是否具备等。

（4）正确性审核，即审核原始凭证的摘要和数字是否填写清楚、正确，数量、单价、金额的计算有无错误，大小写金额是否相符。

2．原始凭证审核后的处理

原始凭证经会计机构、会计人员审核后，对于核对无误的，可以作为编制记账凭证的依据。对于审核中发现的问题，采取以下方法进行处理。

（1）对于不真实、不合法的原始凭证有权不予接受，并应当报告单位负责人，要求查明原因，作出处理。

（2）对于记载不准确、不完整的原始凭证予以退回，并要求有关经济业务事项的经办人员按国家统一会计制度的规定更正、补充，待内容补充完整、手续完备后，再予以办理。

经审核无误的原始凭证，才可据以编制记账凭证和登记账簿。原始凭证的审核是一项十分严肃、重要的工作，会计人员必须熟悉国家有关法规和制度以及本单位的有关规定，这样，才能掌握审核和判断是非的标准，确定经济业务是否合理、合法，从而做好原始凭证的审核工作，实现正确有效的会计监督。

4.3 记账凭证填制与审核

4.3.1 记账凭证的种类

记账凭证，又称记账凭单，是会计人员根据审核无误的原始凭证，按照经济业务事项的内容加以归类，并据以确定会计分录后所填制的会计凭证。它是登记账簿的直接依据。

由于原始凭证种类繁多、内容不同，而且大小不一，直接根据原始凭证记账容易发生差错，所以，会计人员在登记账簿之前，要按照原始凭证反映的经济内容进行归类和整理，编制记账凭证。在记账凭证中，必须体现会计科目的名称、借贷方向、记账金额等会计分录的基本内容。然后再依据记账凭证登记账簿，将原始凭证作为记账凭证的附件附在记账凭证之后，以便于日后核对和查账。记账凭证具有分类归纳原始凭证和满足登记会计账簿的作用。在我国，会计记录具体程序的第一个步骤就是根据原始凭证编制记账凭证。

记账凭证有多种，通常可以按其反映经济业务的内容分类、按凭证的填制方式进行分类。

1. 记账凭证按其反映经济业务的内容不同，可以分为收款凭证、付款凭证和转账凭证

（1）收款凭证是指用于记录现金和银行存款收款业务的会计凭证。它是根据库存现金收入业务和银行存款收入业务的原始凭证填制的，据以作为登记现金和银行存款等有关账户（账簿）的依据。

收款凭证又可以分为现金收款凭证与银行存款收款凭证。现金收款凭证是根据现金收入业务的原始凭证编制的收款凭证，如以现金结算的发票记账联等；银行存款收款凭证是根据银行存款收入业务的原始凭证编制的收款凭证，如银行进账通知单等。

收款凭证的样式如表 4-6 所示。

表 4-6   收款凭证

借方科目：   年　月　日   ___字第___号

摘　要	贷方科目		金　额									√	
	总账科目	明细科目	千	百	十	万	千	百	十	元	角	分	
														附件
													张
合　计													

会计主管：   记账：   复核：   出纳：   制证：

（2）付款凭证是指用于记录现金和银行存款付款业务的会计凭证。它是根据库存现金和银行存款付出业务的原始凭证填制的，既是出纳付款的依据，也是企业据以登记现金、银行存款日记账和其他有关账户（账簿）的依据。

付款凭证又可分为现金付款凭证和银行存款付款凭证。现金付款凭证是根据现金付出业务的原始凭证编制的付款凭证，如以现金结算的发票联等；银行存款付款凭证是根据银行存款付出业务的原始凭证编制的付款凭证，如现金支票、转账支票存根等。

付款凭证的样式如表 4-7 所示。

表 4-7 付款凭证

贷方科目： 　　年　月　日 　　　字第　　号

摘　　要	借方科目		金　额										✓	
	总账科目	明细科目	千	百	十	万	千	百	十	元	角	分		
														附
														件
														张
合　　计														

会计主管：　　　　记账：　　　　　复核：　　　　　出纳：　　　　　制证：

（3）转账凭证是指用于记录不涉及现金和银行存款业务的会计凭证。它是根据有关转账业务（即在经济业务发生时，不需要收付现金或银行存款的业务）的原始凭证填制的，如企业内部的领料单、出库单等，计提固定资产折旧、期末结转成本等也是转账业务事项。

转账凭证的样式如表 4-8 所示。

表 4-8 转账凭证

　　年　月　日 　　　字第　　号

摘　　要	总账科目	明细科目	借　　方										贷　　方										✓	
			千	百	十	万	千	百	十	元	角	分	千	百	十	万	千	百	十	元	角	分		
																								附
																								件
																								张
合　　计																								

会计主管：　　　　记账：　　　　　复核：　　　　　出纳：　　　　　制证：

收款凭证、付款凭证和转账凭证分别用以记录货币资金收入、货币资金支出和转账业务，为了便于识别，各种记账凭证一般印制成不同颜色。

将记账凭证划分为收款凭证、付款凭证和转账凭证 3 种，为记账工作带来了方便，但工作量却较大。对于经济业务较简单、规模较小、收付业务较少的单位，为了简化核算，还可以采用通用记账凭证来记录所有经济业务。通用记账凭证是指对全部业务不再区分收款、付款及转账业务，而将所有经济业务统一编号，在同一格式的凭证中进行记录。通用记账凭证的格式与转账凭证基本相同。

2．记账凭证按其填列方式，可以分为复式凭证和单式凭证

（1）复式凭证是指将每一笔经济业务事项所涉及的全部会计科目及其发生额均在同一张记账凭证中反映的一种凭证。如前面列举的收款凭证、付款凭证和转账凭证都是复式记账凭证。复式记账凭证可以集中反映账户的对应关系，便于了解经济业务的全貌，而且减少了凭证数量，实际工作中广泛使用复式凭证。但采用复式凭证不便于同时汇总计算每一账户的发生额，也不利于会计人员分工记账。

（2）单式凭证是指每一张记账凭证只填列经济业务事项所涉及的一个会计科目及其金额的记账凭证。填列借方科目的称为借项记账凭证，填列贷方科目的称为贷项记账凭证。它将一项经济业务事项所涉及的会计科目及其对应关系，通过借项记账凭证、贷项记账凭证分别予以反映。单式凭证便于汇总计算每一会计科目的发生额和分工记账，方便了记账凭证汇总表的编制。但是采用单式凭证不能在一张凭证上反映对应关系和经济业务的全貌，也不便于查账，一般适用于业务量较大，会计部门内部分工较细的单位，如商业银行。

单式凭证的一般格式如表 4-9 和表 4-10 所示。

表 4-9　　　　　　　　　　　　借项记账凭证

对应科目　　　　　　　　　　　　年　　月　　日　　　　　　　　凭证编号

摘　　要	一级科目	明细科目	金　　额	账　页
合　　计				

会计主管　　　　　　　记账　　　　　　　　复核　　　　　　　制单

表 4-10　　　　　　　　　　　　贷项记账凭证

对应科目　　　　　　　　　　　　年　　月　　日　　　　　　　　凭证编号

摘　　要	一级科目	明细科目	金　　额	账　页
合　　计				

会计主管　　　　　　　记账　　　　　　　　复核　　　　　　　制单

4.3.2　记账凭证的基本内容

记账凭证是登记账簿的直接依据。记账凭证的种类、格式虽然存在差异，但它的主要作用是相同的，即以原始凭证进行归类、整理，确定会计分录，据以登记账簿。因此，记账凭证必须具备以下基本内容。

（1）记账凭证的名称。

（2）填制凭证的日期、凭证编号。

（3）经济业务的内容摘要。

（4）经济业务应记入账户的名称、记账方向和金额。

（5）所附原始凭证的张数和其他附件资料。

（6）会计主管、记账、复核、出纳、制单等有关人员签名或盖章。

4.3.3 记账凭证的填制

1. 记账凭证填制的基本要求

填制记账凭证是一项重要的会计工作，为了便于登记账簿，保证账簿记录的正确性，填制记账凭证应符合以下要求。

（1）依据真实。除结账和更正错误外，记账凭证应根据审核无误的原始凭证及有关资料填制，记账凭证必须附有原始凭证并如实填写所附原始凭证的张数。记账凭证所附原始凭证张数的计算一般应以原始凭证的自然张数为准。如果记账凭证中附有原始凭证汇总表，则应该把所附的原始凭证和原始凭证汇总表的张数一起记入附件的张数之内。但报销差旅费等零散票券，可以粘贴在一张纸上，作为一张原始凭证。一张原始凭证如果涉及几张记账凭证的，可以将原始凭证附在一张主要的记账凭证后面，在该主要记账凭证摘要栏注明"本凭证附件包括××号记账凭证业务"字样，并在其他记账凭证上注明该主要记账凭证的编号或者附上该原始凭证的复印件，以便复核查阅。如果一张原始凭证所列的支出需要由两个以上的单位共同负担时，应当由保存该原始凭证的单位开给其他应负担单位原始凭证分割单，原始凭证分割必须具备原始凭证的基本内容，并可作为填制记账凭证的依据，计算在所附原始凭证张数之内。

（2）内容完整。记账凭证各项内容必须完整，要按照记账凭证上所列项目逐一填写清楚，有关人员的签名或者盖章要齐全不可缺漏。如有以自制的原始凭证或者原始凭证汇总表代替记账凭证使用的，也必须具备记账凭证应有的内容。金额栏数字的填写必须规范、准确，与所附原始凭证的金额相符。金额登记方向、数字必须正确，角分位不留空格。

（3）分类正确。填制记账凭证，要根据经济业务的内容，区别不同类型的原始凭证，正确选择会计科目和记账凭证。记账凭证可以根据每一张原始凭证填制，或者根据若干张同类原始凭证汇总填制，也可以根据原始凭证汇总表填制，但不得将不同内容或类别的原始凭证汇总填制在一张记账凭证上，会计科目要保持正确的对应关系。各种记账凭证的使用格式应相对稳定，特别是在同一会计年度内，不宜随意更换，以免引起编号、装订、保管方面的不便与混乱。

（4）日期正确。记账凭证的填制日期一般应填制记账凭证当天的日期，不能提前或拖后；计算损益、分配费用、结转成本利润等调整分录和结账分录的记账凭证，虽然需要到下月才能填制，但为了便于在当月的账内进行登记，仍应填写当月月末的日期。

（5）连续编号。为了分清会计事项处理的先后顺序，以便记账凭证与会计账簿之间的核对，确保记账凭证完整无缺，填制记账凭证时，应当对记账凭证连续编号。记账凭证编号的方法有多种：一种是将全部记账凭证作为一类统一编号；另一种是分别按现金和银行存款收入业务、现金和银行付出业务、转账业务3类进行编号，这样记账凭证的编号应分为收字第×号、付字第×号、转字第×号；还有一种是分别按现金收入、现金支出、银行存款收入、银行存款支出和转账业务5类进行编号，这种情况下，记账凭证的编号应分为现收字第×号、现付字第×号、银收字第×号、银付字第×号和转字第×号，或者将转账业务按照具体内容再分成几类编号。各单位应当根据本单位业务繁简程度、会计人员多寡和分工情况来选择便于记账、查账、内部稽核、简单严密的编号方法。无论采用哪一种编号方法，都应该按月顺序编号，即每月都从 1 号编起，按自然数 1、2、3、4、5…… 顺序编至月末，不得跳号、重号。一笔经济业务需要填制两张或两张以上记账凭证的，可以采用分数编号法进行编号。例如，有一笔经济业务需要填制 3 张记账凭证，凭证顺序号为 6，就可以编成 $6\frac{1}{3}$、$6\frac{2}{3}$、$6\frac{3}{3}$，前面的数表示凭证顺序，后面分数的分母表示该号凭证共有 3 张，分子表示 3 张凭证中的第一张、第二张、第三张。

（6）简明扼要。记账凭证的摘要栏是填写经济业务简要说明的，摘要应与原始凭证内容一致，能正确反映经济业务的主要内容，既要防止简而不明，又要防止过于繁琐。应能使阅读者通过摘要就能了解该项经济业务的性质、特征，判断出会计分录的正确与否，一般不需要再去翻阅原始凭证或询问有关人员。

（7）分录正确。会计分录是记账凭证中重要的组成部分，在记账凭证中，要正确编制会计分录并保持借贷平衡，就必须根据国家统一会计制度的规定和经济业务的内容，正确使用会计科目，不得任意简化或改动。应填写会计科目的名称，或者同时填写会计科目的名称和会计科目编号，不应只填编号，不填会计名称。应填明总账科目和明细科目，以便于登记总账和明细分类账。会计科目的对应关系要填写清楚，应先借后贷，一般填制一借一贷、一借多贷或者多借一贷的会计分录。但如果某项经济业务本身就需要编制一个多借多贷的会计分录时，也可以填制多借多贷的会计分录，以集中反映该项经济业务的全过程。填入金额数字后，要在记账凭证的合计行计算填写合计金额。记账凭证中借、贷方的金额必须相等，合计数必须计算正确。

（8）空行注销。填制记账凭证时，应按行次逐行填写，不得跳行或留有空行。记账凭证填完经济业务后，如有空行，应当在金额栏自最后一笔金额数字下的空行至合计数上的空行处画线注销。

（9）填错更改。填制记账凭证时如果发生错误，应当重新填制。已经登记入账的记账凭证在当年内发生错误的，如果是使用的会计科目或记账凭证方向有错误，可以用红字金额填制一张与原始凭证内容相同的记账凭证，在摘要栏注明"注销某月某日某号凭证"字样，同时再用蓝字重新填制一张正确的记账凭证，在摘要栏注明"更正某月某日某号凭证"字样；如果会计科目和记账方向都没有错误，只是金额错误，可以按正确数字和错误数字之间的差额，另编一张调整的记账凭证，调增金额用蓝字，调减金额用红字。发现以前年度的金额有错误时，应当用蓝字填制一张更正的记账凭证。

记账凭证中，文字、数字和货币符号的书写要求，与原始凭证相同。实行会计电算化的单位，其机制记账凭证应当符合对记账凭证的基本要求，打印出来的机制凭证上，要加盖制单人员、审核人员、记账人员和会计主管人员印章或者签字，以明确责任。

2．记账凭证的填制方法

（1）收款凭证的填制。收款凭证是根据有关现金和银行存款收款业务的原始凭证填制的。收款凭证的左上角"借方科目"，应填写"现金"或"银行存款"科目；右上角应填写凭证的编号；"摘要"栏应填写所记录的经济业务的简要内容；"贷方科目"栏应填写与现金收入或银行存款收入相对应的一级科目和二级科目或明细科目；"金额"栏应填写现金与银行存款的收入金额；入账后要在"过账"栏打"√"或注明登记入账的页数，以防止重复记账或漏记；"附件张数"栏记录记账凭证所附的原始凭证张数。

【例4-1】乐华公司2013年5月20日销售甲产品一批，价款40 000元，税款6 800元，合计46 800元。货款收到并存入银行。

该项经济业务的发生，企业应编制的会计分录如下。

借：银行存款 46 800
　　贷：主营业务收入——产品 40 000
　　　　应交税费——应交增值税（销项税额） 6 800

由于该项经济交易导致银行存款增加，所以，上述会计分录需要记载在收款凭证中，根据审核无误的原始凭证填制银行存款收款凭证，如表4-11所示。

表4-11　　　　　　　　　　　收款凭证

借方科目：银行存款　　　　　　　2013年5月20日　　　　　　　银收　字第　15　号

| 摘　要 | 贷方科目 | | 金　额 | | | | | | | | √ |
	总账科目	明细科目	千	百	十	万	千	百	十	元	角	分	
销售甲产品	主营业务收入	甲产品				4	0	0	0	0	0	0	
	应交税费	应交增值税（销项）					6	8	0	0	0	0	
合　计					¥	4	6	8	0	0	0	0	

附件3张

会计主管：　　　　记账：　　　　复核：　　　　出纳：　　　　制证：

（2）付款凭证的填制。付款凭证是根据有关现金和银行存款付款业务的原始凭证填制的。付款凭证的填制方法与收款凭证基本相同。不同的是凭证左上角应填列相应的贷方科目，就是"库存现金"或"银行存款"科目；"借方科目"栏应填写与现金付出或银行存款付出相应的一级科目和二级科目或明细科目。

【例4-2】乐华公司2013年6月20日购入A材料一批，买价30 000元，税款5 100元，开出支票一张支付购料款。

该项经济业务的发生，企业应编制如下会计分录。

借：原材料——A材料 30 000
　　应交税费——应交增值税（进项税额） 5 100
　　贷：银行存款 35 100

由于该项经济交易使得企业的银行存款减少，因而，应当填制付款凭证，即根据审核无误的原始凭证填制银行存款付款凭证，其填写内容与格式如表4-12所示。

表 4-12　　　　　　　　　　　　　　付款凭证

贷方科目：银行存款　　　　　　　　　2013年6月20日　　　　　　　　　银付　字第　18　号

摘　要	借方科目		金　额										√
	总账科目	明细科目	千	百	十	万	千	百	十	元	角	分	
购入A材料一批	原材料	A材料				3	0	0	0	0	0	0	
	应交税费	应交增值税（进项）					5	1	0	0	0	0	
合　计						¥	3	5	1	0	0	0	0	

附件 4 张

会计主管：　　　　记账：　　　　复核：　　　　出纳：　　　　制证：

另外，为了避免重复记账，对于涉及现金和银行存款之间的相互转划的经济业务，如从银行提取现金或将现金送存银行，统一只编制付款凭证，不编收款凭证。当发生从银行提取现金的业务时，只编制银行存款付款凭证，而不编制现金收款凭证；当发生把现金存入银行的业务时，只编制现金付款凭证，而不编制银行收款凭证。

【例 4-3】2013 年 7 月 25 日，乐华公司将现金 35 000 元存入银行。此时，企业应编制现金付款凭证，如表 4-13 所示。

表 4-13　　　　　　　　　　　　　　付款凭证

贷方科目：库存现金　　　　　　　　　2013年7月25日　　　　　　　　　现付　字第　3　号

摘　要	借方科目		金　额										√
	总账科目	明细科目	千	百	十	万	千	百	十	元	角	分	
将现金送存银行	银行存款					3	5	0	0	0	0	0	
合　计						¥	3	5	0	0	0	0	0	

附件 1 张

会计主管：　　　　记账：　　　　复核：　　　　出纳：　　　　制证：

（3）转账凭证的填制。转账凭证是根据审核无误的不涉及现金和银行存款收付的转账业务的原始凭证编制的。转账凭证的"会计科目"栏应按照先借后贷的顺序分别填写应借应贷的总账科目及所属的明细科目；借方总账科目及所属明细科目的应记金额，应在与科目同一行的"借方金额"栏内相应栏次填写，贷方总账科目及所属明细科目的应记金额，应在与科目同一行的"贷方金额"栏内相应栏次填写；"合计"行只合计借方总账科目金额和贷方总账科目金额，借方总账科目金额合计数与贷方总账金额合计数应相等。

转账凭证除了根据有关转账业务的原始凭证填制外，有的是根据账簿记录填制，如根据工资总额计提社会保险费，将收入、费用类账户的月末余额转入"本年利润"账户，将"本年利润"账户的年末余额转入"利润分配"账户，以及更正记账错误等。根据账簿记录编制的记账凭证一般没有原始凭证。

【例4-4】2013年5月31日，乐华公司计提当月固定资产折旧20 000元，其中，生产车间计提折旧15 000元，厂部管理部门计提折旧5 000元。

该项经济业务事项的发生，企业应编制如下会计分录。

借：制造费用 15 000
　　管理费用 5 000
　　贷：累计折旧 20 000

该经济事项属于不涉及现金和银行存款的转账业务，因此，应当填制转账凭证，即根据折旧提取计算表填制转账凭证，如表4-14所示。

表4-14　　　　　　　　　　　　　　转账凭证

2013年5月31日　　　　　　　　　　转　字第　5　号

摘　要	总账科目	明细科目	借　方									贷　方									√
			千	百	十	万	千	百	十	元	角	分	千	百	十	万	千	百	十	元	角	分	
计提本月折旧	制造费用					1	5	0	0	0	0	0											
	管理费用						5	0	0	0	0	0											
	累计折旧															2	0	0	0	0	0	0	
	合　计				¥	2	0	0	0	0	0	0			¥	2	0	0	0	0	0	0	

附件2张

会计主管：　　　　记账：　　　　复核：　　　　出纳：　　　　制证：

当一项经济业务，既涉及现金和银行存款收付的业务，又涉及转账业务时，需要分别编制记账凭证。

【例4-5】2013年10月25日，购买生产设备一台，价值600 000元，用银行存款支付400 000元，余款签发3个月商业汇票一张。

该项经济业务的发生，使企业的固定资产增加600 000元，同时，银行存款减少400 000元，应付票据增加200 000元。企业可以编制以下会计分录。

（1）借：固定资产——生产设备 400 000
　　　　贷：银行存款 400 000
（2）借：固定资产——生产设备 200 000
　　　　贷：应付票据 200 000

该项交易（1）属于涉及银行存款减少的交易，应当填制付款凭证；（2）属于不涉及现金和银行存款的转账交易，应当填制转账凭证。根据审核无误的原始凭证分别填制银行存款付款凭证和转账凭证，其填写内容与格式如表 4-15、表 4-16 所示。

表 4-15 付款凭证

贷方科目：银行存款　　　　　2013年10月25日　　　　　　　银付 字第 5 号

摘 要	借方科目		金 额									✓
	总账科目	明细科目	千	百	十	万	千	百	十	元	角	分	
购买生产设备一台	固定资产	生产设备		4	0	0	0	0	0	0	0		
合 计				¥	4	0	0	0	0	0	0	0	

附件 2 张

会计主管：　　　记账：　　　复核：　　　出纳：　　　制证：

表 4-16 转账凭证

2013年10月25日　　　　　　　转 字第 10 号

摘 要	总账科目	明细科目	借 方										贷 方										✓
			千	百	十	万	千	百	十	元	角	分	千	百	十	万	千	百	十	元	角	分	
购买生产设备一台	固定资产	生产设备		2	0	0	0	0	0	0	0												
	应付票据													2	0	0	0	0	0	0	0		
合 计			¥	2	0	0	0	0	0	0	0		¥	2	0	0	0	0	0	0	0		

附件 2 张

会计主管：　　　记账：　　　复核：　　　出纳：　　　制证：

4.3.4 记账凭证的审核

记账凭证编制以后，必须由有关人员进行审核，借以监督经济业务的真实性、合法性和合理性，并检查记账凭证的编制是否符合要求。特别要审核最初证明经济业务实际发生、完成的原始凭证。记账凭证审核的内容主要包括以下几个方面。

（1）内容是否真实。审核记账凭证是否有原始凭证为依据，所附原始凭证的内容是否与记账凭证的内容一致，记账凭证汇总表的内容与其所依据的记账凭证的内容是否一致等。

（2）项目是否齐全。审核记账凭证各项目的填写是否齐全，如日期、凭证编号、摘要、金额、所附原始凭证张数及有关人员签章等。

（3）科目是否准确。审核记账凭证的应借、应贷科目是否正确，是否有明确的账户对应关系，所使用的会计科目是否符合国家统一的会计制度的规定等。

（4）金额是否正确。审核记账凭证所记录的金额与原始凭证的有关金额是否一致、计算是否正确，记账凭证汇总表的金额与记账凭证的金额合计是否一致等。

（5）书写是否规范。审核记账凭证中的记录是否文字工整、数字清晰，是否按规定使用蓝黑墨水或碳素墨水，是否按规定进行更正等。

在审核过程中，如果发现不符合要求的地方，应要求有关人员采取正确的方法进行更正。只有经过审核无误的记账凭证，才能作为登记账簿的依据。

4.4 会计凭证的传递与保管

4.4.1 会计凭证的传递

会计凭证的传递，是指从会计凭证取得或填制时起至归档保管时止，在单位内部有关部门和人员之间按照规定的时间、程序进行处理的过程。各种会计凭证，它们所记载的经济业务不同，涉及的部门和人员不同，办理的业务手续也不同，因此，应当为各种会计凭证规定一个合理的传递程序，即一张会计凭证填制后应交到哪个部门，哪个岗位，由谁办理业务手续等，直到归档保管为止。会计凭证的传递是会计制度的一个重要组成部分，应在会计制度中作出明确的规定。

1. 会计凭证传递的意义

正确组织会计凭证的传递，对于提高会计核算的及时性、正确组织经济活动、加强经济责任、实行会计监督具有重要意义。

（1）正确组织会计凭证的传递，有利于提高工作效率。正确组织会计凭证的传递，能够及时、真实反映和监督各项经济业务的发生和完成情况，为经济管理提供可靠的经济信息。例如，材料运到企业后，仓库保管员应在规定的时间内将材料验收入库，填制"收料单"，注明实收数量等情况，并将"收料单"及时送到财会部门及其他有关部门。财会部门接到"收料单"，经审核无误，就应及时编制记账凭证和登记账簿，生产部门得到该批材料已验收入库凭证后，便可办理有关领料手续，用于产品生产等。如果仓库保管员未按时填写"收料单"或虽填写"收料单"，但没有及时送到有关部门，就不能及时传递材料已入库的信息，就会影响正常的生产经营活动。

（2）正确组织会计凭证的传递，能更好地发挥会计监督作用。正确组织会计凭证的传递，便于有关部门和人员分工协作、相互牵制、加强岗位责任制、更好地发挥会计监督作用。例如，从材料运到企业验收入库，需要多少时间，由谁填制"收料单"，何时将"收料单"送到供应部门和财会部门，会计部门收到"收料单"后由谁进行审核，并同供应部门的发货票进行核对，由谁何时编制记账凭证和登记账簿，由谁负责整理保管凭证等。这样，就把材料收入业务从验收入库到登记入账的全部工作，在本单位内部进行分工、协作，共同完成。同时可以考核经办业务的有关部门和人员是否按规定的会计手续办理，从而加强内部监督，提高工作质量。

2. 会计凭证传递的基本要求

各单位的经营业务性质是多种多样的，各种经营业务又有各自的特点，所以，办理各项经济业务的部门和人员以及办理凭证所需要的时间、传递程序也必然各不相同。这就要求每个单位都必须根据自己的业务特点和管理需要，设计合理有效的会计凭证的传递程序，使会计凭证的传递既能够符合内部控制的要求，又能够节约传递时间，减少传递的工作量。具体应注意以下几个问题。

（1）根据经济业务的特点、机构设置和人员分工情况，明确会计凭证的传递程序。由于企业生产经营业务的内容不同，企业管理的要求也不尽相同。在会计凭证的传递过程中，要根据具体情况，确定每一种凭证的传递程序和方法。合理制订会计凭证所经过的环节，规定每个环节负责传递的相关责任人员，规定会计凭证的联数以及每一联凭证的用途。做到既可使各有关部门和人员了解经济活动情况、及时办理手续，又可避免凭证经过不必要的环节，以提高工作效率。

（2）规定会计凭证经过每个环节所需要的时间，以保证凭证传递的及时性。会计凭证的传递时间，应考虑各部门和有关人员的工作内容和工作量在正常情况下完成的时间，明确规定各种凭证在各个环节上停留的最长时间，不能拖延和积压会计凭证，以免影响会计工作的正常程序。一切会计凭证的传递和处理，都应在报告期内完成，以保证会计核算的准确性和及时性。

（3）建立严格的会计凭证交接和签收制度，保证会计凭证的安全完整，做到责任明确，手续齐全、严密。会计凭证在传递过程中的衔接手续，应该做到既完备、严密，又简单易行。凭证的收发、交接都应当按一定的手续制度办理，以保证会计凭证的安全和完整。会计凭证的传递程序、传递时间和衔接手续明确后，可以绘制凭证传递流程图，制定凭证传递程序，规定凭证传递路线、环节及在各个环节上的时间、处理内容及交接手续，使凭证传递工作有条不紊、迅速而有效地进行。

4.4.2　会计凭证的保管

会计凭证的保管是指会计凭证记账后的整理、装订、归档和存查工作。作为记账的依据，会计凭证是重要的经济资料和会计档案。每个单位在完成经济业务手续和记账后，必须将会计凭证按规定的立卷归档制度，形成会计档案资料，以便于日后随时查阅。

对会计凭证的保管，既要做到完整无缺，又要便于翻阅查找。其主要要求如下。

（1）会计凭证应定期装订成册，防止散失。会计部门在依据会计凭证记账以后，应定期（每旬或每月）对各种会计凭证加以分类整理，按照编号顺序，将各种记账凭证连同所附的原始凭证或者原始凭证汇总表和银行对账单等，折叠整齐，按期装订成册，并加具封面封底，由装订人在装订线封签处签名或盖章。

从外单位取得的原始凭证遗失时，应取得原签发单位盖有公章的证明，并注明原始凭证的号码、金额、内容等，由经办单位会计机构负责人、会计主管人员和单位负责人批准后，才能代作原始凭证。若确实无法取得证明的，如车票丢失，则应由当事人写明详细情况，由经办单位会计机构负责人、会计主管人员和单位负责人批准后，代作原始凭证。

（2）会计凭证封面应注明单位名称、凭证种类、凭证张数、起止号数、年度、月份、会计主管人员、装订人员等有关事项，会计主管人员和保管人员应在封面上签章。

会计凭证封面的一般样式如图 4-1 所示。

（企业名称）
年　　　月份共　　　　册第　　　册
收款　　　　　凭证第　　　号至第　　　号　共　　　张
付款　　　　　　　附：原始凭证　　　　张
转账
会计主管（签章）　　　　　保管（签章）

图 4-1　会计凭证封面样式

（3）会计凭证应加贴封条，防止抽换凭证。原始凭证不得外借，其他单位如有特殊原因确实需要使用时，经本单位会计机构负责人、会计主管人员批准，可以复制。向外单位提供的原始凭证复制件，应在专设的登记簿上登记，并由提供人员和收取人员共同签名、盖章。

（4）原始凭证较多时，可单独装订，但应在凭证封面注明所属记账凭证的日期、编号和种类，同时在所属的记账凭证上应注明"附件另订"及原始凭证的名称和编号，以便查阅。

存出保证金收据以及涉外文件等重要的原始凭证，应另编目录，单独登记保管，并在有关的记账凭证和原始凭证上相互注明日期和编号。

每年装订成册的会计凭证，在年度终了时可暂由单位会计机构保管一年，期满后应当移交本单位档案机构统一保管；未设立档案机构的，应当在会计机构内部指定专人保管。出纳人员不得兼管会计档案。

（5）严格遵守会计凭证的保管期限要求，期满前不得任意销毁。会计凭证的保管期限和销毁手续，必须严格按照会计制度的有关规定执行。一般会计凭证至少保存 15 年，重要的会计凭证须长期保存。会计凭证保管期满需销毁时，应编造清册，按照规定的手续报经批准后方能销毁。任何单位不得擅自销毁会计凭证。

▌会计名人▐

葛家澍（1921—2013），江苏兴化人，经济学家、管理学家、会计学家、会计教育家，"信息系统论"的主倡者，中国现代会计准则体系的重要构建者。1945 年从厦门大学会计学系毕业留校任教，大学会计学教授、博士生导师，兼任中国会计学会副会长、国务院学位委员会（经济学）学科评议组成员、财政部企业会计准则专家咨询组成员。后致力于财务会计概念框架和会计准则研究。迄今发表论文 130 余篇，出版著作、教材 20 余部。葛家澍教授在会计理论和财务会计领域的学术成就赢得了广泛赞誉。

本章小结

会计凭证是记录经济业务发生或完成情况的书面证明，是登记账簿的依据。填制审核会计凭证是会计核算工作的起点。会计凭证具体包括以下种类。

会计凭证	原始凭证	按来源划分	外来原始凭证
			自制原始凭证
		按填制手续及内容划分	一次凭证
			累计凭证
			汇总凭证
		按格式划分	通用凭证
			专用凭证
	记账凭证	按内容划分	收款凭证
			付款凭证
			转账凭证
		按填列方式划分	复式凭证
			单式凭证

会计凭证的传递与审核是控制、监督经济活动的重要手段，也是日常经济管理活动的重要内容。会计凭证的传递是指从会计凭证的取得或填制时起至归档保管过程中，在单位内部有关部门和人员的传递程序。会计凭证的审核是指由专人进行的，借以监督经济业务的真实性、合法性和合理性，并检查记账凭证的编制是否符合要求的工作。

思考与练习

一、思考题

（1）填制审核会计凭证有什么作用？

（2）会计凭证有哪些种类？

（3）原始凭证应具备哪些内容？

（4）填制原始凭证应符合哪些基本要求？

（5）审核原始凭证的主要内容有哪些？

（6）记账凭证应具备哪些内容？填制记账凭证有哪些具体要求？

（7）如何审核记账凭证？

（8）设计会计凭证传递程序应该考虑哪些因素？

二、判断题

（1）原始凭证是由会计部门填制的，是登记账簿的直接依据。（　　　）

（2）现金收款凭证和现金付款凭证不仅是记账的依据，而且也是出纳员办理现金收款、付款业务的依据。（　　　）

（3）库存现金与银行存款之间的相互划转业务，一般只编制付款凭证，不编制收

款凭证。 （　　）

（4）原始凭证不能反映库存现金、银行存款的增减变动。 （　　）

（5）原始凭证汇总表是在一定时期内连续记录同类经济业务，并把截至期末的累计数作为记账依据的自制原始凭证。 （　　）

（6）记账凭证是根据原始凭证填制的，用以记录经济业务、明确经济责任、具有法律效力的书面证明，是记账的依据。 （　　）

（7）记账凭证是根据原始凭证或原始凭证汇总表的经济内容，应用会计科目和复式记账法确定会计分录，并作为记账依据的一种会计凭证。 （　　）

（8）记账凭证按其反映的经济业务内容不同，可以分为收款凭证、付款凭证和转账凭证。 （　　）

（9）原始凭证按其填制的程序和用途不同，可以分为一次凭证和累计凭证。 （　　）

（10）会计凭证的传递，是指会计凭证从填制（或取得）起，经过审核、整理、记账到装订保管为止，在有关部门、人员之间办理业务手续的过程。 （　　）

三、单项选择题

（1）下列凭证中，（　　）属于外来原始凭证。

    A. 购货发票　　B. 领料单　　　C. 销货发票　　D. 工资结算单

（2）下列凭证中，（　　）属于自制原始凭证。

    A. 银行付款通知单　　　　　　B. 购货发票

    C. 销货发票　　　　　　　　　D. 上交税金收据

（3）"材料耗用汇总表"是一种（　　）。

    A. 一次凭证　　　　　　　　　B. 累计凭证

    C. 原始凭证汇总表　　　　　　D. 复式凭证

（4）一张单式记账凭证一般填列（　　）会计科目。

    A. 1 个　　　　B. 2 个　　　　C. 3 个　　　　D. 2 个以上

（5）将现金存入银行，应该填制（　　）。

    A. 银收字记账凭证　　　　　　B. 现付字记账凭证

    C. 转账凭证　　　　　　　　　D. 单式凭证

（6）销售产品收到商业汇票一张，应该填制（　　）。

    A. 银收字记账凭证　　　　　　B. 现付字记账凭证

    C. 转账凭证　　　　　　　　　D. 单式凭证

（7）记账凭证审核时，一般不包括（　　）。

    A. 记账凭证是否附有原始凭证，是否同所附原始凭证的内容相符合

    B. 记账凭证的时间是否与原始凭证的时间一致

    C. 根据原始凭证所作的会计科目和金额是否正确

    D. 规定的项目是否填列齐全，有关负责人是否签名或盖章

（8）下列不能作为会计核算的原始凭证的是（　　）。

    A. 发货票　　　B. 合同书　　　C. 入库单　　　D. 领料单

（9）货币资金之间的划转业务只编制（　　）。

A. 付款凭证　　　B. 收款凭证　　C. 转账凭证　　D. 记账凭证

（10）原始凭证是在（　　　）时取得的。

A. 经济业务发生　　　　　　　　B. 填制记账凭证

C. 登记总账　　　　　　　　　　D. 登记明细账

四、多项选择题

（1）"收料单"是（　　　）。

A. 外来原始凭证　　　B. 自制原始凭证　　　C. 一次凭证

D. 累计凭证　　　　　E. 记账凭证

（2）"限额领料单"是（　　　）。

A. 外来原始凭证　　　B. 自制原始凭证　　　C. 一次凭证

D. 累计凭证　　　　　E. 转账凭证

（3）原始凭证应具备的基本内容有（　　　）。

A. 原始凭证的名称和填制日期　　B. 接受凭证单位名称

C. 经济业务的内容　　　　　　　D. 数量、单价和大小写金额

E. 填制单位和有关人员的签章

（4）记账凭证必须具备的基本内容有（　　　）。

A. 记账凭证的名称　　　　　　　B. 填制日期和编号

C. 经济业务的简要说明　　　　　D. 会计分录

E. 有关人员的签名和盖章

（5）单式记账凭证一般有（　　　）。

A. 通用记账凭证　　　B. 转账凭证　　　　C. 借项记账凭证

D. 贷项记账凭证　　　E. 汇总收款凭证

（6）如果某一笔经济业务需填制两张记账凭证，该凭证的顺序号为 70 号，则此两张记账凭证的编号应为（　　　）。

A. 70（1）号　　　　　B. 70（2）号　　　　C. $70\frac{1}{2}$ 号

D. $70\frac{2}{2}$ 号　　　　　E. 均为 70 号

（7）记账凭证的编制依据是（　　　）。

A. 原始凭证　　　　　B. 原始凭证汇总表　　C. 账簿记录

D. 转账凭证　　　　　E. 累计凭证

（8）下列经济业务中，应填制转账凭证的是（　　　）。

A. 国家以厂房对企业投资　　　　B. 外商以货币资金对企业投资

C. 购买材料未付款　　　　　　　D. 销售商品收到商业汇票一张

E. 支付前欠某单位账款

（9）下列经济业务中，应填制付款凭证的是（　　　）。

A. 提现金备用　　　　　　　　　B. 购买材料预付定金

C. 购买材料未付款　　　　　　　D. 以存款支付前欠某单位账款

E. 将现金存入银行

（10）下列说法正确的是（　　　　）。

　　A. 原始凭证必须记录真实，内容完整

　　B. 一般原始凭证发生错误，必须按规定办法更正

　　C. 有关现金和银行存款的收支凭证，如果填写错误，必须作废

　　D. 购买实物的原始凭证，必须有验收证明

　　E. 一式几联的原始凭证，应当注明各联的用途，只能用一联作为报销凭证

五、业务题

习题一

1. 目的

练习原始凭证的填制。

2. 资料

天新公司 2013 年 8 月份发生下列业务。

（1）8 月 2 日，财务部开出现金支票提取现金 5 000 元作为备用金。该公司账号为 22401037288，开户行为中国工商银行青年路支行。

（2）8 月 8 日，财务部开出转账支票，支付本市大华公司货款 15 000 元。大华公司的开户银行是中国工商银行长江支行，账号是 22401045999。

（3）8 月 20 日，销售给东方公司 A 产品 2 000 件，售价 1.50 元/件，计价款 3 000 元，B 产品 4 000 千克，售价 1.80 元/千克，价款 7 200 元。货款尚未收到（东方公司地址：A 市中山路 288 号，开户银行：中国建设银行中山路支行，账号 2800661088，纳税人登记号：28907396710666。本公司地址：B 市青年路 99 号，开户银行：中国工商银行青年路支行，账号：22401037288，纳税人登记号：224001012386559）。

3. 要求

（1）根据第 1 个资料，填制现金支票。

中国工商银行 现金支票存根 IV V00287398	中国工商银行现金支票　　IV V00287398
附加信息 _____ _____ _____ 出票日期　年　月　日 收款人： 金　额： 用　途： 单位主管　　会计	出票日期（大写）　　年　月　日　付款行名称： 收款人：　　　　　　　　　　　出票人账号： 人民币（大写）　　　　亿千百十万千百十元角分 本支票付款期限十天　用途 上列款项请从我账户内支付 出票人签章　　　　复核　　　记账

（2）根据第 2 个资料，填制转账支票和银行进账单。

中国工商银行 转账支票存根 IV V00287799	中国工商银行转账支票　IV V00287799			
附加信息 ＿＿＿＿＿	出票日期（大写）　年　月　日	付款行名称：		
	收款人：	出票人账号：		
＿＿＿＿＿		人民币 （大写）	亿 千 百 十 万 千 百 十 元 角 分	
出票日期　年　月　日	本支票付款期限十天	用途		
收款人：		上列款项请从 我账户内支付		
金　额：				
用　途：		出票人签章　　复核　　记账		
单位主管　会计				

中国工商银行　进账单　（回单）　1

年　月　日

出票人	全　称		收款人	全　称	
	账　号			账　号	
	开户银行			开户银行	
金额	人民币（大写）			亿 千 百 十 万 千 百 十 元 角 分	
票据种类		票据张数			
票据号码					
复核　　记账			收款人开户银行签章		

（3）根据第 3 个资料，填写增值税专用发票。

安徽省增值税专用发票

3400072620　　　　　　　　　　　　　　　No00834987

此联不作报销、扣税凭证使用　　开票日期：　年　月　日

购货单位	名　　称： 纳税人识别号： 地址、电话： 开户行及账号：				密码区		第三联　记账联　销货方记账凭证
货物或应税劳务名称	规格型号	单位	数量	单价	金额	税率	税额
合　计							
价税合计（大写）				（小写）			
销货单位	名　　称： 纳税人识别号： 地址、电话： 开户行及账号：				备注		

收款人：　　　　复核：　　　　开票人：　　　　销货单位：（章）

习题二

1. 目的

练习编制记账凭证。

2. 资料

浦江公司记账凭证采用的是收款凭证、付款凭证和转账凭证。2013年3月1日至15日发生的经济业务如下。

（1）1日，国家投入流动资金100 000元，存入银行。

（2）4日，从银行存款户开出转账支票20 000元，支付材料款。材料已验收入库。

（3）5日，收回客户还来货款4 200元，存入银行。

（4）7日，将现金300元存入银行。

（5）8日，国家投资机器一台，计50 000元，已验收使用。

（6）8日，生产车间领用材料140 000元，投入生产。

（7）10日，从银行存款户开出转账支票6 000元，偿还应付账款。

（8）11日，向银行借入流动资金借款30 000元，存入银行。

（9）12日，用现金支付电话费150元。

（10）14日，购入材料180 000元，已验收入库，由银行存款户开出转账支票10 000元偿还进料款，其余未付。

（11）15日，向银行提取现金6 000元。

（12）15日，用现金发放职工工资6 000元。

3. 要求

根据以上经济业务分别编制收款、付款、转账凭证，并标明凭证编号。

第 5 章

登 记 账 簿

- 了解会计账簿的含义、作用、种类，掌握会计账簿的设置和登记方法
- 理解记账规则，掌握更正错账、对账和结账的方法

导入案例

蓝天服饰有限公司每年在服装设计开发方面的支出较大，总经理希望对设计开发能组织专门的核算，以取得相关的数据资料，便于分析新产品研发方面的投资效益。

如果你是该公司的会计主管人员，你将如何满足总经理的要求，需要在会计核算方面做哪些改进？请你思考一下，并发表你的见解。

5.1 会计账簿的概念与分类

5.1.1 会计账簿的概念

1．会计账簿的定义

会计账簿是指由一定格式的账页组成的，以审核无误的会计凭证为依据，用以全面、系统、连续地记录各项经济业务事项的簿籍。各单位应当按照国家统一的会计制度的规定和经营管理的需要设置会计账簿，以便系统地归纳会计信息，全面、系统、连续地核算和监督单位的经济活动及其财务收支情况。设置和登记账簿，是编制财务报表的基础，是连接会计凭证与财务报表的中间环节，它在会计核算中具有重要意义。

（1）通过账簿的设置和登记，可以记载、储存会计信息。

（2）通过账簿的设置和登记，可以分类汇总会计信息。按经济业务不同性质加以归类、整理和汇总，以便全面、系统、连续和分类地提供资产、负债、所有者权益、收入、费用和利润等会计要素的增减变化情况，及时地向信息使用者提供经济决策所需要的会计信息。

（3）通过账簿的设置和登记，可以检查、校正会计信息，即通过账存数与实存数进行核对，来检查财产物资是否完整，账实是否相符。

2．会计账簿与账户的关系

账户是根据会计科目开设的，账户存在于账簿之中，账簿中的每一账页就是账户的存在形式和载体，没有账簿，账户就无法存在；账簿序时、分类地记载经济业务，都是在账户中完成的。因此，账簿只是一个外在形式，账户才是它的真实内容。账簿与账户的关系，是形式和内容的关系。

5.1.2 会计账簿的分类

会计核算中使用的账簿很多，不同的账簿其用途、形式、内容和登记方法都不相同。为更好地了解和使用各种账簿，对其进行分类是很有必要的。账簿按不同的分类标准可作如下分类。

1．账簿按照用途不同，可分为序时账簿、分类账簿和备查账簿

（1）序时账簿，也称日记账，是按照经济业务完成时间的先后顺序进行逐日逐笔登记的账簿。在古代会计中也把它称之为"流水账"。日记账又可分为普通日记账和特种日记账。普通日记账是将企业每天发生的所有经济业务，不论其性质如何，按其先后顺序，编成会计分录记入账簿；特种日记账是按经济业务性质单独设置的账簿，它只把特定项目按经济业务发生的先后顺序记入账簿，以反映其详细情况，如现金日记账和银行存款日记账。特种日记账的设置，应根据业务特点和管理需要而定，特别是那些发生频繁、需严加控制的项目，应设置。在我国，大多数单位一般只设现金日记账和银行存款日记账，而不设普通日记账。

（2）分类账簿，也称为分类账，是对全部经济业务事项按照会计要素的具体类别而设置的分类账户进行登记的账簿。按分类账簿反映内容的详细程度的不同，又可以分为总分类账和明细分类账。总分类账簿简称总账，是根据一级会计科目设置的，用以总括反映经济业务的账簿。明细分类账簿简称明细账，是根据明细会计科目设置的，用以详细反映经济业务的账簿。总账对明细账具有统驭和控制作用，明细账是对总账的补充和具体化。在实际工作中，每个会计主体可以根据经营管理的需要，为不同的总账账户设置所属的明细账。

（3）备查账簿也称辅助账簿，是指对在日记账和分类账中未记录或记录不全的经济业务进行补充登记的账簿。备查账簿不是根据会计凭证登记的，也没有固定的格式，如受托加工材料登记簿、代销商品登记簿等。设置和登记备查簿，可以对某些经济业务的内容提供必要的参考资料，各单位可以根据需要进行设置。

2．账簿按其外表形式不同，可分为订本式账簿、活页式账簿和卡片式账簿

（1）订本式账簿简称订本账，是在使用前就把连续编号的若干账页固定装订成册的账簿。采用这种账簿，可以避免账页散失，防止账页被人为地抽换。但采用订本账也有其缺陷，同一本账簿在同一时间内只能由一人登记，不能分工记账。同时，订本账账页固定，不能根据需要增减，因而必须预先估计每一个账户需要的页数，以保留空白账页。如保留的空白账页不够，就要影响账户登记的连续性；如保留空白账页太多，又会造成不必要的浪费。在实际工作中，总账、现金和银行存款日记账一般都采用订本式账簿。

（2）活页式账簿简称活页账，是在账簿登记完毕之前并不固定装订在一起，而是装在活页账夹中。当账簿登记完毕之后（通常是一个会计年度结束之后），才将账页予以装订，加具封面，并给各账页连续编号。这类账簿的优点是便于分工记账，可以根据记账的需要随时增减账页，因而比较方便灵活。其缺点是账页容易散失和被抽换。活页账簿一般适用于明细分类账。

（3）卡片式账簿又称卡片账，是由许多分散的、具有账户格式的卡片组成。严格地说，卡片账也是一种活页账，只不过它不是装在活页账夹中，而是存放在卡片箱内。使用时按类别排列、按顺序编号，并加盖有关人员的印章。卡片账簿应由专人保管，以保证其安全。卡片式账簿的优缺点与活页式账簿大体相同。卡片账不用装订成册，随时可取可放可移动，也可跨年度长期使用，但卡片容易丢失。一般情况下，固定资产的明细账采用卡片账。

3．会计账簿按账页的格式不同，可以分为两栏式账簿、三栏式账簿、多栏式账簿、数量金额式账簿和横线登记式账簿

（1）两栏式账簿，是指只有借方和贷方两个基本金额栏目的账簿。普通日记账一般采用两栏式。

（2）三栏式账簿，是指其账页的格式主要部分为借方、贷方和余额三栏或者收入、支出和余额三栏的账簿。三栏式账簿又可分为设对方科目和不设对方科目两种。区别是在摘要栏和借方科目栏之间是否设有"对方科目"栏。有"对方科目"栏的，称为设对方科目的三栏式账簿；不设"对方科目"栏的，称为不设对方科目的三栏式账簿。它主要适用于各种日记账、总分类账以及资本、债权债务明细账等。

（3）多栏式账簿，是指根据经济业务的内容和管理的需要，在账页的"借方"和"贷方"栏内再分别按照明细科目或某明细科目的各明细项目设置若干专栏的账簿。这种账簿可以按"借方"和"贷方"分别设专栏，也可以只设"借方"（或"贷方"）专栏，"贷方"（或"借方"）的内容在相应的"借方"（或"贷方"）专栏内用红字登记，表示冲减。收入、费用明细账一般均采用这种格式的账簿。

（4）数量金额式，是指在账页中分设"借方"、"贷方"和"余额"或者"收入"、"发出"和"结存"三大栏，并在每一大栏内分设数量、单价和金额等三小栏的账簿，以反映财产物资的实物数量和价值量。原材料和库存商品、产成品等明细账一般采用数量金额式账簿。

（5）横线登记式账簿，是指账页分为借方和贷方两个基本栏目，每一个栏目再根据需要分设若干栏次，在账页两方的同一行记录某一经济业务自始至终所有事项的账簿。它主要适用于需要逐笔结算的经济业务的明细账，如材料采购、应收账款等明细账。

账簿体系如图 5-1 所示。

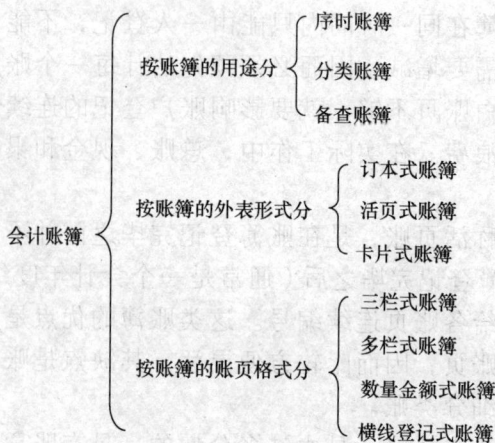

图 5-1　会计账簿体系

5.1.3　会计账簿的内容

各种账簿所记录的经济内容不同，账簿的格式又多种多样，不同账簿的格式所包括的具体内容也不尽一致，但各种主要账簿应具备以下基本内容。

（1）封面。封面主要用于表明账簿的名称，如现金日记账、银行存款日记账、总分类账、应收账款明细账等。

（2）扉页。扉页主要用于载明经管人员一览表，其应填列的内容主要有：经管人员、移交人和移交日期；接管人和接管日期。

（3）账页。账页是用来记录具体经济业务的载体，其格式因记录经济业务的内容的不同而有所不同，但每张账页上应载明的主要内容有：账户的名称（即会计科目）；记账日期栏；记账凭证种类和号数栏；摘要栏（经济业务内容的简要说明）；借方、贷方金额及余额的方向、金额栏；总页次和分页次栏等。

> **知识链接**
>
> 会计实务中"两本账"、"账外账"为私设会计账簿行为的俗称，是指不在依法设置的会计账簿上对经济业务事项进行统一登记核算，而另外私自设置会计账簿进行登记核算的行为。鉴于现实中有的单位将发生的经济业务事项和财务收支不通过法定会计账簿统一核算，而是进入私设的会计账簿，形成"小金库"，因此该行为违反了《会计法》，对该违法行为应追究其法律责任。

5.2　会计账簿的启用与登记规则

5.2.1　会计账簿的启用

账簿启用时，应在账簿封面上写明单位名称和账簿名称；在账簿扉页上的"账簿启用日期和经管人员"一览表上填明单位名称、账簿名称、账簿编号、账簿页数、启用日期、记账人员和会计主管人员姓名，并加盖有关人员的签章和单位公章，按税法规定贴足印花税票。

记账人员或会计主管人员调动工作时，应按规定办理交接手续，在交接记录内填明移交日期、接管日期、移交人员、接管人员和监交人员姓名，并由移交、接管和监交人员签名或盖章。启用订本式账簿，应当从第一页到最后一页顺序编定页数，不得跳页、缺号。使用活页式账页，应当按账户顺序编号，并须定期装订成册；装订后再按实际使用的账页顺序编定页码，另加目录，记录每个账户的名称和页次。

账簿启用和经管人员一览表如表 5-1 所示。

表 5-1　　　　　　　　　　　账簿启用及接交表

机构名称			印　　鉴			
账簿名称						
账簿编号						
账簿页数	本账簿共计　　页（ 本账本页数 检点人盖章 ）					
启用日期	公元　　年　月　日					

经管人员	负　责　人		主办会计		复　核		记　账	
	姓　名	盖章	姓　名	盖章	姓　名	盖章	姓　名	盖章

接交记录	经　管　人　员		接　　管			交　　出		
	职　　别	姓　　名	年	月日	盖章	年	月日	盖章
备注								

在年度开始启用新账簿时，应把上年度的年末余额，记入新账的第一行，并在摘要栏中注明"上年结转"或"年初余额"。

5.2.2　会计账簿的登记规则

（1）会计人员应当根据审核无误的会计凭证登记会计账簿。登记会计账簿时，应当将会计凭证日期、编号、业务内容摘要、金额和其他有关资料逐项记入账内，做到数字准确、摘要清楚、登记及时、字迹工整。账簿记录中的日期，应该填写记账凭证上的日期。

（2）账簿登记完毕后，要在记账凭证上签名或者盖章，并在记账凭证的"过账"栏内注明账簿页数或画"√"，表示已经记账完毕，避免重记、漏记。

（3）账簿中书写的文字和数字上面要留有适当的空格，不要写满格，一般应占格距的1/2。这样，一旦发生登记错误时，便于更正，同时也方便查账工作。

（4）为了保持账簿记录的持久性，防止涂改，登记账簿必须使用蓝黑墨水或碳素墨水书写，不得使用圆珠笔（银行的复写账簿除外）或者铅笔书写。

（5）在下列情况下，可以用红色墨水记账。

① 按照红字冲账的记账凭证，冲销错误记录。

② 在不设借贷等栏的多栏式账页中，登记减少数。

③ 在三栏式账户的余额栏前，如未印明余额方向的，在余额栏内登记负数余额。

④ 根据国家统一的会计制度的规定可以用红字登记的其他会计记录。

由于会计中的红字表示负数，因而除上述情况外，不得使用红色墨水登记账簿。

（6）在登记各种账簿时，应按页次顺序连续登记，不得隔页、跳行。如无意发生隔页、跳行现象，应在空页、空行处用红色墨水画对角线注销，或者注明"此页空白"或"此行空白"字样，并由记账人员签名或者签章。

（7）凡需要结出余额的账户，结出余额后，应当在"借或贷"栏目内注明"借"或"贷"字样，以示余额的方向；对于没有余额的账户，应在"借或贷"栏内写"平"字，并在"余额"栏用"0"表示。现金日记账和银行存款日记账必须逐日结出余额。

（8）每一账页登记完毕结转下页时，应当结出本页合计数及余额，写在本页最后一行和下页第一行有关栏内，并在摘要栏内注明"过次页"和"承前页"字样；也可以将本页合计数及金额只写在下页第一行有关栏内，并在摘要栏内注明"承前页"字样，以保持账簿记录的连续性，便于对账和结账。

对需要结计本月发生额的账户，结计"过次页"的本页合计数应当为自本月初起至本页末止的发生额合计数；对需要结计本年累计发生额的账户，结计"过次页"的本页合计数应当为自年初起至本页末止的累计数；对既不需要结计本月发生额也不需要结计本年累计发生额的账户，可以只将每页末的余额结转次页。

5.3 会计账簿的格式和登记方法

5.3.1 日记账的格式与登记方法

日记账是按照经济发生或完成的时间先后顺序逐笔进行登记的账簿。设置日记账的目的就是为了使经济业务的时间顺序清晰地反映在账簿记录中。日记账按其所核算和监督经济业务的范围，可分为特种日记账和普通日记账。

普通日记账，也称分录簿，它是用来序时记录和反映各项经济业务并确定会计分录的账簿，它核算和监督全部经济业务的发生和完成情况，其格式如表5-2所示。

特种日记账是用来序时记录和反映某一类经济业务的发生和完成情况的账簿。各单位一般应设置特种日记账，常见的特种日记账有现金日记账和银行存款日记账。

表 5-2　　　　　　　　　　　　　　　普通日记账

2014 年		凭　证		会计科目	摘　要	借方金额	贷方金额	过　账
月	日	字	号					
5	1	转	1	材料采购	购入材料	20 000		
				应交税费	增值税	3 400		
				应付账款	××公司		23 400	

1．现金日记账的格式和登记方法

（1）现金日记账的格式。现金日记账是用来核算和监督库存现金每天的收入、支出和结存情况的账簿，其格式有三栏式和多栏式两种。无论采用三栏式还是多栏式现金日记账，都必须使用订本账。

三栏式现金日记账是按照现金收入、支出和结余，在日记账中分别设置收入、付出和结余三个基本栏目。在金额栏与摘要栏之间通常插入"对方科目"，以便记账时标明现金收入的来源和现金支出的用途。三栏式现金日记账的格式如表 5-3 所示。

表 5-3　　　　　　　　　　　　　现金日记账（三栏式）

年		凭证		摘　要	对应科目	收　入	付　出	结　余
月	日	字	号					

多栏式现金日记账是在三栏式现金日记账的基础上发展起来的，日记账的借方（收入）和贷方（支出）金额栏都按对方科目设专栏，也就是按收入的来源和支出的用途设专栏。多栏式现金日记账的格式如表 5-4 所示。

表 5-4　　　　　　　　　　　　　现金日记账（多栏式）

年		凭证号数	摘要	收　入				支　出				结　余
				应贷科目			合计	应借科目			合计	
月	日			银行存款	主营业务收入	…		其他应收款	管理费用	…		

（2）现金日记账的登记方法。现金日记账由出纳人员根据同现金收付有关的记账凭证，按时间顺序逐日逐笔进行登记，并根据"上日余额＋本日收入－本日支出＝本日余额"的公式，逐日结出现金余额，与库存现金实存数核对，以检查每日现金收付

是否有误。

三栏式现金日记账的栏目说明如下。

日期栏：系指记账凭证的日期，应与现金实际收付日期一致。

凭证栏：系指登记入账的收付款凭证的种类和编号，如"现金收（付）款凭证"，简写为"现收（付）"；"银行存款收（付）款凭证"，简写为"银收（付）"。凭证栏还应登记凭证的编号数，以便于查账和核对。

摘要栏：摘要说明登记入账的经济业务的内容。文字要简练，但要能说明问题。

对方科目栏：系指现金收入的来源科目或支出的用途科目。如从银行提取现金，其来源科目（即对方科目）为"银行存款"。其作用在于了解经济业务的来龙去脉。

收入、支出栏：系指现金实际收付的金额。每日终了，应分别计算现金收入和支出的合计数，结出余额，同时将余额与出纳员的库存现金核对，即通常说的"日清"。如账款不符应查明原因，并记录备案。月终同样要计算现金收、付和结存的合计数，通常称为"月结"。

在实际工作中，如果要设多栏式现金日记账，一般常把现金收入业务和支出业务分设"现金收入日记账"和"现金支出日记账"两本账。其中，现金收入日记账按对应的贷方科目设置专栏，另设"支出合计"栏和"结余"栏；现金支出日记账则只按支出的对方科目设专栏，不设"收入合计"栏和"结余"栏。"现金收入日记账"和"现金支出日记账"的格式，如表5-5、表5-6所示。

表 5-5 现金收入日记账

| 2014 年 | | 收款凭证 | | 摘 要 | 贷方科目 | | | 收入合计 | 支出合计 | 余额 |
月	日	字	号		银行存款	其他应收款	营业外收入			
7	1			月初余额						1 500
	2	银付	1	从银行提现	800			800		2 300
	2			转记					500	1 800
	5			转记					100	1 700
	6	现收	5	出售废旧物资				80		1 780
	6	现收	6	交回差旅费余额		50		50		1 830

表 5-6 现金支出日记账

| 2014 年 | | 付款凭证 | | 摘 要 | 结算凭证 | | 借方科目 | | |
月	日	字	号		种类	号数	其他应收款	管理费用	支出合计
7	2	现付	2	预支差旅费			500		500
	5	现付	2	购买办公用品				100	600

借贷方分设的多栏式现金日记账的登记方法如下。

首先，根据有关现金收入业务的记账凭证登记现金收入日记账，根据有关现金支出业务的记账凭证登记现金支出日记账。

其次，每日营业终了，根据现金支出日记账结计的支出合计数，一笔转入现金收入日记账的"支出合计"栏中，并结出当日余额。

2．银行存款日记账的格式和登记方法

银行存款日记账是用来核算和监督银行存款每日的收入、支出和结余情况的账簿。银行存款日记账应按企业在银行开立的账户和币种分别设置，每个银行账户设置一本日记账，并由出纳员根据与银行存款收付业务有关的记账凭证，按时间先后顺序逐日逐笔进行登记。

（1）银行存款日记账的格式。银行存款日记账的格式与现金日记账相同，既可以采用三栏式，也可以采用多栏式。多栏式可以将收入和支出的核算在一本账上进行，也可以分设"银行存款收入日记账"和"银行存款支出日记账"，其格式与表5-5、表5-6相似。三栏式银行存款日记账的格式如表5-7所示。

表 5-7　　　　　　　　　　　银行存款日记账（三栏式）

年		凭证		对应科目	摘　　要	收　　入	付　　出	结　　余
月	日	字	号					
〰〰〰〰								

（2）银行存款日记账的登记方法。银行存款日记账的登记方法也与现金日记账的登记方法基本相同，栏目说明如下。

日期栏：系指记账凭证的日期。

凭证栏：系指登记入账的收付款凭证的种类和编号（与现金日记账的登记方法一致）。

对方科目栏：系指银行存款收入的来源科目或支出的用途科目。如开出支票一张支付购料款，其支出的用途科目（即对方科目）为"材料采购"科目，其作用在于了解经济业务的来龙去脉。

摘要栏：摘要说明登记入账的经济业务的内容，文字要简练，但要能概括说明问题。

收入、支出栏：系指银行存款实际收付的金额。根据银行存款收款凭证和有关的现金付款凭证（库存现金存入银行业务）登记银行存款收入栏，根据银行存款付款凭证登记其支出栏。每日终了，应分别计算银行存款的收入和支出的合计数，结算出余额，做到日清；月终应计算出银行存款全月收入、支出的合计数，做到月结。

5.3.2　总分类账的格式与登记方法

1．总分类账的格式

总分类账，简称总账，它是按照总分类账户分类登记以提供总括会计信息的账簿。总账中的账页是按总账科目（一级科目）开设的总分类账户。运用总分类账户，可以全面、系统、综合地反映企业所有的经济活动情况和财务收支情况，可以为编制财务报表提供所需的资料。因此，每一企业都应设置总分类账。

总分类账最常用的格式为三栏式，设置借方、贷方和余额三个基本金额栏目，如表5-8所示。

表 5-8   总分类账（三栏式）

年		凭证号数	摘　要	√	借　方	贷　方	借或贷	余　额
月	日							
≈≈≈	≈≈≈	≈≈≈	≈≈≈	≈≈≈	≈≈≈	≈≈≈	≈≈≈	≈≈≈

2．总分类账的登记方法

总分类账可以根据记账凭证逐笔登记，也可以根据经过汇总的科目汇总表或汇总记账凭证登记。

5.3.3　明细分类账的格式与登记方法

1．明细分类账的格式

明细分类账是根据二级科目或明细科目开设账页，分类、连续地登记经济业务以提供明细核算资料的账簿。明细分类账是总分类账的明细记录，它是按照总分类账的核算内容，按照更加详细的分类，反映某一具体类别经济活动情况。它对总分类账起补充说明的作用，它所提供的资料也是编制财务报表的重要依据。明细分类的格式主要有三栏式、多栏式、数量金额式和横线登记式（或称平行式）等。

（1）三栏式明细分类账。三栏式明细分类账是设有借方、贷方和余额三个栏目，用以分类核算各项经济业务，提供详细核算资料的账簿，其格式与三栏式总账格式相同。三栏式明细账适用于只进行金额核算的账户，如应收账款、应付账款、其他应收款、应交税金等。三栏式明细分类账的格式如表 5-9 所示。

表 5-9   明细分类账（三栏式）

总第　　　页　　　　　　　　分第　　　页

应收账款　　　　　　　　二　级科目编号及名称　北方公司

级科目编号及名称

2014 年		凭　证		摘　　要	借　方	贷　方	借或贷	余　额
月	日	种类	号数					
12	1			期初余额			借	100 000.00
12	2		5	收回货款		100 000.00	平	0

（2）数量金额式明细分类账。数量金额式明细分类账是在收入、支出、结存三栏内，再增设数量、单价和金额三个专栏，分别登记实物的数量和金额。所以，它适用

于既需要反映金额，又需要反映数量的经济业务，如原材料、库存商品等的收发业务核算。数量金额式明细分类账的格式如表 5-10 所示。

表 5-10 原材料明细分类账

类别： 计划单价：
品名或规格： 储备定额：
存放地点： 计量单位：

年		凭证号数	摘要	收　入			发　出			结　存		
月	日			数量	单价	金额	数量	单价	金额	数量	单价	金额

（3）多栏式明细分类账。多栏式明细分类账是将属于同一个总账科目的各个明细科目合并在一张账页上进行登记，即在这种格式账页的借方或贷方金额栏内按照明细项目设若干专栏。多栏式明细分类账适用于成本费用类科目的明细核算。

在实际工作中，成本费用类科目的明细账，可以只按借方发生额设置专栏，贷方发生额由于每月发生的笔数很少，可以在借方直接用红字冲销。这类明细账也可以在借方设专栏的情况下，贷方设一总的金额栏，再设一余额栏。这两种多栏式明细账的格式如表 5-11、表 5-12 所示。

表 5-11 管理费用明细分类账

年		凭证号数	摘要	借　方							
月	日			工薪费用	办公费	差旅费	折旧费	修理费	工会经费	…	合计

表 5-12 管理费用明细分类账

年		凭证号数	摘要	借　方								贷方	余额
月	日			工薪费用	办公费	差旅费	折旧费	修理费	工会经费	…	合计		

（4）横线登记式明细分类账。横线登记式明细分类账是采用横线登记，即将每一相关的业务登记在一行，从而可依据每一行各个栏目的登记是否齐全来判断该项业务的进展情况。这种明细账实际上也是一种多栏式明细账，适用于登记材料采购业务、应收票据和一次性备用金业务，其格式如表 5-13 所示。

表 5-13　　　　　　　　　其他应收款——备用金明细账

年		凭证号	摘要	借　　方			年		凭证号	摘要	贷　　方			余额
月	日			原借	补付	合计	月	日			报销	退	合计	
~	~	~	~	~	~	~	~	~	~	~	~	~	~	~

2．明细分类账的登记方法

明细分类账的登记通常有几种方法：一是根据原始凭证直接登记明细分类账；二是根据汇总原始凭证登记明细分类账；三是根据记账凭证登记明细分类账。

不同类型经济业务的明细分类账，可根据管理需要，依据记账凭证、原始凭证或汇总原始凭证逐日逐笔或定期汇总登记。固定资产、债权、债务等明细账应逐日逐笔登记；库存商品、原材料收发明细账以及收入、费用明细账可以逐笔登记，也可以定期汇总登记。

5.4　错账更正方法

账簿记录应保持整齐清洁。因此，记账时应力求正确和清楚，避免差错。如果账簿记录发生错误，必须按照规定的方法予以更正，不准涂改、挖补、刮擦或者用药水消除字迹。错账更正方法通常有划线更正法、红字更正法和补充登记法。

5.4.1　划线更正法

在结账以前，如果发现账簿记录中数字或文字错误，而记账凭证没有错误，可采用划线更正法进行更正。划线更正法又称红线更正法，更正时，先在错误的数字或文字上划一条红线注销，然后在红线上面空白处写上正确的文字或数字，并由记账及相关人员在更正处盖章。需要注意的是，对于错误的数字要整笔划掉，不能只简单划去其中一个或几个记错的数字，并且必须保证划去的字迹仍可清晰辨认。但对于文字错误，可只划去错误的部分。

【例 5-1】登记账簿时，将数字 8 175.00 元误记为 8 715.00 元。

更正方法是：不能只划去其中"71"改为"17"，而是要把"8 715.00"全部用红线划去，并在其上方写上"8 175.00"，如下所示。

8 175.00

8 715.00

5.4.2 红字更正法

红字更正法是指用红字冲销原有错误的账户记录或凭证记录，以更正或调整账簿记录的一种方法。通常存在以下两种情况。

（1）记账以后，在当年内发现记账凭证所记的会计科目错误，可采用红字更正法。更正方法是：用红字填写一张与错误记账凭证内容完全相同的记账凭证，在摘要栏注明"更正某月某日第×号凭证"，并用红字金额登记入账，以冲销账簿中原有的错误记录，然后再用蓝字填制一张正确的记账凭证，并据以登记入账。

【例 5-2】 生产车间领用甲材料 2 000 元用于车间一般性消耗。

填制记账凭证时，误将借方科目写成"生产成本"，并已登记入账。会计分录如下。

借：生产成本　　　　　　　　　　　　　　　　　　　　2 000
　贷：原材料　　　　　　　　　　　　　　　　　　　　　　　2 000

更正时，用红字填制一张与原错误记账凭证内容完全相同的记账凭证。会计分录如下。

借：生产成本　　　　　　　　　　　　　　　　　　　　2 000
　贷：原材料　　　　　　　　　　　　　　　　　　　　　　　2 000

然后，用蓝字填制一张正确的记账凭证。会计分录如下。

借：制造费用　　　　　　　　　　　　　　　　　　　　2 000
　贷：原材料　　　　　　　　　　　　　　　　　　　　　　　2 000

编制会计分录后，根据上述记账凭证登记账簿。

（2）记账后，如果发现记账凭证和账簿记录中应借、应贷的会计科目没有错误，只是所记金额大于应记金额。更正的方法是：按多记的金额用红字填制一张与原记账凭证应借、应贷会计科目完全相同的记账凭证，在摘要栏注明"更正某月某日第×号凭证"，并据以登记入账，以冲减多记的金额。

【例 5-3】 企业管理部门领用原材料 2 000 元，在编制记账凭证时，误将金额写成了 20 000 元，并且已登记入账。会计分录如下。

借：管理费用　　　　　　　　　　　　　　　　　　　20 000
　贷：原材料　　　　　　　　　　　　　　　　　　　　　　20 000

该笔错账的更正，只需按多记的金额 18 000 元，用红字编制一张与原记账凭证应借、应贷会计科目相同的记账凭证，并据以登记入账。会计分录如下。

借：管理费用　　　　　　　　　　　　　　　　　　　18 000
　贷：原材料　　　　　　　　　　　　　　　　　　　　　　18 000

5.4.3 补充登记法

记账之后，如果发现记账凭证中应借、应贷的会计科目没有错误，但所记金额小于应记金额，造成账簿中所记金额也小于应记金额，这种错账应采用补充登记法进行更正。更正的方法是：将少记金额用蓝笔填制一张与原记账凭证应借、应贷会计科目完全相同的记账凭证，在摘要栏内注明"补记某月某日第×号凭证"，并据以登记入账，以补充少记的金额。

【例5-4】接受外单位投入资金180 000元，已存入银行。在填制记账凭证时，误将其金额记为150 000元，并据以登记入账。

　　借：银行存款　　　　　　　　　　　　　　　　　　　　　　　150 000
　　　　贷：实收资本　　　　　　　　　　　　　　　　　　　　　　150 000

　　更正方法是：按少记金额30 000元用蓝字编制一张与原记账凭证应借、应贷会计科目完全相同的记账凭证，并据以登记入账。会计分录如下。

　　借：银行存款　　　　　　　　　　　　　　　　　　　　　　　30 000
　　　　贷：实收资本　　　　　　　　　　　　　　　　　　　　　　30 000

5.5　对账与结账

5.5.1　对账

对账，就是核对账目，是指对账簿记录进行的核对工作。通过对账，达到账证相符、账账相符、账实相符。

在日常会计核算中，包括填制凭证、记账、过账、算账、结账、计算等，难免会发生差错，出现账款、账物不符的情况。因此，在结账前，要通过对账，将有关账簿记录进行核对，确保会计核算资料的正确性和完整性，为编制财务报表提供真实可靠的数据资料。对账的内容包括账证核对、账账核对和账实核对。

1．账证核对

账证核对是指核对会计账簿记录与原始凭证、记账凭证的时间、凭证字号、内容、金额是否一致，记账方向是否相符。由于会计账簿是根据会计凭证登记的，两者之间存在勾稽关系，因此，账证核对可以检验会计账簿记录与会计凭证的内容是否正确无误，以保证账证相符。账证核对主要包括：现金、银行存款日记账应与收、付款凭证相核对，总账应与记账凭证相核对，明细账应与记账凭证、原始凭证或原始凭证汇总表核对。这些核对工作通常在日常制证和记账工作中进行。

2．账账核对

账账核对是指将各种会计账簿之间相对应的记录进行核对。由于会计账簿之间相对应的记录存在着内在联系，因此，账账核对可以检验会计账簿记录的正确性，以便及时发现错账，予以更正，保证账账相符。账账核对的内容主要包括如下方面。

（1）总分类账各账户借方余额合计数与贷方余额合计数核对相符。

（2）总分类账各账户余额与其所属明细分类账各账户余额之和核对相符。

（3）现金日记账和银行存款日记账的余额与总分类账中"库存现金"和"银行存款"账户余额核对相符。

（4）会计部门有关财产物资的明细分类账余额与财产物资保管或使用部门登记的明细账核对相符。

3．账实核对

账实核对是在账账核对的基础上，将各项财产物资、债权债务等账面余额与实有数额之间核对。由于实物的增减变化、款项的收付都要在有关账簿中如实反映,因此,会计账簿记录与实物、款项的实有数进行核对,可以检验款项、实物会计账簿记录的正确性,以便于及时发现财产物资和货币资金管理中存在的问题,查明原因,分清责任,改善管理,保证账实相符。账实核对的主要内容包括如下方面。

（1）现金日记账账面余额与现金实际库存数核对相符。现金日记账账面余额应与现金实际库存数逐日核对相符。

（2）银行存款日记账账面余额与银行对账单余额核对相符。银行存款日记账的账面余额与银行送来的对账单定期核对相符（一般至少每月一次）。

（3）各种材料、物资明细分类账账面余额与实存数核对相符。各项财产物资（如原材料、库存商品及固定资产等）明细账账面余额与财产物资的实有数定期核对相符。

（4）各种债权债务明细账账面余额与对方单位的账面记录核对相符。各种应收、应付、应交款明细账的期末余额应与债务、债权单位的账目核对相符;与上下级单位、财政和税务部门的拨缴款项也应定期核对无误。实际工作中,账实核对一般要结合财产清查进行。

5.5.2 结账

结账就是把一定时期内所发生的经济业务,在全部登记入账的基础上,结算出每个账户的本期发生额和期末余额,并将期末余额转入下期或下年新账（期末余额结转到下期即下期期初余额）。根据会计分期的不同,结账工作相应地可以在月末、季末、年末进行,不得提前结账或延迟结账。结账的内容通常包括:一是结清各种损益类账户,并据以计算确定本期利润;二是结清各资产、负债和所有者权益账户,分别结出本期发生额合计和余额。

1.结账的程序

（1）将本期发生的经济业务事项全部登记入账,并保证其正确性。

（2）按权责发生制的要求,调整有关账项,合理确定本期应计收入和应计费用。

（3）将损益类科目转入"本年利润"科目,结平所有损益类科目。

（4）结算出资产、负债和所有者权益账户的本期发生额和余额,并结转下期。

2.结账的方法

结账时应根据不同的账户记录,分别采用不同的结账方法。

（1）对于不需按月结计本期发生额的账户,每次记账后,都要随时结出余额,每月最后一笔余额即月末余额。月末结账时,需要在最后一笔经济业务事项记录下划通栏单红线,不需要再结计一次余额。

（2）现金日记账、银行存款日记账和需要按月结计发生额的收入、费用等明细账,每月结账时,要结出本月发生额和月末余额,在摘要栏内注明"本月合计"字样,并在下面划通栏单红线。

（3）需要结计本年累计发生额的某些明细账,每月结账时,应在"本月合计"行下结出自年初起至本月末止的累计发生额,登记在月份发生额下面,在摘要栏内注明"本年累计"字样,并在下面划通栏单红线。12 月末的"本年累计"就是全年累计发生额,全年累计发生额下划通栏双红线。

（4）总账账户平时只需结计月末余额，不需要结计本月发生额。年终结账时，为了反映全年各会计要素增减变动的全貌，便于核对账目，要将所有总账账户结计全年发生额和年末余额，在摘要栏内注明"本年合计"字样，并在合计数下通栏划双红线。

（5）年度终了结账时，有余额的账户，要将其余额结转到下一会计年度，并在摘要栏内注明"结转下年"字样；在下一会计年度新建有关会计账簿的第一行余额栏内填写上年结转的余额，并在摘要栏内注明"上年结转"字样。结转下年时，既不需要编制记账凭证，也不必将余额再记入本年账户的借方或贷方，使本年有余额的账户的余额变为零，而是使有余额的账户的余额如实反映在账户中，以免混淆有余额账户和无余额的账户的区别。

年终结账的格式如表 5-14 所示。

表 5-14 应收账款

2014 年		凭证号数	摘　　要	√	借　　方	贷　　方	借或贷	余　　额
月	日							
1	1		上年结转				借	30 000
12	31		本月合计		26 000	16 000	借	40 000
	31		本年累计		225 000	215 000	借	40 000
			结转下年					

5.5.3　会计账簿的更换与保管

会计账簿的更换通常在新会计年度建账时进行。一般来说，总账、日记账和多数明细账应每年更换一次。但有些财产物资明细账和债权债务明细账由于材料品种、规格和往来单位较多，更换新账的工作量较大，因此可以不必每年更换一次。各种备查账簿也可以连续使用。

年度终了，各种账户在结转下年、建立新账后，一般都要把旧账送交总账会计集中统一管理。被更换下来的旧账是会计档案的重要组成部分，必须科学、妥善地加以保管。按照规定，会计账簿一般暂由本单位财务会计部门保管 1 年，期满之后，由财务会计部门编造清册移交本单位的档案部门保管。

本章小结

会计账簿是指由一定格式账页组成的，以经过审核的会计凭证为依据，全面、系统、连续地记录各项经济业务的簿籍。设置和登记账簿是编制财务报表的基础，是连接会计凭证与财务报表的中间环节。会计账簿按用途分为序时账、分类账和备查账；按账页格式分为两栏式、三栏式、多栏式和数量金额式；按外形格式分为订本式和活页式。

会计账簿的基本内容包括封面、扉页、账页；账簿启用时，应当在账簿封面上写明单位名称和账簿名称，并在账簿扉页上附启用表；记账人员应按相关的记账规则登记账簿。

日记账应根据与现金、银行存款收付款凭证，按时间顺序逐日逐笔进行登记。总分类账可以根据记账凭证逐笔登记，也可以根据经过汇总的科目汇总表或汇总记账凭证等进行登记，这取决于企业单位所选择的账务处理程序。明细分类账可根据管理需要设置，依据记账凭证、原始凭证或汇总原始凭证进行登记。

错账更正方法包括划线更正法、红字更正法和补充登记法。会计人员应当根据错账的类型正确选择错账更正方法。

对账，就是核对账目，是将各类相关的账簿记录进行核对，以做到账证相符、账账相符、账实相符。对账的主要内容包括账证核对、账账核对和账实核对。结账，就是把一定时期内全部经济业务登记入账之后，定期计算出各个账户的本期发生额及期末余额，结束本期账簿记录。在一定时期结束时（如月末、季末或年末），为了编制财务报表，需要进行结账。

▌ 会计名人 ▌

杨汝梅（1899—1985），字众先，河北磁县人，会计理论家、会计教育家，无形资产理论研究的开创者，首位列入《世界名人录》的中国会计学家。1920 年毕业于铁路管理学校高等科（北京交通大学前身），翌年赴美国密歇根大学留学，师从著名会计学家佩顿教授，其博士论文《商誉及无形资产》（*Goodwill and other intangibles*）作为无形资产理论研究的开山之作，迄今被奉为经典，蜚声世界。留学归国后，先后在北京交通大学、上海国立暨南大学等高校任职，其间曾任盐务总局稽核、"四联总处"处长。1949 年移居中国香港地区，执教于新亚书院、香港中文大学商学院等学府，担任系主任、院长等职。杨汝梅作为中国进入世界会计领域的第一人，其成就达到当时世界先进水平，产生了深远影响。

💬 思考与练习

一、思考题

（1）什么是账簿？有了会计凭证，为什么还要设置账簿？

（2）账簿有哪些种类？它们分别用于登记哪些方面的业务？应如何选用？

（3）试述各种账簿的内容和登记方法。

（4）试述账簿的启用规则和登记规则。

（5）什么要对账和结账？应如何对账和结账？

（6）错账更正方法有哪几种？应如何选用恰当的错账更正方法？

二、判断题

（1）总分类账和明细分类账一律都是根据记账凭证登记的。　　　　（　　）

（2）备查账簿是对某些在日记账和分类账中未能记录的事项进行补充登记的账簿，因此，各单位必须设置。　　　　　　　　　　　　　　　　　　　　（　　）

（3）在整个账簿体系中，序时账和分类账是主要账簿，备查账为辅助账簿。
（　　）

（4）现金日记账和银行存款日记账必须采用订本式账簿，但企业可以用银行对账单代替日记账。（　　）

（5）登记账簿必须用蓝、黑墨水书写，不得使用圆珠笔或铅笔书写。（　　）

（6）多栏式现金日记账的登记方法与三栏式一样，区别在于现金收入和现金支出分别反映在两本账上。（　　）

（7）总账采用订本式账簿，账页格式为多栏式。（　　）

（8）账簿中书写的文字和数字上面要留有适当的空格，不要写满格，一般应占格距的 1/2。（　　）

（9）记账以后，发现所记金额小于应记金额，但记账凭证正确，应采用红字更正法进行更正。（　　）

（10）结账之前，如果发现账簿中所记的文字或数字错误有过账笔误，而记账凭证并没有错，应采用划线更正法进行更正。（　　）

三、单项选择题

（1）必须逐日逐笔登记的账簿是（　　）。
　　A. 明细账　　　　B. 总账　　　　　C. 日记账　　　　D. 备查账

（2）库存现金、银行存款日记账应当采用（　　）。
　　A. 订本式　　　　B. 活页式　　　　C. 横线登记式　　D. 卡片式

（3）下列账簿不能采用多栏式账页的有（　　）。
　　A. 总账　　　　　　　　　　　B. 管理费用明细账
　　C. 现金日记账　　　　　　　　D. 银行存款日记账

（4）不能作为银行存款日记账登记依据的是（　　）。
　　A. 现金收款凭证　　　　　　　B. 部分现金付款凭证
　　C. 银行存款收款凭证　　　　　D. 银行存款付款凭证

（5）原材料明细账通常采用（　　）账簿。
　　A. 多栏式　　　　B. 三栏式　　　　C. 数量金额式　　D. 两栏式

（6）记账凭证上记账栏中"√"记号表示（　　）。
　　A. 已经登记入账　　　　　　　B. 已经审核
　　C. 此凭证作废　　　　　　　　D. 此凭证编制正确

（7）可以采用三栏式的明细账是（　　）。
　　A. 库存商品明细账　　　　　　B. 制造费用明细账
　　C. 固定资产明细账　　　　　　D. 债权债务明细账

（8）记账以后，发现记账凭证中科目正确，但所记金额小于应记的金额，应采用（　　）进行更正。
　　A. 红字更正法　　B. 平行登记法　　C. 补充登记法　　D. 划线更正法

（9）结账前发现账簿或凭证的文字或数字发生错误时可以采用的错账更正方法是（　　）。
　　A. 划线更正法　　B. 红字更正法　　C. 补充登记法　　D. 更换凭证法

（10）以下属于对账中账证核对的内容是（　　　）。

A. 银行存款日记账账面余额与开户银行账目定期核对

B. 总分类账户各账户期末余额与银行存款日记账期末余额核对

C. 现金日记账与某日收款凭证核对

D. 总分类账户各账户期末余额与明细分类账的期末余额核对

四、多项选择题

（1）下列各项属于对账内容的是（　　　）。

A. 明细账与总账核对　　　　　　　B. 库存商品账与实物核对

C. 往来账与业务合同核对　　　　　D. 记账凭证与原始凭证核对

E. 库存现金与现金账核对

（2）下列账簿必须采用订本式账簿的是（　　　）。

A. 明细账　　　　　　　B. 总账　　　　　　　C. 现金日记账

D. 银行存款日记账　　　E. 备查账

（3）下列各项，可以采用多栏式明细账簿的是（　　　）。

A. 生产成本　　　　　　B. 管理费用　　　　　C. 原材料

D. 应收账款　　　　　　E. 制造费用

（4）现金日记账的登记依据是（　　　）。

A. 现金收款凭证　　　　　　　　　B. 现金付款凭证　　　　C. 转账凭证

D. 银行存款收款凭证　　　　　　　E. 部分银行存款付款凭证

（5）明细分类账采用的格式有（　　　）。

A. 三栏式　　　　　　　B. 多栏式　　　　　　C. 数量金额式

D. 两栏式　　　　　　　E. 联合式

（6）明细分类账可以直接根据（　　　）登记。

A. 记账凭证　　　　　　B. 原始凭证　　　　　C. 科目汇总表

D. 汇总原始凭证　　　　E. 备查账

（7）下列情况，可以使用红色墨水记账的有（　　　）。

A. 按照红字冲账的记账凭证，冲销错误记录

B. 在不设借贷的多栏式账页中，登记减少数

C. 在三栏式账户的余额前，如未印明余额方向的，在余额栏内登记负数余额

D. 进行年结、月结时划线

E. 补充登记时

（8）下列情况可以使用红字更正法的是（　　　）。

A. 记账凭证中所记金额大于原始凭证中的应记金额，且已入账

B. 记账凭证中所记金额小于原始凭证中的应记金额，且已入账

C. 记账凭证中的应借、应贷科目错误，且已入账

D. 记账凭证中的应借、应贷金额错误，且已入账

E. 记账凭证无错，登账时发生数字错误

（9）银行存款日记账登记的依据是（　　　）。

A. 银行存款收款凭证　　　　　　　B. 银行存款付款凭证

    C. 部分现金收款凭证   D. 部分现金付款凭证

    E. 转账凭证

（10）债权债务明细分类账（   ）。

    A. 为了详细反映结算情况而采用多栏式

    B. 根据有关收款凭证记账   C. 根据有关付款凭证记账

    D. 根据有关转账凭证记账   E. 采用三栏式格式

五、业务题

习题一

1. 目的

练习库存现金、银行存款日记账的登记。

2. 资料

江南公司 2014 年 8 月 1 日，库存现金日记账的期初余额为 295 元，银行存款日记账的期初余额为 98 700 元。该公司 8 月份发生以下经济业务。

（1）2 日，以银行存款归还前欠凯乐公司货款 70 200 元。

（2）3 日，出售甲产品 2 000 件，价款 200 000 元，增值税税款 34 000 元。货款已收存银行。

（3）5 日，以银行存款上交企业所得税 18 000 元。

（4）6 日，从银行提取现金 2 000 元备用。

（5）7 日，职工方平出差，预借差旅费 500 元。

（6）8 日，以银行存款归还前欠明星公司货款 114 660 元。

（7）9 日，收到大明公司前欠货款 34 290 元，存入银行。

（8）10 日，以银行存款 35 000 元支付本月职工工资。

（9）12 日，收到天源公司还来前欠货款 23 400 元，存入银行。

（10）14 日，以银行存款支付外购 A 材料的价款 94 000 元，增值税税款 15 980 元。

（11）15 日，以现金支付业务招待费 450 元。

（12）20 日，向银行借入短期借款 110 000 元，存入银行。

（13）21 日，购置办公用品 500 元，以现金支付。

（14）25 日，从银行提取现金 2 000 元备用。

（15）25 日，以现金 1 500 元支付包装物押金。

3. 要求

根据上述经济业务编制相应的会计分录，并据以登记现金、银行存款日记账。

习题二

1. 目的

练习数量金额式明细分类账的登记，以及总分类账与所属明细分类账的核对。

2. 资料

大华公司 2014 年 5 月 1 日"原材料"总分类账户的期初余额为 198 000 元，其中，甲材料 20 000 千克，每千克 5 元，共计 100 000 元；乙材料 30 000 千克，每千克 2 元，共计 60 000 元；丙材料 38 000 千克，每千克 1 元，共计 38 000 元。该公司 5 月份发生下列有关材料收发的业务。

（1）2 日，外购甲材料 10 000 千克验收入库，结转其实际采购成本 50 000 元。

（2）3 日，生产产品领用乙材料 15 000 千克，计 30 000 元。

（3）6 日，生产产品领用甲材料 8 000 千克，计 40 000 元。

（4）10 日，生产车间修理机器设备领用丙材料 3 000 千克，计 3 000 元。

（5）11 日，外购乙材料 20 000 千克验收入库，结转其实际采购成本 40 000 元。

（6）14 日，生产产品领用乙材料 30 000 千克，计 60 000 元。

（7）16 日，外购丙材料 60 000 千克验收入库，结转其实际采购成本 60 000 元。

（8）19 日，生产产品领用甲材料 7 000 千克，计 35 000 元。

（9）20 日，外购乙材料 10 000 千克验收入库，结转其实际采购成本 20 000 元。

（10）27 日，生产产品领用丙材料 63 000 千克验收入库，计 63 000 元。

3．要求

（1）根据上述经济业务编制会计分录，并据以登记"原材料"总账及明细账。

（2）编制"原材料明细分类账户本期发生额及余额表"，并与总分类账有关记录相核对。

习题三

1．目的

练习错账更正方法。

2．资料

东方公司将账簿记录与记账凭证进行核对时，发现下列经济业务内容的账簿记录有误。

（1）签发转账支票 3 000 元预付本季度办公用房租金，原编记账凭证的会计分录如下。

借：应收账款　　　　　　　　　　　　　　　　　　　　　　　　　3 000

　　贷：银行存款　　　　　　　　　　　　　　　　　　　　　　　　3 000

（2）结转本月实际完工产品的生产成本 49 000 元，原编记账凭证的会计分录如下。

借：库存商品　　　　　　　　　　　　　　　　　　　　　　　　94 000

　　贷：生产成本　　　　　　　　　　　　　　　　　　　　　　　94 000

（3）购入材料一批，计货款 7 600 元（不考虑相关税费），原编记账凭证的会计分录如下。

借：材料采购　　　　　　　　　　　　　　　　　　　　　　　　76 000

　　贷：银行存款　　　　　　　　　　　　　　　　　　　　　　　76 000

（4）计提本月固定资产折旧费 4 100 元，原编记账凭证的会计分录如下。

借：管理费用　　　　　　　　　　　　　　　　　　　　　　　　1 400

　　贷：累计折旧　　　　　　　　　　　　　　　　　　　　　　　1 400

（5）结算本月应付职工工资，其中，生产工人工资为 14 000 元，管理人员工资为

3 400 元，原编记账凭证的会计分录如下。

借：生产成本 　　　　　　　　　　　　　　　　1 400
　　管理费用　　　　　　　　　　　　　　　　　340
　　　贷：应付职工薪酬　　　　　　　　　　　　　　　1 740

（6）结转本期商品销售收入 480 000 元，原编记账凭证会计分录如下。

借：本年利润　　　　　　　　　　　　　　450 000
　　　贷：主营业务收入　　　　　　　　　　　　　450 000

（7）用银行存款支付所欠供货单位货款 7 600 元，原编记账凭证会计分录如下。

借：应付账款　　　　　　　　　　　　　　　6 700
　　　贷：银行存款　　　　　　　　　　　　　　　6 700

（8）以现金支付采购人员差旅费 2 000 元，原编记账凭证的会计分录如下。

借：其他应付款　　　　　　　　　　　　　　2 000
　　　贷：库存现金　　　　　　　　　　　　　　　2 000

（9）车间管理人员出差回来报销差旅费 1 900 元，交回现金 100 元，原编记账凭证的会计分录如下。

借：管理费用　　　　　　　　　　　　　　　1 900
　　库存现金　　　　　　　　　　　　　　　　100
　　　贷：其他应收款　　　　　　　　　　　　　　2 000

3．要求

将上列各项经济业务的错误记录，分别以适当的错账更正方法予以更正。

第 6 章

财 产 清 查

● 学 习 目 标

- 了解财产清查的意义和种类，理解财产清查的各种方法以及财产物资的盘存制度
- 掌握财产清查结果的会计处理方法

● 导 入 案 例

又快到年终了，长江公司经过一年的努力，取得了不错的业绩，总经理非常满意。即使这样，财务总监钱华还是向总经理提出，要对公司所有财产进行一次全面清查，以摸清家底。总经理没有马上同意，认为公司的管理一直严格，员工们很敬业、工作很努力，业务操作也很规范，完全没有必要再花费人力、物力去做这项工作。钱华感到很为难。

如果你是钱华，你将如何说服总经理采纳你的建议？

6.1 财产清查的程序与方法

6.1.1 财产清查的概念和种类

1. 财产清查的概念

财产清查，就是通过对货币资金、实物资产和债权、债务的实地盘点或核对，确定其实存数，查明账存数与实存数是否相符的一种专门方法。一个单位日常发生的各项经济业务，经填制和审核会计凭证，并登记到会计账簿中。账簿记录是否正确、是否如实反映各项财产的增减变动情况及结存，不仅关系到据以编制的财务报表是否真实、可靠，而且也关系到单位的财产物资等的安全、完整。因此，为保证账实相符，保证财务报表的质量，必须进行财产清查。

造成账实不符的原因是多方面的，主要有：第一，自然原因。财产物资在保管过程中由于自然条件而产生的升溢或损耗，造成财产物资数量或质量上发生变化，但日常会计核算中并没反映。自然灾害（如水灾、地震等）造成财产物资的意外损失，账簿中没能及时反映。第二，人为原因。财产收发过程中由于计量、检验不准而造成多收或少收、多发或少发的差错；由于管理不善、制度不严而造成财产损坏、变质、丢失、被盗等；由于有关人员的贪污、挪用、营私舞弊等违法行为而造成的财产物资的损失。此外，还存在未达账项，造成结算双方账实不符及账簿记录错误等。

所以，加强财产清查工作，有助于以下目标的实现。

（1）确保会计核算资料的真实可靠。通过财产清查，可以查明各项财产物资的实有数量，确定账实不符的数量及原因，及时调整账面记录，使账存数与实存数一致，从而确保会计核算资料真实可靠。

（2）保护财产物资的安全完整。通过财产清查，可以查明各项财产物资的保管情况是否良好，制度是否规范，有无损失浪费、霉烂变质和非法贪污、盗窃、挪用等情况，以便从中吸取教训，采取措施，堵塞漏洞，建立健全各项财产物资管理制度，保护各项财产物资的安全完整。

（3）挖掘财产物资潜力，充分发挥财产物资的效用。通过财产清查可以查明各项财产物资的储备、使用情况，合理调配、有效使用各项财产物资，积极处理超储、积压和呆滞财产物资，挖掘其潜力，提高其使用效能，加速资金周转。

（4）维护财经纪律，严肃财经法纪。通过财产清查，可以查明各项资金使用是否合理、合法，有无违反财经法纪和结算制度，有无贪污浪费、挪用公款等现象，从而严肃法纪，维护财经纪律。

2. 财产清查的种类

财产清查的种类很多，可以按以下不同的标准加以分类。

（1）按清查的范围划分，财产清查可分为全面清查和局部清查。

全面清查，是指对企业全部财产都要进行盘点和核对。就制造企业来说，全面清查的对象一般包括：现金、银行存款等各种货币资金；材料、包装物、在产品、半成品、库存商品等各种存货；房屋、建筑物、机器设备等各种固定资产；应收、预付等各种债权；股票、债券等各种有价证券及其他对外投资；接受其他单位委托加工的材料物资以及自己委托其他单位加工、保管的材料、商品等物资；各项在途物资、在途货币资金等在途资金；短期借款、长期借款、应付账款等各种债务。全面清查范围广、内容多、时间长、参与人员众多、费用开支大。通常，下列情况必须进行全面清查：年终决算之前；单位撤销、合并或改变隶属关系时；中外合资、国内合营前；企业股份制改制前；开展全面的资产评估、清产核资时；单位主要领导调离工作时等。

局部清查，是指根据需要对企业的部分财产物资或债权、债务进行的盘点与核对。局部清查的对象主要是货币资金、存货以及其他流动性较强的财产物资。一般情况下，现金应每天清点一次；银行存款每月至少同银行核对一次；债权债务每年至少核对一至两次；各项存货应有计划、有重点地抽查；贵重物品每月应清查一次。局部清查与全面清查相比，其范围小、内容少、时间短、参与人员少，但专业性较强。

（2）按清查的时间划分，财产清查可分为定期清查和不定期清查。

定期清查，是根据计划安排或财务制度的规定，对财产物资所进行的清查。定期清查一般是在期末进行，它可以是全面清查，也可以是局部清查。一般年末进行全面清查，半年末、季末、月末进行局部清查。

不定期清查，是根据实际需要对财产物资所进行的临时清查。不定期清查一般是局部清查，但也可以是全面清查。不定期清查一般是在下列情况下进行：更换财产物资和现金经管人员进行的对有关财产物资的清查；财产物资发生意外灾害等非常损失进行的损失情况的清查；有关部门进行的临时性检查等。

企业在编制年度财务会计报告前，应当全面清查财产、核实债务。各单位应当定期将会计账簿记录与实物、款项及有关资料相互核对，保证会计账簿记录与实物及款项的实有数额相符。

6.1.2　财产清查的程序

财产清查是一项涉及面广、工作量大、政策性强、内容复杂的工作，特别是全面清查，涉及的财产物资范围广，需要的人员较多，操作的时间较长。为保证财产清查工作顺利进行，必须有计划、有组织、有步骤地进行，其一般程序如下。

（1）建立财产清查组织。

（2）组织清查人员学习有关政策规定，掌握有关法律、法规和相关业务知识，以提高财产清查工作的质量。

（3）确定清查对象、范围，明确清查任务。

（4）制定清查方案，具体安排清查内容、时间、步骤、方法，以及必要的清查前准备。

（5）清查时本着先清查数量、核对有关账簿记录等，后认定质量的原则进行。

（6）填制盘存清单。

（7）根据盘存清单填制实物、往来账项清查结果报告表等。

6.1.3 财产清查的方法

1. 货币资金的清查方法

（1）库存现金的清查。库存现金清查的主要方法是通过实地盘点的方法来确定库存现金的实存数，然后再与现金日记账的账面余额核对，确定账存数与实存数是否相符以及盈亏情况。

库存现金清查主要包括两种情况：一是由出纳人员每日清点库存现金实有数，并与现金日记账结余额相核对，这是出纳人员所做的经常性的现金清查工作。这种清查方法比较省时、省力，但只采用这种清查方法不够严密，容易出漏洞。因此，在实际工作中，除了由出纳人员对现金进行经常性清查以外，还应由清查小组对库存现金进行定期或不定期清查。清查时，出纳人员必须在场，现金由出纳人员经手盘点，清查人员从旁监督。同时，清查人员还应认真审核现金收付凭证和有关账簿，检查账务处理是否合理合法，账簿记录有无错误，以确定账存数与实存数是否相符等。

通过库存现金清查，既要检查账证是否客观、真实，是否符合相关规定，又要检查账实是否相符。现金清查结束后，应填写"库存现金盘点报告表"，并据以调整现金日记账的账面记录。库存现金盘点报告表的格式如表6-1所示。

表 6-1　　　　　　　　　　　　库存现金盘点报告表

实 存 金 额	账 存 金 额	对 比 结 果		备 注
		溢 余	短 缺	

负责人签章：　　　　　　　　　盘点人签章：　　　　　　　　　出纳员签章：

（2）银行存款的清查。银行存款清查是通过与开户银行转来的对账单进行核对，来查明银行存款的实有数额。银行存款日记账与开户银行转来的对账单不一致的原因有两个方面：一是双方或一方记账有错误；二是存在未达账项。

所谓未达账项是指在企业和银行之间，由于凭证的传递时间不同，而导致了记账时间不一致，即一方已接到有关结算凭证已经登记入账，而另一方由于尚未接到有关结算凭证尚未入账的款项。具体地说，未达账项有以下4种情况。

① 企业已收，银行未收，即企业已收款入账，银行尚未收款入账。

② 企业已付，银行未付，即企业已付款入账，银行尚未付款入账。

③ 银行已收，企业未收，即银行已收款入账，企业尚未收款入账。

④ 银行已付，企业未付，即银行已付款入账，企业尚未付款入账。

上述任何一种未达账项的存在，都会使企业银行存款日记账余额与银行对账单的余额不符。其中，在①④两种情况下，会使企业银行存款日记账余额大于银行对账单余额；而在②③两种情况下，又会使企业银行存款日记账余额小于银行对账单余额。因此，在清查银行存款时，如出现未达账项，应通过编制银行存款余额调节表进行调整。调节表的编制方法一般是在企业与银行双方的账面余额基础上，各自加上对方已收而本单位未收的款项，减去对方已付而本单位未付的款项。经过调节后，双方的余额应一致。

现举例说明"银行存款余额调节表"的格式和具体编制方法。

【例 6-1】乐华公司 2014 年 6 月 30 日银行存款日记账的余额为 203 000 元，银行对账单的余额为 208 000 元，经核对发现以下未达账项。

① 6 月 28 日，企业收到转账支票一张，计 26 000 元，企业已作存款收入入账，但尚未到银行办理入账手续，银行尚未入账。

② 6 月 29 日，企业开出转账支票一张，60 000 元，用以支付供货单位账款，企业已作存款付出入账，但支票尚未到达银行，银行尚未入账。

③ 6 月 30 日，银行计算应付给企业存款利息 5 000 元，银行已登记入账，作为企业存款的增加，而企业未收到收款通知，尚未入账。

④ 6 月 30 日，银行代企业支付水电费 34 000 元，银行已登记入账，作为企业存款的减少，而企业尚未收到付款通知，尚未入账。

根据以上未达账项，编制银行存款余额调节表如表 6-2 所示。

表 6-2

银行存款余额调节表

2014 年 6 月 30 日   单位：元

项　　目	金　　额	项　　目	金　　额
企业银行存款日记账余额	203 000	银行对账单余额	208 000
加：银行已收，企业未收		加：企业已收，银行未收	
③银行存款利息	5 000	①企业收到转账支票	26 000
减：银行已付，企业未付		减：企业已付，银行未付	
④银行代付的水电费	34 000	②企业开出转账支票	60 000
调节后的存款余额	174 000	调节后的存款余额	174 000

银行存款余额调节表的编制方法，是双方在账面余额的基础上各自补记对方已记账、本单位未记账的金额（包括增加金额和减少金额），经过调节以后的双方账面余额若相等，说明双方记账均无错误。根据双方账面余额和未达账项调节后的余额，是企业实际可使用的存款数额。

需要说明的是，不能根据银行存款余额调节表来编制会计分录，银行存款余额调节表不能作为记账依据，它只是为核对银行存款余额而编制的一个工作底稿，只是及时查明本企业和银行双方账簿记录有无差错的一种清查方法。对于银行已入账而企业未入账的各项经济业务，必须在收到银行转来的有关原始凭证后方可入账。但对长期存在的未达账项，应查明原因及时处理。

2．实物的清查方法

实物是指具有实物形态的各种财产，包括原材料、库存商品、固定资产等。由于实物的形态、体积、重量、码放方式等不同，采用的清查方法也不同，主要有以下两种。

（1）实地盘点法。实地盘点法是指在财产物资存放现场逐一清点数量或用计量仪器确定其实存数的一种方法。该方法确定的数字准确可靠，但工作量较大，企业单位的多数实物资产的清查，都可以采用这种方法。

（2）技术推算法。技术推算法是指利用技术方法推算财产物资实存数的一种方法。

该方法所确定的数字不够准确，但工作量较小，一般适用于煤炭、砂石等大宗物资的清查。

对各项财产物资的盘点结果，应逐一填制"盘存单"，并同账面余额核对，确认盘盈盘亏数，填制"实存账存对比表"，作为调整账面记录的原始凭证。盘存单及实存账存对比表的格式如表 6-3、表 6-4 所示。

表 6-3 盘存单

单位名称　　　　　　　　　　　　　　　　　　　存放地点　　　　　　编号
财产类别　　　　　　　　　　　　　　　　　　　盘点时间

序号	名称	规格	计量单位	盘点数量	单价	金额	备注

　盘点人签章　　　　　　　　　　　　　　　　　　　　保管人签章

表 6-4 实存账存对比表

单位名称　　　　　　　　　　　　　　　年　　月　　日

序号	名称	规格	计量单位	单价	实存		账存		盘盈		盘亏		备注
					数量	金额	数量	金额	数量	金额	数量	金额	

　盘点人签章　　　　　　　　　　　　　　　　　　　　会计签章

3．往来款项的清查方法

往来款项主要包括应收款、应付款、暂收款等款项。往来款项的清查一般采用发函询证的方法进行核对。具体步骤如下。

（1）将本单位的往来账款核对清楚，确认总分类账与明细分类账的余额相等，各明细分类账的余额相符。

（2）在保证往来账户记录完整正确的基础上，编制"往来款项对账单"，寄往各有关往来单位。"往来款项对账单"一般为一式两联，其中一联作为回单，对方单位核对后退回，盖章表示核对相符，如不相符由对方单位另外说明。"往来款项对账单"的格式如表 6-5 所示。

表 6-5 函证信

××单位：

本公司与贵单位的业务往来款项有下列各项目，为了清兑账目，特函请查证，是否相符，请在回执联中注明后盖章寄回。此致敬礼！

往来结算款项对账单

单位：	地址：		编号：
会计科目名称	截止日期	经济事项摘要	账面余额

（3）收到上述回单后，应据此编制"往来款项清查表"，注明核对相符与不相符的款项，对不符的款项按有争议、未达账项、无法收回等情况归类合并，针对具体情况及时采取措施予以解决。"往来款项清查表"的格式如表 6-6 所示。

表 6-6　　　　　　　　　　　　往来款项清查表

总分类账户名称：　　　　　　　　年　　月　　日

明细分类账户		清 查 结 果		核对不符原因分析			备　注
名　　称	账面余额	核对相符金额	核对不符金额	未达账项金额	有争议款项金额	其　　他	

知识链接

财产物资的盘存制度，是确定财产物资账面结存的方法，包括永续盘存制和实地盘存制。

永续盘存制也称账面盘存制。采用这种方法，平时对各项财产物资的增加数和减少数，都要根据会计凭证连续记入有关账簿，并且随时结出账面余额。公式如下。

$$账面期末余额 = 账面期初余额 + 本期增加额 - 本期减少额$$

采用永续盘存制，需要对各项财产物资定期进行财产清查，以查明账实是否相符，以及账实不符的原因。

同永续盘存制相对的是实地盘存制。采用这种方法，平时只根据会计凭证在账簿中登记财产物资的增加数，不登记减少数，到月末，对各项财产物资进行盘点，根据实地盘点所确定的实存数，倒挤出本月各项财产物资的减少数。公式如下。

$$本期减少数 = 账面期初余额 + 本期增加数 - 期末实际结存数$$

根据以上公式计算倒挤出的本期减少数，再登记有关账簿，所以每月末，对各项财产物资进行实地盘点的结果，是计算、确定本月财产物资减少数的依据。

6.2　财产清查结果的处理

6.2.1　财产清查结果的处理要求

通过财产清查发现的有关会计核算和财产管理工作中的问题，都必须按照国家的有关政策、法规、制度进行严肃认真的处理。财产清查结果的处理要求包括以下几个方面。

1. 分析产生差异的原因和性质，提出处理建议

对财产清查过程中所发现的各种财产盘盈、盘亏和毁损等账实不符情况，应当认真分析其产生差异的原因，研究其性质，并在明确责任的基础上，提出处理意见，按规定报请有关部门和领导进行审批。审批处理后，应当严格执行审批意见，调整有关账簿记录，做到账实相符。

2．积极处理多余积压财产，清理往来款项

对财产清查过程中发现的多余和积压财产，在查明原因的基础上，报经领导批准后，可及时进行处理；对于长期拖欠以及有争议的往来款项，应当认真查明原因，必要时可指定专人负责，及时予以清理，以挖掘单位财产潜力，加速资金的周转，提高经济效益。

3．总结经验教训，建立健全各项管理制度

对于财产清查发现的单位在会计核算、会计管理、财产管理等各方面的经验和教训，应当认真总结。好的方面应当坚持和发扬，不足之处应当提出改进意见或措施，努力建立和健全各项管理制度，避免问题的再次发生，从而提高会计工作和管理工作的水平。

4．及时调整账簿记录，保证账实相符

对于财产清查过程中所发现的盘盈、盘亏和毁损等情况，应当按照有关规定及时进行处理，调整相关的会计账簿记录，切实做到账实相符。对于在清查过程中发现的坏账损失，也要按规定及时进行处理，不可长期挂账。

6.2.2　财产清查结果的处理步骤和方法

1．财产清查处理步骤

财产清查的结果大致有 3 种情况：第一种情况是实存数等于账存数，即账实相符；第二种情况是实存数大于账存数，即盘盈；第三种情况是实存数小于账存数，即盘亏。对于第一种情况，因为账实相符，在会计上不必进行账务处理。但对第二种和第三种情况，即无论是盘盈还是盘亏，会计上都要进行必要的账务处理，处理的程序包括两个方面。

（1）审批之前的处理。首先，根据清查中取得的原始凭证，如"盘存单"、"实存账存对比表"，核准财产物资、货币资金及债权债务的盈亏数字，对各项差异产生的原因进行分析，明确经济责任，提出处理意见，同时根据企业管理权限，将处理意见报股东大会或董事会，或经理（厂长）会议或类似机构批准；其次，根据"实存账存对比表"，编制有关记账凭证，并据以登记账簿，调整账簿记录，做到账实相符。

（2）审批之后的处理，即根据差异发生的原因和批准处理意见，将处理结果编制会计分录，并据以登记有关账簿，进行差异处理，调整账项。

2．财产清查结果的核算

（1）账户设置。为了核算和监督财产清查过程中的各种财产物资的盘盈、盘亏和毁损及处理情况，企业应设置"待处理财产损溢"账户。该账户属于资产类账户，其结构如图 6-1 所示。

待处理财产损溢

待处理财产损溢	
① 待处理财产盘亏金额 ② 根据批准的处理意见结转待处理财产盘盈金额	① 待处理财产盘盈金额 ② 根据批准的处理意见结转待处理财产盘亏金额

图 6-1　"待处理财产损溢"账户结构

"待处理财产损溢"账户还应当按照盘盈、盘亏的资产种类和项目设置明细账，进行明细分类核算。由于企业的财产损溢应在期末结账前处理完毕，所以本账户无期末余额。

（2）财产盘盈的账务处理。企业盘盈的现金、各种材料、库存商品、固定资产等，应借记"库存现金"、"原材料"、"库存商品"、"固定资产"等账户，贷记"待处理财产损溢"等账户。盘盈的财产报经批准后，根据处理意见，应借记"待处理财产损溢"账户，贷记"管理费用"、"营业外收入"等账户。对于固定资产盘盈，企业应作为前期差错处理，通过"以前年度损益调整"账户核算。

【例 6-2】乐华公司进行库存现金清查中发现长款 150 元。

在报经批准前，企业应根据"现金盘点报告表"确定的现金盘盈金额，编制以下会计分录。

借：库存现金 150
　　贷：待处理财产损溢——待处理流动资产损溢 150

在批准后，根据批准处理意见，转销现金盘盈的会计分录如下。

借：待处理财产损溢——待处理流动资产损溢 150
　　贷：营业外收入——盘盈利得 150

【例 6-3】乐华公司于 12 月 31 日对存货进行盘点，发现甲材料盘盈 10 千克，每千克 120 元。

在报经批准前，企业应根据"实存账存对比表"确定原材料的盘盈金额，编制如下会计分录。

借：原材料——甲材料 1 200
　　贷：待处理财产损溢——待处理流动资产损溢 1 200

经查，甲材料的盘盈属于正常的计量误差，根据批准意见，将盘盈金额冲减"管理费用"账户，会计分录如下。

借：待处理财产损溢——待处理流动资产损溢 1 200
　　贷：管理费用 1 200

（3）财产盘亏的账务处理。企业盘亏的各种材料、库存商品、固定资产等，应借记"待处理财产损溢"、"累计折旧"等账户，贷记"原材料"、"库存商品"、"固定资产"等账户。盘亏财产报经批准后，区别以下情况处理。

第一，对于存货发生的盘亏或毁损，如果属于计量收发差错和管理不善等原因造成的存货短缺，应先扣除残料价值、可收回的保险赔偿和过失人赔偿，将净损失计入管理费用；如果属于自然灾害等非常原因造成的存货毁损，则应将净损失计入营业外支出。即按残料价值、可收回的保险赔偿和过失人赔偿，借记"原材料"、"其他应收款"等账户，按净损失，借记"管理费用"或"营业外支出"账户，贷记"待处理财产损溢"账户。

第二，对固定资产盘亏造成的损失，通过"营业外支出"账户核算，即借记"营业外支出"账户，贷记"待处理财产损溢"账户。

【例 6-4】乐华公司在财产清查中，发现乙材料盘亏 100 千克，每千克 50 元，不考虑相关税费。

在报经批准前，企业应根据"实存账存对比表"确定材料的盘亏金额，编制以下会计分录。

借：待处理财产损溢——待处理流动资产损溢　　　　　　　　　　5 000
　　贷：原材料——乙材料　　　　　　　　　　　　　　　　　　　5 000

经查，存货盘亏属于管理不善造成，根据处理意见，保管员李强应赔偿损失金额的50%，剩余的50%由企业承担。会计分录如下。

借：其他应收款——李强　　　　　　　　　　　　　　　　　　2 500
　　管理费用　　　　　　　　　　　　　　　　　　　　　　　2 500
　　贷：待处理财产损溢——待处理流动资产损溢　　　　　　　　5 000

假定上述乙材料盘亏系水灾造成的毁损，保险公司赔偿4 000元，剩余的1 000元由公司承担，则企业应编制以下会计分录。

借：其他应收款——××保险公司　　　　　　　　　　　　　　4 000
　　营业外支出——非常损失　　　　　　　　　　　　　　　　1 000
　　贷：待处理财产损溢——待处理流动资产损溢　　　　　　　　5 000

【例6-5】 东方公司在财产清查中，盘亏设备一台，其账面价值10 000元，已提折旧3 000元。

在报经批准前，企业应根据"账存实存对比表"确定的固定资产盘亏金额，编制如下会计分录。

借：待处理财产损溢——待处理固定资产损溢　　　　　　　　　7 000
　　累计折旧　　　　　　　　　　　　　　　　　　　　　　　3 000
　　贷：固定资产　　　　　　　　　　　　　　　　　　　　　10 000

经查，该设备的盈亏系因管理不善造成的设备丢失，根据批准意见，将固定资产的盘亏损失转入"营业外支出"账户，会计分录如下。

借：营业外支出——盘亏损失　　　　　　　　　　　　　　　　7 000
　　贷：待处理财产损溢——待处理固定资产损溢　　　　　　　　7 000

本章小结

为了保证会计资料的真实性，企业必须定期或不定期地对其拥有的财产物资进行清查。财产清查按清查范围不同，可分为全部清查和局部清查；按清查时间不同，可分为定期清查和不定期清查。

财产清查方法包括：对库存现金、材料、产成品、固定资产等实物的清查主要采用实地盘点的方法来进行；对银行存款的清查要采取与银行对账单核对的方法来进行；对往来款项的清查主要通过发函询证的方法来进行。

为了正确反映财产物资的盘盈、盘亏、毁损及其处理情况，企业应该设置"待处理财产损溢"账户。在经批准前，企业应当将资产的盘盈或盘亏金额转入"待处理财产损溢"账户，在批准后，再根据批准的处理意见，将资产盘盈或盘亏的金额转入"管理费用""营业外支出"等账户。

会计名人

顾准（1915—1974），江苏苏州人，思想家、会计学家、经济学家。早年毕业于立信会计高级职业补习学校，在立信会计师事务所和立信会计学校从事会计实务及教学工作十余年，主编《立信会计季刊》，受聘担任圣约翰大学等多所高校兼职会计教授。所著《银行会计》教材被各大院校采用，产生了广泛影响。曾投身革命，解放后任上海市财政局第一任局长（兼税务局长）、中国科学院资源综合考察委员会副主任兼经济研究所研究员，致力于政治学、经济学、会计学理论研究，独立或合作撰写论文 20 余篇，撰述、翻译各类著作近 20 部。顾准从学徒到教授再到官员，以其丰富的经历和卓越的才华，在多个领域创造了巨大的成就，给后人留下了宝贵的精神财富。

思考与练习

一、判断题

（1）企业更换仓库保管员时，必须进行全面清查。　　　　　（　　）

（2）企业的定期清查一般在期末进行，可以是全面清查，也可以是局部清查。　　　　　（　　）

（3）如果银行对账单与企业银行存款日记账账面余额不相符，说明其中一方的记账一定有错误。　　　　　（　　）

（4）全面清查是定期进行的，局部清查是不定期进行的。　　　　　（　　）

（5）如果银行对账单与企业银行存款日记账余额不一致，应根据银行对账单调整企业银行存款日记账。　　　　　（　　）

（6）未达账项是由企事业单位的会计人员记账不及时所造成的。　　　　　（　　）

（7）对于未达账项，应编制银行存款余额调节表，以检查企业与银行双方账面余额是否一致，并据此及时调整有关账簿的记录。　　　　　（　　）

（8）企业进行材料清查盘点中盘盈的材料，在报经批准后，应该作为"营业外收入"处理。　　　　　（　　）

（9）某企业仓库被盗，为查明损失决定立即进行盘点，按照财产清查的范围应属于局部清查，按照清查的时间应属于不定期清查。　　　　　（　　）

（10）企业盘盈固定资产，应同其他资产盘盈一样，通过"待处理财产损溢"账户核算。　　　　　（　　）

二、单项选择题

（1）盘存表是一张反映企业财产物资实有数的（　　　）。

　　A．外来原始凭证　　　　　　B．自制原始凭证

　　C．记账凭证　　　　　　　　D．转账凭证

（2）对于大堆、笨重的材料物资实存数的确定，一般采用（　　　）方法。

    A．实地盘点   B．抽查检验   C．查询核对   D．技术推算盘点

（3）某企业在财产清查中，盘盈材料一批，原因待查，此时，应根据（　　　）进行会计账务处理。

    A．盘存单   B．进货单   C．发货单   D．实存账存对比表

（4）银行存款清查的方法是（　　　）。

    A．实地盘点法   B．技术推算

    C．与银行核对账目   D．函证核对法

（5）银行存款余额调节表是（　　　）。

    A．查明银行和本单位未达账项情况的表格

    B．通知银行更正错误的依据

    C．调整银行存款账簿记录的原始凭证

    D．更正本单位银行存款日记账记录的依据

（6）以下情况中，宜采用局部清查的有（　　　）。

    A．年终决算前进行的清查   B．企业清产核资

    C．企业更换财产保管人员时   D．企业改为股份制试点企业进行的清查

（7）某企业银行存款日记账余额 56 000 元，银行已收企业未收款项 10 000 元，企业已付银行未付款项 2 000 元，银行已付企业未付款项 8 000 元，调节后的银行存款余额是（　　　）。

    A．58 000 元   B．54 000 元   C．62 000 元   D．56 000 元

（8）下列业务不需要通过"待处理财产损溢"科目核算的是（　　　）。

    A．固定资产盘盈   B．无法收回的应收账款

    C．材料盘亏   D．产成品丢失

三、多项选择题

（1）财产清查按照清查的范围可分为（　　　）。

    A．全面清查   B．局部清查   C．定期清查   D．不定期清查

（2）财产清查按照清查的时间可分为（　　　）。

    A．全面清查   B．局部清查   C．定期清查   D．不定期清查

（3）对银行存款的清查应根据（　　　）进行。

    A．银行存款实有数   B．银行存款总账

    C．银行存款日记账   D．银行对账单

（4）企业财产清查中，可以作为调整账簿记录的原始凭证是（　　　）。

    A．库存现金盘点报告表   B．银行存款余额调节表

    C．清查结果报告表   D．盘点报告表

（5）各种应收、应付款项的清查，包括下列（　　　）的查核。

    A．本企业与外部其他企业单位的应收、应付结算款项

    B．本企业内部各部门之间的应收、应付款项

    C．对本企业职工的各种代垫、代付款项

    D．尚未报销的职工预借款项

（6）待处理财产损溢账户借方登记（ ）。

  A．待处理财产物资的盘盈 B．待处理财产物资的盘亏

  C．已批准处理的财产物资的盘盈 D．已批准处理的财产物资的盘亏

（7）下列哪些情况下要进行全面清查（ ）？

  A．年终决算前 B．单位主要负责人调离

  C．单位撤销或合并 D．更换仓库保管员

（8）对下列财产物资进行清查应采用实地盘点法的有（ ）。

  A．现金清查 B．银行存款清查

  C．存货清查 D．债权债务清查

四、业务题

习题一

1．目的

练习银行存款余额调节表的编制。

2．资料

A 公司 2014 年 3 月 31 日银行存款日记账余额为 156 100 元，银行对账单余额为 163 800 元，经逐笔核对发现下列未达账项。

（1）A 公司于 3 月 29 日开出转账支票一张，金额为 4 000 元，银行尚未入账。

（2）银行于 3 月 30 日代 A 公司收回销货款 7 000 元，公司尚未收到收款通知。

（3）银行代扣 A 公司借款利息 700 元，公司尚未接到通知。

（4）A 公司在 3 月 31 日收到转账支票一张，金额为 2 500 元，送存银行后银行尚未入账。

经核对，A 公司于 3 月 26 日收到 B 公司归还货款 4 800 元，所编记账凭证上金额误记为 4 900 元，并据以登记了银行存款日记账。

3．要求

（1）编制错账更正的会计分录，并计算更正后的银行存款日记账余额。

（2）编制 A 公司本月"银行存款余额调节表"。

习题二

1．目的

练习财产清查结果的账务处理。

2．资料

长江公司于 2013 年 12 月 20 日对财产物资进行了全面清查，清查结果如下。

（1）盘亏机床一台，账面余额 10 800 元，已提折旧 4 600 元。

（2）根据材料清查结果编制的材料账存实存对比表如下。

材料账存实存对比表

2013 年 12 月 20 日

材料名称	计量单位	单价（元）	实存		账存		盘盈		盘亏		备注
			数量	金额	数量	金额	数量	金额	数量	金额	
A	吨	400	3	1 200	2	800	1	400			计量差错
B	千克	6	2 450	14 700	2 500	15 000			50	300	正常损耗
合计	—							400		300	

（3）12 月 31 日，上述各项盘盈、盘亏财产均按规定程序报经审批后转销。

3. 要求

根据上述资料编制相应的会计分录。

第7章

编制财务报表

学习目标

- 了解财务报表的种类，掌握财务报表的编制要求
- 掌握资产负债表、利润表的主要内容、具体格式及其编制方法
- 了解现金流量表、所有者权益变动表的具体格式和报表附注应披露的内容

导入案例

乐华公司拟向银行申请 2 000 万元的长期借款，用于生产线的购建。经磋商，基本达成借款意向，但银行要求乐华公司提供近 3 年的财务报表，以便全面了解、分析公司的财务状况、经营成果和现金流量。

财务报表能帮助银行全面了解借款人的财务状况吗？借款人应当向银行提供哪些报表才能满足银行的信息需求呢？财务报表是否还有其他方面的用途？

7.1 财务报表及其编制要求

7.1.1 财务报表及其种类

财务报表，也称会计报表，是以日常核算资料为主要依据编制的，用来集中、概括地反映企业财务状况、经营成果和现金流量的结构性表述报告。编制财务报表是会计核算的又一种专门方法，也是会计工作的一项重要内容。财务报表可以按照不同的标准进行分类，具体包括以下类别。

1. 按照财务报表反映的经济内容不同，可分为资产负债表、利润表、现金流量表、所有者权益变动表和附注

（1）资产负债表是指反映企业在某一特定日期的财务状况的会计报表。企业编制资产负债表的目的是通过如实反映企业的资产、负债和所有者权益金额及其结构情况，从而有助于报表使用者分析评价企业资产的质量以及短期偿债能力、长期偿债能力和利润分配能力等。

（2）利润表是指反映企业在一定会计期间的经营成果的会计报表。企业编制利润表的目的是通过如实反映企业实现的收入、发生的费用以及应当计入当期利润的利得和损失等金额及其结构情况，从而有助于报表使用者分析评价企业的盈利能力及其构成与质量。

（3）现金流量表是指反映企业在一定会计期间的现金和现金等价物流入和流出的会计报表。企业编制现金流量表的目的是通过如实反映企业各项活动的现金流入、流出情况，从而有助于报表使用者评价企业的现金流和资金周转情况。

（4）所有者权益变动表是指反映构成所有者权益各组成部分当期增减变动情况的报表。企业编制所有者权益变动表的目的是通过全面反映一定时期所有者权益变动情况，让报表使用者准确理解所有者权益增减变动的根源。

（5）附注是指对在会计报表中列示项目所作的进一步说明，以及对未能在这些报表中列示项目的说明等。企业编制附注的目的是通过对财务报表本身作补充说明，以更加全面、系统地反映企业财务状况、经营成果和现金流量的全貌，从而有助于向财务报告使用者提供更为有用的信息，做出更加科学合理的决策。

2. 按照财务报表编制的时间不同，可分为中期财务报表和年度财务报表

（1）中期财务报表是以短于一个完整会计年度的报告期间为基础编制的财务报表，包括月报、季报和半年报等。

（2）年度财务报表是以一个完整会计年度的报告期间为基础编制的财务报表。

中期财务报表的格式和内容应当与年度财务报表相一致，但与年度财务报表相比，中期财务报表中的附注披露可以适当简略。

综上所述，企业财务报表种类如表 7-1 所示。

表 7-1　　　　　　　　　　　　企业财务报表的种类

编　号	财务报表名称	编 表 期	报 送 对 象
会企 01 表	资产负债表	中期报告、年度报告	对外
会企 02 表	利润表	中期报告、年度报告	对外
会企 03 表	现金流量表	中期报告、年度报告	对外
会企 04 表	所有者权益变动表	年度报告	对外

3. 按照财务报表编报主体的不同，可分为个别财务报表和合并财务报表

（1）个别财务报表是由企业在自身会计核算基础上对账簿记录进行加工而编制的

财务报表，它主要用以反映企业自身的财务状况、经营成果和现金流量情况。

（2）合并财务报表是以母公司和子公司组成的企业集团为会计主体，根据母公司和所属子公司的财务报表，由母公司编制的综合反映企业集团财务状况、经营成果及现金流量的财务报表。

> **知识链接**
>
> 当投资企业能够对被投资企业实施控制时，投资企业即为被投资企业的母公司，被投资企业则为投资企业的子公司。所谓控制，是指一个企业能够决定另一个企业的财务和经营政策，并能据以从另一个企业的经营活动中获取利益的权力。

7.1.2 财务报表的编制要求

1. 财务报表编制前的基础工作

为了确保会计信息资料的可靠性，提高报表数据的相关性，使其真正成为有助于使用者作出正确决策的有用信息，必须在编制财务报表前做好下列基础工作。

（1）认真对账和进行财产清查。在编制财务报表前，特别是在编制年度财务报表前，对单位的财产物资要进行盘点清查，检查账实是否相符。如发现账实不符，应查明原因，并按规定及时调整账目，做到账实相符。

（2）按期结账。在编制财务报表前，应检查当期的经济业务是否全部入账，有关的各种记录是否予以结转，只有在当期全部经济业务登记入账后，才能结账，据以编制财务报表。

（3）在对账、结账和财产清查的基础上，通过编制总分类账户本期发生额与余额试算平衡表验算账户记录有无差错，为正确编制财务报表提供可靠的数据，在编报以后，还必须认真复核，做到账表相符。

2. 编制财务报表的质量要求

为了使财务报表能够最大限度地满足各有关方面的需要，实现编制财务报表目标，充分发挥财务报表的作用，企业在编制财务报表时，应当根据真实的交易、事项以及完整、准确的账簿记录等资料，严格遵循会计法律、法规规定的编制基础、编制依据、编制原则和编制方法。编制的财务报表应当真实可靠、相关可比、全面完整、编报及时、便于理解，符合国家统一的会计制度和会计准则的有关规定，基本要求如下。

（1）真实可靠。财务报表各项目的数据必须建立在真实可靠的基础上，使企业财务报表能够如实反映企业的财务状况、经营成果和现金流动情况。因此，财务报表必须根据核实无误的账簿及相关资料编制，会计核算应当以实际发生的交易或事项为依据不得以任何方式弄虚作假。

（2）相关可比。财务报表所提供的财务信息必须与报表使用者的决策需要相关，满足报表使用者的需要，并且财务报表各项目的数据应当口径一致、相互可比，便于报表使用者在不同企业之间及同一企业前后各期之间进行比较。只有提供相关且可比的信息，才能使报表使用者分析企业在整个社会特别是同行业中的地位，了解、判断企业过去、现在的情况，预测企业未来的发展趋势，进而为报表使用者的决策服务。

（3）完整全面。财务报表应当全面地披露企业的财务状况、经营成果和现金流动情况，完整地反映企业财务活动的过程和结果，以满足各有关方面对财务信息的需要。为了保证财务报表的全面完整，企业在编制财务报表时，应当按照企业会计准则规定的格式和内容填报。特别对某些重要事项，应当按照要求在财务报表附注中进行说明，不得漏编漏报。

（4）编报及时。财务信息具有很强的时效性，只有及时编制和报送财务报表，才能为报表使用者提供决策所需要的信息资料。否则，即使是高质量的财务报表，也会因编报不及时而失去其应有的价值。根据规定，月度财务报表应在每月终了时编制，并于月份终了后6日内报出；季度财务报表应在每季终了时编制，并于季度终了后的15日内报出；半年度财务报表应在每半年度终了时编制，并于年度中期结束后60天内报出；年度财务报表应在每年度终了时编制，并于年度终了后4个月内对外提供。

（5）便于理解。可理解性是指财务报表提供的信息可以为报表使用者理解。企业对外提供的财务报表是为广大报表使用者提供企业过去、现在和未来的有关资料，为投资者、债权人及其他利益相关者提供决策所需的财务信息，因此，企业编制的财务报表应当清晰明了，便于理解和利用。

我国《企业财务会计报告条例》规定，企业对外提供的财务报表应当依次编定页数，加具封面，装订成册，加盖公章。封面上应当注明企业名称、企业统一代码、组织形式、地址、报表所属年度或者月份、报出日期，并由企业负责人和主管会计工作的负责人、会计机构负责人（会计主管人员）签名并盖章；设置总会计师的企业，还应当由总会计师签名并盖章。

7.2　资产负债表

7.2.1　资产负债表及其列报要求

1．资产负债表的定义

资产负债表是反映企业在某一特定日期（月末、季度末、年末）财务状况的报表。资产负债表主要提供有关企业财务状况方面的信息，即某一特定日期关于企业资产、负债、所有者权益及其相互关系，属于静态财务报表。资产负债表的作用主要包括如下方面。

（1）可以提供某一日期资产的总额及其结构，表明企业拥有或控制的资源及其分布情况，使用者可以一目了然地从资产负债表上了解企业在某一特定日期所拥有的资产总量及其结构。

（2）可以提供某一日期的负债总额及其结构，表明企业未来需要用多少资产或劳务清偿债务以及清偿时间。

（3）可以反映所有者所拥有的权益，据以判断资本保值、增值的情况以及对负债的保障程度。

2．资产负债表的列报要求

资产负债表列报的总体要求主要包括以下几个方面。

（1）分类别列报。资产负债表列报最根本的目标就是应如实反映企业在资产负债表日所拥有的资产、所承担的负债以及企业所有者所拥有的权益。因此，资产负债表应当按照资产、负债和所有者权益 3 大类别分类列报。

（2）资产和负债按流动性列报。资产负债表应当按照流动性分为流动资产和非流动资产、流动负债和非流动负债列示。流动性，通常按资产的变现或耗用时间长短或者负债的偿还时间长短来确定。按照《企业会计准则》的规定，应先列报流动性强的资产或负债，再列报流动性弱的资产或负债。

（3）列报相关的合计、总计项目。资产负债表中的资产类至少应当列示流动资产和非流动资产的合计项目；负债类至少应当列示流动负债、非流动负债以及负债的合计项目；所有者权益类应当列示所有者权益的合计项目。

资产负债表遵循了"资产 ＝ 负债 ＋ 所有者权益"这一会计恒等式，把企业在特定时日所拥有的经济资源和与之相对应的企业所承担的债务及偿债后属于所有者的权益充分反映出来。因此，资产负债表应当分别列示资产总计项目与负债和所有者权益之和的总计项目，并且这二者的金额应当相等。

7.2.2　资产负债表的列报格式

资产负债表正表的列报格式一般有两种：报告式资产负债表和账户式资产负债表。报告式资产负债表是上下结构，上半部列示资产，下半部列示负债和所有者权益。具体排列形式又有两种：一是按"资产 ＝ 负债 ＋ 所有者权益"的原理排列；二是按"资产 － 负债 ＝ 所有者权益"的原理排列。账户式资产负债表是左右结构，左边列示资产，右边列示负债和所有者权益。根据企业会计准则的规定，我国资产负债表采用账户式的格式。账户式资产负债表中的资产各项目的合计等于负债和所有者权益各项目的合计，即资产负债表左方和右方平衡。因此，通过账户式资产负债表，可以反映资产、负债、所有者权益之间的内在关系，即"资产 ＝ 负债 ＋ 所有者权益"。

另外，为便于报表使用者通过比较不同时点资产负债表的数据，掌握企业财务状况的变动情况及发展趋势，企业还需要提供比较资产负债表，即资产负债表还需要将各项目再分为"年初余额"和"期末余额"两栏分别填列。

资产负债表的具体格式如表 7-2 所示。

表 7-2　　　　　　　　　　　　　　　资产负债表

会企 01 表

编制单位：　　　　　　　　　　　　　　　　年　　月　　日　　　　　　　　　　　　单位：元

资　　产	期末余额	年初余额	负债和所有者权益（或股东权益）	期末余额	年初余额
流动资产：			流动负债：		
货币资金			短期借款		
交易性金融资产			交易性金融负债		
应收票据			应付票据		

资　产	期末余额	年初余额	负债和所有者权益（或股东权益）	期末余额	年初余额
应收账款			应付账款		
预付账款			预收账款		
应收利息			应付职工薪酬		
应收股利			应交税费		
其他应收款			应付利息		
存货			应付股利		
一年内到期的非流动资产			其他应付款		
其他流动资产			一年内到期的非流动负债		
流动资产合计			其他流动负债		
非流动资产：			流动负债合计		
可供出售金融资产			非流动负债：		
持有至到期投资			长期借款		
长期应收款			应付债券		
长期股权投资			长期应付款		
投资性房地产			专项应付款		
固定资产			预计负债		
在建工程			递延所得税负债		
工程物资			其他非流动负债		
固定资产清理			非流动负债合计		
生产性生物资产			负债合计		
油气资产			所有者权益（或股东权益）：		
无形资产			实收资本（或股本）		
开发支出			资本公积		
商誉			减：库存股		
长期待摊费用			盈余公积		
递延所得税资产			未分配利润		
其他非流动资产			所有者权益（股东权益）合计		
非流动资产合计					
资产总计			负债和所有者权益（或股东权益）总计		

7.2.3　资产负债表的列报方法

1．资产负债表"期末余额"栏的填列方法

资产负债表"期末余额"栏一般根据资产、负债和所有者权益类账户的期末余额填列。

（1）根据总账账户余额填列。如"交易性金融资产"、"短期借款"、"应付票据"、"应付职工薪酬"、"应交税费"、"应付利息"、"应付股利"、"其他应付款"、"实收资本

（或股本）"、"资本公积"、"盈余公积"等项目，应根据有关总账账户的期末余额填列。

有些项目则应根据几个总账账户的期末余额计算填列："货币资金"项目，应根据"库存现金"、"银行存款"、"其他货币资金" 3 个总账账户的期末余额的合计数填列；"其他非流动资产"、"其他非流动负债"项目，应根据有关账户的期末余额分析填列。

（2）根据明细账账户余额计算填列。如"应付账款"项目，应根据"应付账款"和"预付账款"两个账户所属的相关明细账户的期末贷方余额合计数填列；"预收款项"项目，应根据"预收账款"和"应收账款"两个账户所属的相关明细账户的期末贷方余额合计数填列；"未分配利润"项目，应根据"利润分配"账户中所属的"未分配利润"明细账户期末余额填列。

（3）根据总账账户和明细账账户余额分析计算填列。"长期借款"项目，应分别根据"长期借款"总账账户余额扣除"长期借款"账户所属的明细账户中将在资产负债表日起一年内到期且企业不能自主地将清偿义务展期的长期借款后的余额计算填列。

（4）根据有关账户余额减去其备抵调整账户余额后的净额填列。如"固定资产"、"无形资产"项目，应根据"固定资产"、"无形资产"账户的期末余额扣减相关的累计折旧（或摊销）后的净额填列，计提减值准备的，还应扣除已经计提的减值准备。

（5）综合运用上述填列方法分析填列。主要包括"应收票据"、"应收利息"、"应收股利"、"其他应收款"项目，应根据相关账户的期末余额，减去"坏账准备"账户中有关坏账准备期末余额后的金额填列；"应收账款"项目，应根据"应收账款"和"预收账款"账户所属各明细账户的期末借方余额合计数，减去"坏账准备"账户中有关应收账款计提的坏账准备期末余额后的金额填列；"预付款项"项目，应根据"预付账款"和"应付账款"账户所属各明细账户的期末借方余额合计数，减去"坏账准备"账户中有关预付款项计提的坏账准备期末余额后的金额填列；"存货"项目，应根据"材料采购"、"原材料"、"库存商品"、"生产成本"等账户的期末余额合计，减去"存货跌价准备"账户期末余额后的金额填列。

2. 资产负债表"年初余额"栏的填列方法

资产负债表中的"年初余额"栏通常根据上年末有关项目的期末余额填列，且与上年末资产负债表"期末余额"栏相一致。如果企业上年度资产负债表规定的项目名称和内容与本年度不一致，应当对上年年末资产负债表相关项目的名称和数字按照本年度的规定进行调整，填入"年初余额"栏。

【例 7-1】 乐华公司 2014 年 9 月 30 日资产、负债和所有者权益类账户余额如表 7-3 所示。

表 7-3

科目余额表

2014 年 9 月 30 日

单位：元

会计科目	借方余额	贷方余额
库存现金	2 000.00	
银行存款	850 000.00	
应收账款	150 000.00	
原材料	210 000.00	

续表

会计科目	借方余额	贷方余额
库存商品	350 000.00	
固定资产	1 500 000.00	
累计折旧		456 000.00
短期借款		90 000.00
应付账款		75 000.00
应付职工薪酬		15 500.00
应交税费		12 000.00
长期借款		50 000.00
实收资本		2 000 000.00
资本公积		120 000.00
盈余公积		12 500.00
本年利润		214 000.00
利润分配		142 000.00
生产成本	125 000.00	
合　计	3 187 000.00	3 187 000.00

根据表 7-3，乐华公司编制的资产负债表如表 7-4 所示。

表 7-4　　　　　　　　　　　　　　资产负债表

会企 01 表

编制单位：乐华公司　　　　　　2014　年　9　月　30　日　　　　　　　　单位：元

资　产	期末余额	年初余额	负债和所有者权益（或股东权益）	期末余额	年初余额
流动资产：			流动负债：		
货币资金	852 000.00		短期借款	90 000.00	
交易性金融资产			交易性金融负债		
应收票据			应付票据		
应收账款	150 000.00		应付账款	75 000.00	
预付账款			预收账款		
应收利息			应付职工薪酬	15 500.00	
应收股利			应交税费	12 000.00	
其他应收款			应付利息		
存货	685 000.00		应付股利		
一年内到期的非流动资产			其他应付款		
其他流动资产			一年内到期的非流动负债		
流动资产合计	1 687 000.00		其他流动负债		
非流动资产：			流动负债合计	192 500.00	
可供出售金融资产			非流动负债：		

资　产	期末余额	年初余额	负债和所有者权益（或股东权益）	期末余额	年初余额
持有至到期投资			长期借款	50 000.00	
长期应收款			应付债券		
长期股权投资			长期应付款		
投资性房地产			专项应付款		
固定资产	1 044 000.00		预计负债		
在建工程			递延所得税负债		
工程物资			其他非流动负债		
固定资产清理			非流动负债合计	50 000.00	
生产性生物资产			负债合计	242 500.00	
油气资产			所有者权益（或股东权益）		
无形资产			实收资本（或股本）	2 000 000.00	
开发支出			资本公积	120 000.00	
商誉			减：库存股		
长期待摊费用			盈余公积	12 500.00	
递延所得税资产			未分配利润	356 000.00	
其他非流动资产			所有者权益（股东权益）合计	2 488 500.00	
非流动资产合计	1 044 000.00				
资产总计	2 731 000.00		负债和所有者权益（或股东权益）总计	2 731 000.00	

7.3　利润表

7.3.1　利润表及其列报要求

1．利润表的定义

利润表是反映企业在一定会计期间（如一个月、一个季度、一个年度等）的经营成果的报表。由于它反映的是某一期间的情况，所以属于动态财务报表。

利润表主要提供有关企业经营成果方面的信息，具体内容包括如下方面。

（1）可以反映企业一定会计期间收入的实现情况，如实现的营业收入有多少、实现的投资收益有多少、实现的营业外收入有多少等。

（2）可以反映一定会计期间的费用耗费情况，如耗费的营业成本有多少、营业税金及附加有多少及销售费用、管理费用、财务费用各有多少、营业外支出有多少等。

（3）可以反映企业生产经营活动的成果，即净利润的实现情况，据以判断资本保值、增值等情况。

2．利润表列报要求

利润表的列报要求主要包括以下两个方面。

（1）利润表的列报必须充分反映企业经营业务的主要来源和构成，有助于使用者判断净利润的质量及其风险，有助于使用者预测净利润的持续性，从而作出正确的决策。

（2）对于费用的列报，企业应当采用"功能法"列报，即按照费用在企业所发挥的功能进行分类列报，通常分为从事经营业务发生的成本、管理费用、销售费用和财务费用等，并且将营业成本与其他费用分开披露。

对于企业而言，其活动通常可以划分为生产、销售、管理、融资等，每一种活动上发生的费用所发挥的功能并不相同，因此，按照费用功能法将其分开列报，有助于使用者了解费用发生的活动领域。例如，企业为销售产品发生了多少费用，为一般行政管理发生了多少费用，为筹措资金发生了多少费用等。这种方法通常能向报表使用者提供具有结构性的信息，能更清楚地揭示企业经营业绩的主要来源和构成，提供的信息更为相关。

7.3.2　利润表的列报格式

利润表正表的格式一般有两种：单步式利润表和多步式利润表。单步式利润表是将当期所有的收入列在一起，然后将所有的费用列在一起，两者相减得出当期净损益。多步式利润表是通过对当期的收入、费用、支出项目按性质加以归类，按利润形成的主要环节列示一些中间性利润指标，分步计算当期净损益。

根据《企业会计准则》的规定，企业应当采用多步式列报利润表，将不同性质的收入和费用类别进行对比，从而可以得出一些中间性的利润数据，便于使用者理解企业经营成果的不同来源。企业可以分如下3个步骤编制利润表。

（1）以营业收入为基础，减去营业成本、营业税金及附加、销售费用、管理费用、财务费用、资产减值损失，加上公允价值变动收益（减去公允价值变动损失）和投资收益（减去投资损失），计算出营业利润。

（2）以营业利润为基础，加上营业外收入，减去营业外支出，计算出利润总额。

（3）以利润总额为基础，减去所得税费用，计算出净利润（或净亏损）。

为便于报表使用者通过比较不同期间利润的实现情况，判断企业经营成果的发展趋势，企业还需要提供比较利润表，即利润表还需要就各项目再分为"本期金额"和"上期金额"两栏分别填列。利润表的具体格式如表7-5所示。

表 7-5　　　　　　　　　　　　　　　　　　利润表

会企 02 表

编制单位：　　　　　　　　　　　　　　　　　年　　月　　　　　　　　　　单位：元

项　目	本　期　金　额	上　期　金　额
一、营业收入		
减：营业成本		
营业税金及附加		
销售费用		
管理费用		

续表

项　目	本　期　金　额	上　期　金　额
财务费用		
资产减值损失		
加：公允价值变动收益（损失以"－"号填列）		
投资收益		
其中：对联营企业和合营企业的投资收益		
二、营业利润（亏损以"－"号填列）		
加：营业外收入		
减：营业外支出		
其中：非流动资产处置损失		
三、利润总额（亏损总额以"－"号填列）		
减：所得税费用		
四、净利润（净亏损以"－"号填列）		
五、每股收益		
（一）基本每股收益		
（二）稀释每股收益		
六、其他综合收益		
七、综合收益总额		

7.3.3　利润表的列报方法

1．利润表"本期金额"栏的填列方法

利润表中的"本期金额"栏应根据"主营业务收入"、"其他业务收入"、"主营业务成本"、"其他业务成本"、"营业税金及附加"、"销售费用"、"管理费用"、"财务费用"、"资产减值损失"、"公允价值变动损益"、"营业外收入"、"营业外支出"、"所得税费用"等损益类账户的本期发生额分析填列。其中，"营业收入"项目，应根据"主营业务收入"、"其他业务收入"账户的本期发生额合计数填列；"营业成本"项目，应根据"主营业务成本"、"其他业务成本"账户的本期发生额合计数填列；"营业利润"、"利润总额"、"净利润"项目根据利润表中相关项目计算填列。

2．利润表"上期金额"栏的填列方法

利润表中的"上期金额"栏应根据上年该期利润表"本期金额"栏内所列数字填列。如果上年该期利润表规定的各个项目的名称和内容与本期不一致，应对上年该期利润表各项目的名称和数字按本期的规定进行调整，填入"上期金额"栏。

【例 7-2】2014 年 9 月 30 日，乐华公司损益类账户的余额，如表 7-6 所示。

表 7-6　　　　　　　　　　　损益类账户余额表

会　计　科　目	借　　方	贷　　方
主营业务收入		1 100 000.00
其他业务收入		5 000.00

续表

会 计 科 目	借　方	贷　方
营业外收入		50 300.00
主营业务成本	390 000.00	
其他业务成本	2 000.00	
营业外支出	5 500.00	
营业税金及附加	7 000.00	
管理费用	30 000.00	
销售费用	96 000.00	
财务费用	2 800.00	
所得税费用	155 500.00	

根据表 7-6，乐华公司编制的利润表如表 7-7 所示。

表 7-7　　　　　　　　　　　　　　利润表

编制单位：乐华公司　　　　　　　2014 年 9 月

会企 02 表

单位：元

项　目	本 期 金 额	上 期 金 额
一、营业收入	1 105 000.00	
减：营业成本	392 000.00	
营业税金及附加	7 000.00	
销售费用	96 000.00	
管理费用	30 000.00	
财务费用	2 800.00	
资产减值损失		
加：公允价值变动收益（损失以"-"号填列）		
投资收益		
其中：对联营企业和合营企业的投资收益		
二、营业利润（亏损以"-"号填列）	577 200.00	
加：营业外收入	50 300.00	
减：营业外支出	5 500.00	
其中：非流动资产处置损失		
三、利润总额（亏损总额以"-"号填列）	622 000.00	
减：所得税费用	155 500.00	
四、净利润（净亏损以"-"号填列）	466 500.00	
五、每股收益	（略）	
（一）基本每股收益		
（二）稀释每股收益		
六、其他综合收益	（略）	
七、综合收益总额	（略）	

7.4 现金流量表

7.4.1 现金流量表的概念

1. 现金流量表的定义

现金流量表是反映企业一定会计期间现金和现金等价物流入和流出的报表。编制现金流量表的主要目的是为财务报表使用者提供企业一定会计期间内现金和现金等价物流入和流出的信息，以便于财务报表使用者了解和评价企业获取现金和现金等价物的能力，并据以预算企业未来现金流量。现金流量表的作用主要体现在以下几个方面。一是有助于评价企业支付能力、偿债能力和周转能力；二是有助于预测企业未来现金流量；三是有助于分析企业收益质量及影响现金净流量的因素，掌握企业经营活动、投资活动和筹资活动的现金流量，可以从现金流量的角度了解净利润的质量，为分析和判断企业的财务前景提供信息。

2. 现金流量表的编制基础

现金流量表以现金及现金等价物为基础编制，划分为经营活动、投资活动和筹资活动，按照收付实现制原则编制，将权责发生制下的盈利信息调整为收付实现制下的现金流量信息。

（1）现金。现金是指企业库存现金以及可以随时用于支付的存款。不能随时用于支付的存款不属于现金，如冻结的银行存款等。现金具体包括库存现金、银行存款和其他货币资金。其他货币资金是指存放在金融机构的外埠存款、银行汇票存款、银行本票存款、信用卡存款、信用证保证金存款和存出投资款等。

（2）现金等价物。现金等价物是指企业持有的期限短（一般从购买日起3个月内到期）、流动性强、易于转换为已知金额现金、价值变动风险很小的投资。现金等价物虽然不是现金，但其支付能力与现金的差别不大，可视为现金。例如，企业为保证支付能力，手持必要的现金，为了不使现金闲置，可以购买短期债券，在需要现金时，随时可以变现。

7.4.2 现金流量表的列报格式

根据企业业务活动的性质和现金流量的来源不同，企业一定期间产生的现金流量可分为经营活动现金流量、投资活动现金流量和筹资活动现金流量三类。其中，经营活动是指企业投资活动和筹资活动以外的所有交易和事项。对工商企业而言，经营活动主要包括销售商品、提供劳务、购买商品、接受劳务、支付税费等；投资活动是指企业长期资产的购建和不包括在现金等价物范围内的投资及其处置活动，如固定资产的购建与处置，长期股权投资等；筹资活动是指导致企业资本及债务规模和构成发生变化的活动，如吸收投资者投资，向银行借款、发行债券以及偿还债务等。

现金流量表分别反映了企业一定期间经营活动、投资活动和筹资活动产生现金流入量、现金流出量和现金流量净额，其列报内容与格式如表7-8所示。

表 7-8 现金流量表

会企 03 表

编制单位： _____年____月 单位：元

项　　目	本 期 金 额	上 期 金 额
一、经营活动产生的现金流量		
销售商品、提供劳务收到的现金		
收到的税费返还		
收到其他与经营活动有关的现金		
经营活动现金流入小计		
购买商品、接受劳务支付的现金		
支付给职工以及为职工支付的现金		
支付的各项税费		
支付其他与经营活动有关的现金		
经营活动现金流出小计		
经营活动产生的现金流量净额		
二、投资活动产生的现金流量		
收回投资收到的现金		
取得投资收益收到的现金		
处置固定资产、无形资产和其他长期资产收回的现金净额		
处置子公司及其他营业单位收到的现金净额		
收到其他与投资活动有关的现金		
投资活动现金流入小计		
购建固定资产、无形资产和其他长期资产支付的现金		
投资支付的现金		
取得子公司及其他营业单位支付的现金净额		
支付其他与投资活动有关的现金		
投资活动现金流出小计		
投资活动产生的现金流量净额		
三、筹资活动产生的现金流量		
吸收投资收到的现金		
取得借款收到的现金		
收到其他与筹资活动有关的现金		
筹资活动现金流入小计		
偿还债务支付的现金		
分配股利、利润或偿付利息支付的现金		
支付其他与筹资活动有关的现金		
筹资活动现金流出小计		
筹资活动产生的现金流量净额		
四、汇率变动对现金及现金等价物的影响		
五、现金及现金等价物净增加额		
加：期初现金及现金等价物余额		
六、期末现金及现金等价物余额		

7.5　所有者权益变动表

7.5.1　所有者权益变动表的内容

所有者权益变动表是反映构成所有者权益的各组成部分当期的增减变动情况的报表。所有者权益变动表全面反映了企业一定时期内所有者权益变动的情况，不仅包括所有者权益总量的增减变动，还包括所有者权益增减变动的重要结构性信息，特别是对净利润和直接计入所有者权益的利得和损失都单列项目反映，有助于报表使用者准确理解所有者权益增减变动的根源。

在所有者权益变动表中，企业至少应当单独列示反映下列信息的项目：（1）净利润；（2）直接计入所有者权益的利得和损失项目及其总额；（3）会计政策变更和差错更正的累积影响金额；（4）所有者投入资本和向所有者分配利润等；（5）提取的盈余公积；（6）实收资本（或股本）、资本公积、盈余公积、未分配利润的期初和期末余额及其调节情况。

7.5.2　所有者权益变动表的结构

为了清楚地表明构成所有者权益的各组成部分当期的增减变动情况，所有者权益变动表应当以矩阵的形式列示：一方面，列示导致所有者权益变动的交易或事项，改变了以往仅仅按照所有者权益的各组成部分反映所有者权益变动情况，而是从所有者权益变动的来源对一定时间所有者权益变动情况进行全面反映；另一方面，按照所有者权益各组成部分（包括实收资本、资本公积、盈余公积、未分配利润和库存股）及其总额列示交易或事项对所有者权益的影响。此外，企业还需要提供比较所有者权益变动表，所有者权益变动表还就各项目再分为"本年金额"和"上年金额"两栏分别填列。所有者权益变动表的具体格式如表 7-9 所示。

表 7-9　　　　　　　　　　所有者权益变动表

会企 04 表

编制单位：　　　　　　　　　　　　年度　　　　　　　　　　单位：元

项　目	本年金额						上年金额					
	实收资本或股本	资本公积	减：库存股	盈余公积	未分配利润	所有者权益合计	实收资本或股本	资本公积	减：库存股	盈余公积	未分配利润	所有者权益合计
一、上年年末余额												
加：会计政策变更												
前期差错更正												
二、本年年初余额												
三、本年增减变动金额（减少以"－"号填列												

项　目	本年金额						上年金额					
	实收资本或股本	资本公积	减：库存股	盈余公积	未分配利润	所有者权益合计	实收资本或股本	资本公积	减：库存股	盈余公积	未分配利润	所有者权益合计
（一）净利润												
（二）其他综合收益												
上述（一）和（二）小计												
（三）所有者投入和减少资本												
1．所有者投入资本												
2．股份支付计入所有者权益的金额												
3．其他												
（四）利润分配												
1．提取盈余公积												
2．对所有者（或股东）的分配												
3．其他												
（五）所有者权益内部结转												
1．资本公积转增资本（或股本）												
2．盈余公积转增资本（或股本）												
3．盈余公积弥补亏损												
4．其他												
四、本年年末余额												

7.6　附　注

7.6.1　附注及其披露要求

附注是财务报表不可或缺的组成部分，是对资产负债表、利润表、现金流量表、所有者权益变动表等报表中列示项目的文字描述或明细资料，以及对未能在这些报表中列示项目的说明等。

财务报表中的数字是经过分类与汇总后的结果，是对企业发生的经济业务的高度综合的数字，如果没有形成这些数字所使用的会计政策、理解这些数字所必需的披露，财务报表就不可能充分发挥效用。因此，附注与资产负债表、利润表、现金流量表所有者权益变动表等报表具有同等的重要性，是财务报表的重要组成部分。报表使用者了解企业的财务状况、经营成果和现金流量，应当全面阅读附注。

为充分发挥附注信息的作用，附注披露的应当满足以下基本要求。

（1）附注披露的信息应是定量、定性信息的结合，从而能从量和质两个角度对企业经济事项完整地进行反映，也才能满足报表使用者的决策需求。

（2）附注应当按照一定的结构进行系统合理的排列和分类，有顺序地披露信息。由于附注的内容繁多，因此更应按逻辑顺序排列，分类披露，条理清晰，具有一定的组织结构，以便于报表使用者理解和掌握，也更好地实现财务报表的可比性。

（3）附注相关信息应当与资产负债表、利润表和现金流量表等报表中列示的项目相互参照，以有助于报表使用者联系相关联的信息，并由此从整体上更好地理解财务报表。

7.6.2　附注应披露的内容

附注应当按照如下顺序披露有关内容。

1．企业的基本情况

（1）企业注册地、组织形式和总部地址。

（2）企业的业务性质和主要经营活动，如企业所处的行业、所提供的主要产品或服务、客户的性质、销售策略、监管环境的性质等。

（3）母公司以及集团最终母公司的名称。

（4）财务报告的批准报出者和财务报告批准报出日。

2．财务报表的编制基础

3．遵循企业会计准则的声明

企业应当声明编制的财务报表符合《企业会计准则》的要求，真实、完整地反映了企业的财务状况、经营成果和现金流量等有关信息，以此明确企业编制财务报表所依据的制度基础。如果企业编制的财务报表只是部分地遵循了企业会计准则，附注中不得作出这种表述。

4．重要会计政策和会计估计

企业应当披露采用的重要会计政策和会计估计，不重要的会计政策和会计估计可以不披露。通常，企业有必要披露财务报表项目的计量基础、会计政策的确定依据、会计估计中所采用的关键假设和不确定因素的确定依据等。对重要会计政策和会计估计的披露有助于提高财务报表的可理解性。

5．会计政策和会计估计变更以及差错更正的说明

会计政策是指企业在会计确认、计量和报告中所采用的原则、基础和会计处理方法。其中，原则是指按照《企业会计准则》规定的、适合于企业会计要素确认所采用的具体会计原则。例如，收入确认的具体会计原则是：交易已经完成、经济利益能够流入企业、收入和成本能够可靠计量等。基础是指为了将会计原则应用于交易或者事项而采用的基础，主要是计量基础（即计量属性），包括历史成本、重置成本、公允价值等；会计处理方法是指企业按照法律、行政法规或者国家统一的会计制度等规定采用或者选择的适合于本企业的具体会计处理方法。

会计估计是指企业对结果不确定的交易或者事项以最近可利用的信息为基础所作的判断。由于商业活动中内在的不确定因素影响，许多财务报表中的项目不能精确计量，而只能加以估计。估计涉及以最近可利用的、可靠的信息为基础所作的判断。如存货可变现净值的确定，固定资产的使用寿命、预计净残值和折旧方法的确定等。

6. 报表重要项目的说明

企业应当以文字和数字描述相结合、尽可能以列表形式披露报表重要项目的构成或当期增减变动情况，并且报表重要项目的明细金额合计，应当与报表项目金额相衔接。在披露顺序上，一般应当按照资产负债表、利润表、现金流量表的顺序及其项目列示的顺序。

7. 其他需要说明的重要事项

其他需要说明的重要事项，主要包括或有和承诺事项、资产负债表日后非调整事项、关联方关系及其交易等。

▌会计名人▐

谢霖（1885—1969），江苏武进人，会计教育家、会计实务专家，中国注册会计师制度的缔造者。1909年毕业于日本明治大学，获商学士学位。其学术研究涉及簿记学、银行会计、成本会计、政府会计等多个领域，撰写会计论文30余篇，独著或合作撰写教材、专著等30余部。作为卓有建树的会计学者和会计实务工作者，他创造了中国会计史上多个第一：第一位注册会计师；第一个会计师事务所——正则会计师事务所。他创办正则会计补习学校，培养了大批会计人才，首创精神堪称楷模。

🔖 本章小结

财务报表是企业对外提供的反映企业某一特定日期财务状况和某一会计期间经营成果、现金流量的书面报告。作为企业会计核算的最终成果，是企业对外提供财务会计信息的主要形式。企业的财务报告由财务报表、财务报表附注和其他应当在财务报告中披露的相关信息和资料组成。

资产负债表是反映企业在某一特定日期（月末、季度末、年末）财务状况的报表，主要向财务报表的使用者提供有关企业在某一个时点上的财务状况方面的信息，又称之为静态报表。我国企业资产负债表采用账户式结构，左方为资产，右方为负债和所有者权益。资产负债表填列方法主要包括按照总账科目余额填列、按照明细科目余额直接或分析填列、根据总账及相关科目余额分析填列等方法。

利润表是反映企业在一定会计期间（月份、季度、年度）经营成果的报表，主要向财务报表的使用者提供有关企业一段时期经营成果方面的信息，又称之为动态报表。我国企业的利润表一般采用多步式。通过对当期的收入、费用、支出项目按性质加以归类，按利润形成的主要环节列示一些中间性利润指标，如营业利润、利润总额、净利润，分步计算当期净损益。

现金流量表是反映企业一定会计期间现金和现金等价物流入和流出的报表，其编制基础是现金和现金等价物。现金流量表有助于财务报表使用者了解和评价企业获取现金和现金等价物的能力，并据以预算企业未来现金流量。

所有者权益变动表是反映构成所有者权益的各组成部分当期的增减变动情况的报表。所有者权益变动表有助于报表使用者准确理解所有者权益增减变动的根源。

附注是财务报表不可或缺的组成部分，是对资产负债表、利润表、现金流量表和所有者权益变动表等报表中列示项目的文字描述或明细资料，以及对未能在这些报表中列示项目的说明等。

思考与练习

一、思考题

（1）什么是财务报表？财务报表包括哪些种类？编制财务报表的基本要求是什么？

（2）什么是资产负债表？企业编制资产负债表的目的是什么？

（3）什么是利润表？利润表可以提供哪些方面的信息？

（4）现金流量表的编制基础是什么？我国的现金流量表包括哪些基本内容？

（5）什么是所有者权益变动表？所有者权益变动表应包括哪些基本内容？

（6）什么是附注？附注应当披露哪些信息，应当如何披露？

二、判断题

（1）编制财务报表的主要目的是为财务报表使用者提供决策相关的财务信息。
（　　）

（2）资产负债表中"货币资金"项目应根据银行存款日记账余额填列。（　　）

（3）资产负债表中"存货"项目应根据"库存商品"期末余额填列。　（　　）

（4）在编制资产负债表时，"应收账款"的贷方余额应填列到"预收账款"中。
（　　）

（5）财务报表附注是对财务报表的编制基础、编制依据、编制原则和方法及主要项目所作的解释，以便于财务报表使用者理解财务报表的内容。　（　　）

（6）根据利润表，可以分析、评价企业的盈亏状况，了解预测企业未来的损益变化趋势及获利能力。　（　　）

（7）资产负债表中的"流动资产"各项目是按照资产的流动性由弱到强排列的。
（　　）

（8）对外提供的财务报表信息，与股东和债权人无关，与企业管理者有关。（　　）

（9）资产负债表提供了企业财务状况的信息，所以，资产负债也称为财务状况表。
（　　）

（10）资产负债表是根据资产、负债、所有者权益账户的期末余额填列的。（　　）

（11）利润表是根据损益账户本期发生额填列的。　（　　）

（12）利润表能够反映企业的偿债能力和支付能力。　（　　）

（13）企业净利润及其分配情况作为所有者权益变动的组成部分，不需要单独编制利润分配表单独列示。

（14）所有者权益变动表仅反映一定时期所有者权益的变动情况，并不能反映交易或事项对所有者权益各部分的影响。（　　）

（15）企业不需要提供比较所有者权益变动表。（　　）

三、单项选择题

（1）在下列各个财务报表中，属于反映企业对外的静态报表的是（　　）。

　　A. 资产负债表　　　　　　　　B. 利润表

　　C. 现金流量表　　　　　　　　D. 所有者权益变动表

（2）在资产负债表中，下列科目属于流动资产的是（　　）。

　　A. 生产性生物资产　　　　　　B. 交易性金融资产

　　C. 可供出售金融资产　　　　　D. 持有至到期投资

（3）资产负债表中资产类项目按变现能力大小依次排列的顺序是（　　）。

　　A. 流动资产、无形资产、其他非流动资产、固定资产

　　B. 其他非流动资产、无形资产、固定资产、流动资产

　　C. 流动资产、固定资产、无形资产、其他非流动资产

　　D. 固定资产、流动资产、无形资产、其他非流动资产

（4）下列财务报表中，反映企业在某一特定日期财务状况的是（　　）。

　　A. 现金流量表　　B. 利润表　　C. 资产负债表　　D. 利润分配表

（5）资产负债表是反映企业特定（　　）财务状况的财务报表。

　　A. 期间　　　　　B. 时期　　　C. 时间　　　　　D. 日期

（6）资产负债表中资产的排列顺序是（　　）。

　　A. 收益率高的资产排在前　　　B. 重要的资产排在前

　　C. 流动性强的资产排在前　　　D. 非货币性资产排在前

（7）根据我国《企业会计准则》的规定，企业资产负债表的格式是（　　）。

　　A. 报告式　　　　B. 账户式　　C. 多步式　　　　D. 单步式

（8）在利润表中，从利润总额中减去（　　），为企业的净利润。

　　A. 提取公益金　　　　　　　　B. 股利分配数

　　C. 提取盈余公积数　　　　　　D. 所得税费用

（9）下列资产负债表项目中，应根据相应总账账户期末余额直接填列的项目是（　　）。

　　A. 预收账款　　B. 固定资产　　C. 应付账款　　D. 短期借款

（10）下列资产负债表项目中，应根据多个账户期末余额相加填列的是（　　）。

　　A. 存货　　　　　　　　　　　B. 应收账款净额

　　C. 固定资产净额　　　　　　　D. 货币资金

（11）如果应付账款账户所属的明细账中有借方余额，其借方余额数应填入资产负债表中的项目是（　　）。

　　A. 应收账款　　B. 应付账款　　C. 预收账款　　D. 预付账款

（12）所有者权益变动表属于（　　）。

　　A. 月报　　　　　B. 季报　　　C. 半年报　　　　D. 年报

四、多项选择题

（1）按照编报时间的不同，财务报表可分为（　　　　）。

    A．年度财务报表　　　　　　　　B．季度财务报表

    C．半年度财务报表　　　　　　　D．月度财务报表

（2）下列各项目中，属于资产负债表中的流动项目的有（　　　　）。

    A．货币资金　　　　　　　B．应收账款　　　C．预收账款

    D．长期股权投资　　　　　E．投资性房地产

（3）企业财务报表按其报送的对象分为（　　　　）。

    A．对内财务报表　　　　　　　　B．静态财务报表

    C．对外财务报表　　　　　　　　D．动态财务报表

（4）下列各项中，属于中期财务报表的有（　　　　）。

    A．月度财务报表　　　　　　　　B．季度财务报表

    C．半年度财务报表　　　　　　　D．年度财务报表

（5）按照《企业会计准则》的规定，每月终了都需编制和报送的财务报表有（　　　　）。

    A．资产负债表　　B．利润表　　C．利润分配表　　D．现金流量表

（6）资产负债表"存货"项目的内容有（　　　　）。

    A．生产成本　　　B．原材料　　　C．材料采购　　D．库存商品

（7）企业资产负债表所提供的信息主要包括（　　　　）。

    A．企业拥有或控制的资源及其分布情况

    B．企业所承担的债务

    C．企业利润的形成

    D．企业所有者权益份额及其结构

（8）利润表提供的信息包括（　　　　）。

    A．营业收入　　　B．营业成本　　　C．投资收益

    D．利润总额　　　E．所有者权益

（9）利润表中根据发生额直接填列的项目有（　　　　）。

    A．主营业务收入　　　　　　　　B．营业外收入　　　C．财务费用

    D．主营业务成本　　　　　　　　E．营业利润

（10）我国企业的利润表采用多步式，分步计算的利润指标有（　　　　）等。

    A．主营业务利润　　B．营业利润　　　C．利润总额　　　D．净利润

（11）下列资产负债表中的部分项目，属于所有者权益的有（　　　　）。

    A．实收资本　　　B．资本公积　　　C．盈余公积　　　D．应付股利

（12）下列资产负债表各项目不能以总账余额直接填列的有（　　　　）。

    A．应收票据　　　B．应收账款　　　C．货币资金　　　D．存货

（13）资产负债表的"货币资金"应根据（　　　　）科目期末余额的合计数填列。

    A．应收票据　　　B．库存现金　　　C．备用金　　　D．银行存款

（14）下列属于对外报送的财务报表的附表有（　　　　）。

    A．管理费用明细表　　　　　　　B．资产减值准备表

    C．所有者权益变动表　　　　　　D．利润分配表

（15）资产负债表"应收账款"项目应根据（　　　）分析计算填列。

    A．应收账款明细账借方余额　　　　B．应收账款明细账贷方余额

    C．预收账款明细账借方余额　　　　D．坏账准备账户贷方余额

五、业务题

习题一

1．目的

练习资产负债表的编制。

2．资料

长江公司 2014 年 12 月 31 日有关账户余额如下。

账　　户	借方金额	账　　户	贷方金额
库存现金	236	短期借款	76 000
银行存款	74 052	应付账款	37 350
交易性金融资产	12 200	其他应付款	3 780
应收账款	31 900	应付职工薪酬	27 550
其他应收款	300	应交税费	8 290
原材料	176 570	应付股利	12 100
生产成本	30 182	应付利息	1 400
库存商品	17 270	长期借款	50 000
长期股权投资	60 000	累计折旧	181 500
固定资产	500 000	实收资本	491 500
无形资产	15 000	盈余公积	25 000
利润分配	32 760	本年利润	36 000
合计	950 470	合计	950 470

    其中，"应收账款"明细账余额：A 公司 41 900 元（借）

                                    B 公司 10 000 元（贷）

         "应付账款"明细账余额：C 公司 54 350 元（贷）

                                    D 公司 17 000 元（借）

3．要求

根据上述资料编制 2014 年 12 月 31 日的资产负债表。

习题二

1．目的

练习利润表的编制。

2．资料

（1）长江公司 2014 年 12 月份结账前有关账户资料摘要如下。

单位：元

账　　户	1～11 月累计数	12 月 31 日结账前余额
主营业务收入	12 743 000	1 123 680
主营业务成本	8 999 646	
销售费用	528 100	47 920
管理费用	586 934	13 070
财务费用	132 000	
营业外收入	27 500	1 600
营业外支出	102 650	11 000

（2）12 月 31 日发生以下结账业务。

① 计提本月固定资产折旧 7 000 元，其中，车间用固定资产折旧 4 500 元，行政管理部门用固定资产折旧 2 500 元。

② 计提本月的银行借款利息 14 180 元。

③ 结转本月商品销售成本 765 740 元。

④ 计算并结转本月损益。

⑤ 按 25%的税率计算并结转本月应交的企业所得税。

3．要求

（1）根据资料 2，编制会计分录。

（2）根据上述资料，填列下表。

账　　户	1～11 月累计数	12 月发生额	全年累计数
主营业务收入			
主营业务成本			
销售费用			
管理费用			
财务费用			
营业外收入			
营业外支出			

（3）根据以上资料编制 2014 年度的利润表。

第 8 章

账务处理程序

📌 **学习目标**

- 了解账务处理程序的概念、意义和基本要求
- 掌握记账凭证账务处理程序、汇总记账凭证账务处理程序和科目汇总表账务处理程序的基本内容、优缺点和适用范围

📌 **导入案例**

　　李芳是一名大学毕业生，她决定自主创业，开办一家少儿教育服务公司。7月15日，李芳成立了快乐童年服务公司，利用自己家庭的积蓄以及借款租了房间、购买了桌椅等家具及少儿图书资料，支付广告费等各种费用。开展业务时，李芳还聘请了工作人员，提供月薪。公司成立后，经营正常，发展顺利，很受家长和小朋友的欢迎。随着公司规模的扩大，李芳准备进行独立会计核算。

　　如果你是李芳，你将选择怎样一套账务处理程序，完整地记录该服务公司的全部经济业务，以反映公司的财务状况和经营成果？

8.1　账务处理程序的概念与种类

8.1.1　账务处理程序的概念

账务处理程序，是指账簿组织、记账程序和记账方法相结合的方式，也称会计核算形式或记账程序。其中，账簿的组织，是指账簿的种类、格式及其相互之间关系；记账的程序和方法，是指将发生的经济业务从填制和审核会计凭证、登记账簿到编制财务报表进行反映的步骤与过程。

会计凭证、会计账簿、财务报表之间的不同结合，形成了不同的账务处理程序。不同的账务处理程序又有不同的方法、特点和适用范围。科学、合理地选择适用于本单位的账务处理程序，对于提高会计核算工作效率、保证会计核算工作质量，有效地组织会计核算具有重要意义。具体体现在以下方面。

1．有利于规范会计核算组织工作

会计核算工作需要会计部门和会计人员之间的密切配合，有了科学合理的会计账务处理程序，会计机构和会计人员在进行会计核算的过程中就能够做到有序可循，按照不同的责任分工，有条不素地处理好各个环节上的会计核算工作。

2．有利于保证会计核算工作质量

在进行会计核算的过程中，保证会计核算工作的质量是对会计工作的基本要求。建立起科学合理的会计账务处理程序，形成加工整理会计信息的正常机制，是提高会计核算工作质量的重要保障。

3．有利于提高会计核算工作效率

会计核算工作效率的高低，直接关系到会计信息提供的及时性和有用性。按照既定的会计账务处理程序进行会计信息的处理，将会大大提高会计核算工作效率。

4．有利于节约会计核算工作成本

组织会计核算的过程也是对人力、物力和财力的消耗过程，因此，要求会计核算本身也要讲求经济效益。会计账务处理程序安排得科学合理，选用的会计凭证、会计账簿和财务报表种类适当、格式适用、数量适中，在一定程度上也能够节约会计核算工作成本。

8.1.2　账务处理程序的种类

决定账务处理程序建立的多种因素有经济活动特点和财务收支的实际情况、经营管理的需要、会计核算中的核算手续繁简等。这些因素是在不断变化的，因此，由它们所决定的会计凭证、账簿、财务报表等系统的组织以及核算程序和方法也在不断发生变化，由此形成了不同的账务处理程序。

在会计实务中，账务处理程序有多种，根据登记总分类账的方法和依据不同存在以下 5 种不同形式的账务处理程序，如表 8-1 所示。

在我国，常用的账务处理程序主要有记账凭证账务处理程序、汇总记账凭证账务处理程序、科目汇总表账务处理程序 3 种。企业单位在选择账务处理程序时，应当考虑以下 3 个方面的因素。

表 8-1　　　　　　　　账务处理程序分类表

账务处理程序名称	登记总分类账依据	登记总分类账方式
（1）记账凭证账务处理程序	记账凭证	直接登记
（2）汇总记账凭证账务处理程序	汇总记账凭证	汇总登记
（3）科目汇总表账务处理程序	科目汇总表	
（4）多栏式日记账账务处理程序	多栏式日记账	
（5）日记总账账务处理程序	日记总账	直接登记

（1）是否与企业自身的生产经营特点、管理要求、经济业务的繁简程度相适应。

（2）能否为会计信息使用者提供及时、准确、系统、全面的会计信息，满足他们的信息需求。

（3）能否保证会计工作的各个环节相互衔接、分工协作和满足内部控制的要求，并能节约时间、提高会计核算效率。

> **知识链接**
>
> 多栏式日记账账务处理程序的特点是：现金日记账和银行存款日记账均采用多栏式，并根据现金、银行存款日记账的记录登记总账。对于转账业务，可以根据转账凭证逐笔登记总账，也可以根据转账凭证定期编制汇总表，根据转账凭证汇总表登记总账。

日记总账账务处理程序的特点是：设置日记总账，根据记账凭证逐笔登记日记总账。日记总账是将全部相关科目都集中设置在一张账页上，以记账凭证为依据，对发生的经济业务进行序时的逐笔登记，最后将各科目进行汇总，计算出借、贷方发生额和期末余额。

8.2　记账凭证账务处理程序

8.2.1　记账凭证账务处理程序的特点

记账凭证账务处理程序，是指根据经济业务发生后所填制的各种记账凭证直接逐笔地登记总分类账，并定期编制财务报表的一种账务处理程序。它是一种最基本的账务处理程序，其他账务处理程序都是在此基础上发展而成的。

在记账凭证账务处理程序中，记账凭证可以是通用记账凭证，也可以分设收款凭证、付款凭证和转账凭证，需要设置现金日记账、银行存款日记账、明细分类账和总分类账。其中，现金日记账、银行存款日记账和总分类账一般采用三栏式，明细分类账根据需要可采用三栏式、多栏式或数量金额式。其一般程序如下。

（1）根据原始凭证编制汇总原始凭证。

（2）根据原始凭证或汇总原始凭证编制记账凭证。

（3）根据收款凭证和付款凭证逐笔登记现金日记账和银行存款日记账。

（4）根据原始凭证、汇总原始凭证、记账凭证，登记各种明细分类账。

（5）根据各种记账凭证逐笔登记总分类账。

（6）期末，将日记账、明细分类账的余额与总分类账中相应账户的余额进行核对。

（7）期末，根据总分类账和明细分类账的记录，编制财务报表。

记账凭证账务处理程序如图 8-1 所示。

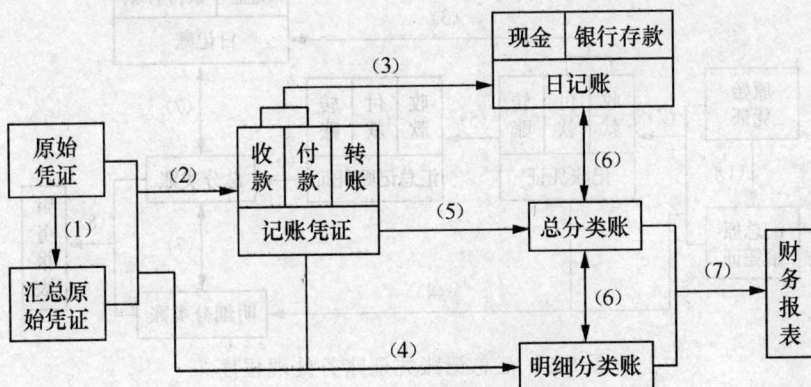

图 8-1　记账凭证账务处理程序

8.2.2　记账凭证账务处理程序的优缺点及适用范围

记账凭证账务处理程序比较简单明了、易于理解，总分类账较详细地记录和反映了经济业务的发生情况，便于了解经济业务动态。其不足之处是，由于总分类账是直接根据记账凭证逐笔登记的，登记总分类账的工作量较大，所以，记账凭证账务处理程序适用于规模小、经济业务量较少的单位。

8.3　汇总记账凭证账务处理程序

8.3.1　汇总记账凭证账务处理程序的特点

汇总记账凭证账务处理程序，是指根据原始凭证或汇总原始凭证填制记账凭证，定期根据记账凭证编制汇总收款凭证、汇总付款凭证和汇总转账凭证，再根据汇总记账凭证登记总分类账的一种账务处理程序。其特点是，定期根据记账凭证分类编制汇总收款凭证、汇总付款凭证和汇总转账凭证，并根据汇总记账凭证登记总分类账。

在汇总记账凭证账务处理程序中，除设置收款凭证、付款凭证和转账凭证外，还应设置汇总收款凭证、汇总付款凭证和汇总转账凭证，账簿设置和财务报表的编制与记账凭证账务处理程序基本相同。其一般程序如下。

（1）根据原始凭证编制汇总原始凭证。

（2）根据原始凭证或汇总原始凭证编制记账凭证。

（3）根据收款凭证和付款凭证逐笔登记现金日记账和银行存款日记账。

（4）根据原始凭证、汇总原始凭证和记账凭证，登记各种明细分类账。

（5）根据各种记账凭证分别编制汇总收款凭证、汇总付款凭证和汇总转账凭证。

（6）根据各种汇总记账凭证登记总分类账。

（7）期末，将日记账、明细分类账的余额与总分类账中相应账户的余额进行核对。

（8）期末，根据总分类账和明细分类账的记录，编制财务报表。

汇总记账凭证账务处理程序如图8-2所示。

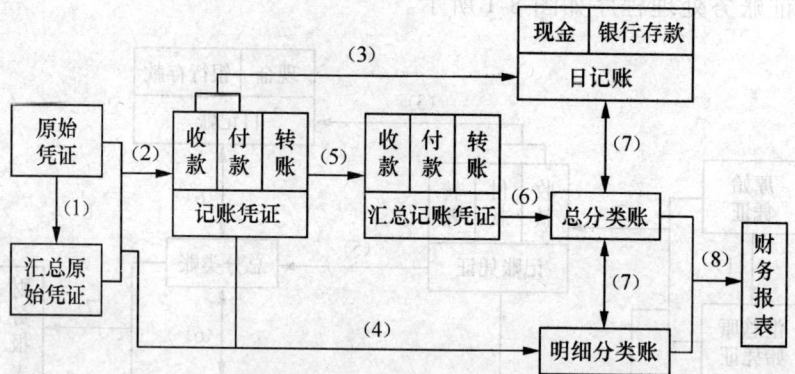

图8-2 汇总记账凭证账务处理程序

8.3.2 汇总记账凭证及其编制方法

汇总记账凭证分为汇总收款凭证、汇总付款凭证和汇总转账凭证3种，分别介绍如下。

1. 汇总收款凭证及其编制方法

汇总收款凭证，是指按"库存现金"和"银行存款"科目借方分别设置的一种汇总记账凭证，它汇总了一定时期内现金和银行存款的收款业务。其格式如表8-2所示。

表 8-2 　　　　　　　　　　汇总收款凭证

借方科目：库存现金或银行存款 　　　　　　20××年×月份　　　　　　　　　　汇收第×号

贷方科目	金额				总账页数	
	1日至10日 凭证1—×号	11日至20日 凭证×—×号	21日至30日 凭证×—×号	合计	借方	贷方
合　计						

汇总收款凭证的编制方法是，将需要进行汇总的收款凭证，按其对应的贷方科目进行归类，计算出每一个贷方科目发生额总计数，填入汇总收款凭证中。一般可5天或10天汇总一次，每月编制一张。月终计算出每个贷方科目的发生额合计数，据以登记总分类账。

2. 汇总付款凭证及其编制方法

汇总付款凭证，是指按"库存现金"和"银行存款"科目贷方分别设置的一种汇总记账凭证，它汇总了一定时期内现金和银行存款的付款业务。其格式如表8-3所示。

汇总付款凭证的编制方法是，将需要进行汇总的付款凭证，按其对应的借方科目进行归类，计算出每一个借方科目的发生额总计数，填入汇总付款凭证中。一般可5

天或 10 天汇总一次，每月编制一张。月终计算出每个借方科目的发生额合计数，据以登记总账。

表 8-3　　　　　　　　　　　　　　　　汇总付款凭证

贷方科目：库存现金或银行存款　　　　　　　20××年×月份　　　　　　　　　汇付第×号

借 方 科 目	金　　额				总 账 页 数	
	1 日至 10 日 凭证 1—×号	11 日至 20 日 凭证×—×号	21 日至 30 日 凭证×—×号	合计	借方	贷方
合　计						

3．汇总转账凭证及其编制方法

汇总转账凭证，是指按每一贷方科目分别设置的，用来汇总一定时期内转账业务的一种汇总记账凭证。其格式如表 8-4 所示。

表 8-4　　　　　　　　　　　　　　　　汇总转账凭证

贷方科目：　　　　　　　　　　　　　　20××年×月份　　　　　　　　　　汇转第×号

借 方 科 目	金　　额				总 账 页 数	
	1 日至 10 日 凭证 1—×号	11 日至 20 日 凭证×—×号	21 日至 30 日 凭证×—×号	合计	借方	贷方
合　计						

汇总转账凭证的编制方法是，将需要汇总的转账凭证，按其对应的借方科目进行归类，计算出每一个借方科目发生额总计数，填入汇总转账凭证。一般可以 5 天或 10 天汇总一次，每月编制一张。月终计算出每个借方科目发生额合计数，据以登记总账。

由于汇总转账凭证上的科目对应关系是，一个贷方科目与一个或几个借方科目相对应，因此，在汇总记账凭证账务处理程序下，为了便于编制汇总转账凭证转账也只能按一个贷方科目与一个或几个借方科目相对应来填制，不能填制一个借方科目与几个贷方科目相对应的转账凭证。也就是可以填制一借一贷和一贷多借的转账凭证，而不能填制一借多贷的转账凭证。

8.3.3　汇总记账凭证账务处理程序下总分类账的登记方法

在汇总记账凭证账务处理程序下，总分类账的登记是在月终进行，即根据汇总收款凭证的合计数，记入总分类账中"库存现金"或"银行存款"账户的借方，以及有关账户的贷方；根据汇总付款凭证的合计数，记入总分类账中"库存现金"或"银行存款"账户的贷方，以及有关账户的借方；根据汇总转款凭证的合计数，记入总分类账中设证科目的贷方，以及有关账户的借方。

8.3.4 汇总记账凭证账务处理程序的优缺点及适用范围

汇总记账凭证账务处理程序与记账凭证账务处理程序相比，其优点表现在：由于汇总记账凭证是根据一定时期内全部记账凭证，按照账户对应关系进行归类、汇总编制的，因而便于通过有关账户之间的对应关系，了解经济业务的来龙去脉；另外，在汇总记账凭证账务处理程序下，总分类账根据汇总记账凭证于月末一次登记，减少了登记总分类账的工作量。但因汇总转账凭证是按每一贷方科目，而不是按经济业务的性质归类、汇总的，因而不利于会计核算工作的分工，当转账凭证较多时，编制汇总转账凭证的工作量较大。所以，汇总记账凭证账务处理程序适用于规模较大、经济业务较多的企业单位。

8.4 科目汇总表账务处理程序

8.4.1 科目汇总表账务处理程序的特点

科目汇总表账务处理程序，又称记账凭证汇总表账务处理程序，它是根据记账凭证定期编制科目汇总表，再根据科目汇总表登记总分类账的一种账务处理程序。该核算程序的特点是定期编制科目汇总表并据以登记总分类账。其记账凭证、账簿的设置与记账凭证账务处理程序基本相同。其一般程序如下。

（1）根据原始凭证编制汇总原始凭证。
（2）根据原始凭证或汇总原始凭证编制记账凭证。
（3）根据收款凭证和付款凭证逐笔登记现金日记账和银行存款日记账。
（4）根据原始凭证、汇总原始凭证和记账凭证，登记各种明细分类账。
（5）根据各种记账凭证汇总编制科目汇总表。
（6）根据科目汇总表汇总登记总分类账。
（7）期末，将日记账、明细分类账的余额与总分类账中相应账户的余额进行核对。
（8）期末，根据总分类账和明细分类账的记录，编制财务报表。

科目汇总表账务处理程序如图8-3所示。

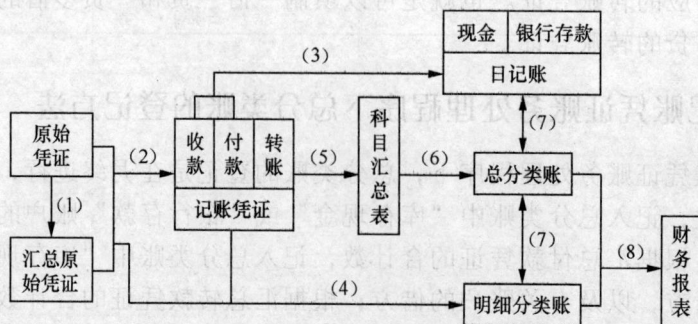

图 8-3 科目汇总表账务处理程序流程图

8.4.2　科目汇总表及其编制方法

科目汇总表，是指根据一定时期内的全部记账凭证，按会计科目进行归类，并计算出每一总账科目的本期借方发生额和本期贷方发生额所编制的汇总表。科目汇总表的格式如表 8-5 所示。

表 8-5

科目汇总表

20××年×月×日至×日　　　　　　　　　　　　　　　　　科汇第×号

会 计 科 目	总 账 页 数	本期发生额		记账凭证起止号数
		借　　方	贷　　方	
合　　计				

科目汇总表的编制方法：将一定时期内的全部记账凭证，按照相同会计科目归类，分别计算出每一总账科目的本期借方发生额和本期贷方发生额合计数，填于表内即可。由于借贷记账法的记账规则是"有借必有贷、借贷必相等"，则所编制的科目汇总表内的全部借方发生额合计数一定与全部贷方发生额合计数相等。

8.4.3　科目汇总表账务处理程序的优缺点及适用范围

科目汇总表账务处理程序与记账凭证账务处理程序相比，其突出的优点是：由于总分类账是根据定期编制的科目汇总表登记的，大大减少了登记总分类账的工作量。其不足之处是科目汇总表是按总账科目汇总编制的，只能作为登记总分类账和试算平衡的依据，不能反映账户对应关系，不便于查对账目。所以，科目汇总表账务处理程序适用于经济业务量较多的单位。

【例 8-1】蓝天公司 2014 年 9 月 30 日的总分类账户和明细分类账户科目余额如表 8-6、表 8-7 所示。

表 8-6

总分类账户余额表

2014 年 9 月 30 日　　　　　　　　　　　　　　　　　　　　单位：元

账户名称	金　　额	账户名称	金　　额
库存现金	6 000	累计折旧	50 000
银行存款	50 000	短期借款	50 000
原材料	4 000	长期借款	80 000
生产成本	20 000	实收资本	200 000
库存商品	40 000	盈余公积	40 000
固定资产	300 000		
合　　计	420 000		420 000

蓝天公司 2014 年 10 月份发生的全部经济业务如下。

（1）2 日，购入 A 材料 2 000 千克，单价 8 元，价款共计 16 000 元，材料已验收入库，货款以银行存款支付（不考虑增值税）。

表 8-7

明细分类账户余额表
2014 年 9 月 30 日

单位：元

账户名称	金 额
原材料——A 材料	4 000
生产成本——甲产品	20 000
库存商品——甲产品	40 000

（2）8 日，李和平出差预借差旅费 5 000 元。

（3）10 日，销售甲产品 1 000 件，单位售价 50 元，共计价款 50 000 元，货物已发出，价款收到并存入银行（不考虑增值税）。

（4）15 日，以现金支付销售甲产品的运费 800 元。

（5）20 日，为生产甲产品领用 A 材料 500 千克，单价 8 元，共计 4 000 元。

（6）25 日，李和平出差回来，报销差旅费 4 500 元，归还多余款 500 元。

（7）31 日，以银行存款支付本月保险费用 1 200 元。

（8）31 日，以银行存款支付借款利息 1 800 元。

（9）31 日，计算本月应交城市维护建设税 1 000 元，应交教育费附加 500 元。

（10）31 日，计算并结转本月已售甲产品成本 30 000 元。

（11）31 日，将本月份主营业务收入 50 000 元转入"本年利润"账户。

（12）31 日，将本月份主营业成本 30 000 元转入"本年利润"账户。

（13）31 日，将本月发生的营业税金及附加 1 500 元、销售费用 800 元、财务费用 1 800 元、管理费用 5 700 元转入"本年利润"账户。

（14）31 日，计算本月应交所得税 3 060 元。

（15）31 日，将本月所得税费用 3 060 元转入"本年利润"账户。

（16）31 日，结转本年利润 7 140 元。

在科目汇总表账务处理程序下，蓝天公司的会计处理如下。

第一步，根据发生经济业务所取得的原始凭证或汇总原始凭证填制记账凭证，如表 8-8 所示（以会计分录表代替记账凭证）。

表 8-8

会计分录表

2014 年		凭证号数	摘 要	会计科目	借方金额	贷方金额
月	日					
10	2	记 1	购入 A 材料	原材料——A 材料	16 000	
				银行存款		16 000
	8	记 2	预借差旅费	其他应收款——李和平	5 000	
				库存现金		5 000
	10	记 3	销售甲产品	银行存款	50 000	
				主营业务收入		50 000
	15	记 4	支付运费	销售费用	800	
				库存现金		800

续表

2014 年 月	日	凭证 号数	摘　要	会计科目	借方金额	贷方金额
	20	记 5	领用 A 材料	生产成本——甲产品	4 000	
				原材料——A 材料		4 000
	25	记 6	报销差旅费	管理费用	4 500	
				库存现金	500	
				其他应收款——李和平		5 000
	31	记 7	支付保险费	管理费用	1 200	
				银行存款		1 200
	31	记 8	支付利息费用	财务费用	1 800	
				银行存款		1 800
	31	记 9	应交城建税等	营业税金及附加	1 500	
				应交税费		
				——应交城建税		1 000
				——应交教育费附加		500
	31	记 10	结转销售成本	主营业务成本	30 000	
				库存商品——甲产品		30 000
	31	记 11	结转主营业务收入	主营业务收入	50 000	
				本年利润		50 000
	31	记 12	结转主营业务成本	本年利润	30 000	
				主营业务成本		30 000
	31	记 13	结转营业税金及附加等	本年利润	9 800	
				营业税金及附加		1 500
				销售费用		800
				管理费用		5 700
				财务费用		1 800
	31	记 14	计算应交所得税	所得税费用	3 060	
				应交税费		
				——应交所得税		3 060
	31	记 15	结转所得税费用	本年利润	3 060	
				所得税费用		3 060
	31	记 16	结转本年利润	本年利润	7 140	
				利润分配		7 140

　　第二步，根据现金和银行存款的收付款凭证，逐笔登记现金日记账和银行存款日记账，如表 8-9、表 8-10 所示。

　　第三步，根据记账凭证和相关原始凭证登记各种明细分类账（以原材料和其他应收款明细分类账的登记为例），如表 8-11、表 8-12 所示。

　　第四步，根据记账凭证编制科目汇总表，如表 8-13 所示。

　　第五步，根据科目汇总表登记总分类账（以银行存款、应交税费、利润分配、生产成本、管理费用等总分类账户为例），具体登记情况如表 8-14 至表 8-18 所示。

表 8-9　　　　　　　　　　　现金日记账

2014 年		凭证号数	摘　要	对方科目	收入	付出	结余
月	日						
10	1		月初余额				6 000
	8	记 2	李和平预借差旅费	其他应收款		5 000	1 000
	15	记 4	支付运费	销售费用		800	200
	25	记 6	李和平报销差旅费	其他应收款	500		700
10	31		本月合计		500	5 800	700

表 8-10　　　　　　　　　　银行存款日记账

2014 年		凭证号数	摘　要	对方科目	收入	付出	结余
月	日						
10	1		月初余额				50 000
	2	记 1	购入 A 材料	原材料		16 000	34 000
	10	记 3	销售甲产品	主营业务收入	50 000		84 000
	31	记 7	支付保险费	管理费用		1 200	82 800
	31	记 8	支付利息费用	财务费用		1 800	81 000
10	31		本月合计		50 000	19 000	81 000

表 8-11　　　　　　　　　　原材料明细分类账

材料名称：A 材料　　　　　　　　　　　　　　　　　　　　　　　　　　　数量单位：千克

2014 年		凭证号数	摘　要	收　入			发　出			结　存		
月	日			数量	单价	金额	数量	单价	金额	数量	单价	金额
10	1		月初余额							500	8.00	4 000
	2	记 1	购入	2 000	8.00	16 000				2 500	8.00	20 000
	20	记 5	领用				500	8.00	4 000	2 000	8.00	16 000
10	31		本月合计	2 000		16 000	500		4 000	2 000		16 000

表 8-12　　　　　　　　　　其他应收款明细分类账

明细科目：李和平

2014 年		凭证号数	摘　要	借　方	贷　方	借或贷	余　额
月	日						
10	8	记 2	预借差旅费	5 000		借	5 000
	25	记 6	报销差旅费		5 000	平	0
10	31		本月合计	5 000	5 000	平	0

表 8-13　　　　　　　　　　科目汇总表

2014 年 10 月 1 日至 31 日　　　　　　　　　　科汇第 10 号

会计科目	总账页数	本期发生额		记账凭证起止号数
		借　方	贷　方	
库存现金	（略）	500	5 800	
银行存款		50 000	19 000	
其他应收款		5 000	5 000	
原材料		16 000	4 000	
库存商品			30 000	
应交税费			4 560	
本年利润		50 000	50 000	
利润分配			7 140	记 1～记 16
生产成本		4 000		
主营业务收入		50 000	50 000	
主营业务成本		30 000	30 000	
营业税金及附加		1 500	1 500	
销售费用		800	800	
管理费用		5 700	5 700	
财务费用		1 800	1 800	
所得税费用		3 060	3 060	
合　计		218 360	218 360	

表 8-14　　　　　　　　　　总分类账

会计科目：银行存款

2014 年		凭证号数	摘　要	√	借　方	贷　方	借或贷	余　额
月	日							
10	1		月初余额				借	50 000
	31	科汇 10	1－31 日发生额		50 000	19 000	借	81 000

表 8-15　　　　　　　　　　总分类账

会计科目：应交税费

2014 年		凭证号数	摘　要	√	借　方	贷　方	借或贷	余　额
月	日							
10	31	科汇 10	1－31 日发生额			4 560	贷	4 560

表 8-16　　　　　　　　　　总分类账

会计科目：利润分配

2014 年		凭证 号数	摘　要	√	借　方	贷　方	借 或 贷	余　额
月	日							
10	31	科汇 10	1－31 日发生额			7 140	贷	7 140

表 8-17　　　　　　　　　　总分类账

会计科目：生产成本

2014 年		凭证 号数	摘　要	√	借　方	贷　方	借 或 贷	余　额
月	日							
10	1		月初余额				借	20 000
	31	科汇 10	1－31 日发生额		4 000		借	24 000

表 8-18　　　　　　　　　　总分类账

会计科目：管理费用

2014 年		凭证 号数	摘　要	√	借　方	贷　方	借 或 贷	余　额
月	日							
10	31	科汇 10	1－31 日发生额		800	800	平	0

▌ 会计名人 ▌

　　安绍芸（1900—1976），河北武清人，会计教育家、会计实务专家，新中国会计制度的奠基人。1915 年进入清华学习，1926 年获美国威斯康星大学经济学硕士学位，同年回国任复旦大学会计学教授，1929 年升任该校工商管理系首任系主任。1933 年参与创办大成会计统计事务所。1949 年奉调入京，先后任财政部会计制度处处长、会计制度司司长，主持设计统一会计制度，协调统一新中国会计管理、会计制度和会计方法，奠定了新中国的会计制度基础，并创办《新会计》《工业会计》等刊物进行会计制度和会计理论宣传。发表论文 10 余篇，出版经济学、会计学方向的著作 3 部。安绍芸作为新中国主管会计事务的首任官员，对新中国会计制度建设与发展做出了重要贡献。

本章小结

账务处理程序是账簿组织、记账程序和记账方法相互结合的方式，也称会计核算形式、记账程序和会计账务处理程序。不同的账务处理程序规定了填制会计凭证、登记账簿、编制财务报表的不同步骤和方法。

账务处理程序不同，所采用的会计凭证、会计账簿的种类与格式也存在一定的区别。其中，总分类账的登记依据不同，是区分各账务处理程序的最基本的标志。

各账务处理程序都具有各自的优缺点和适用范围，企业应根据管理需要、规模大小，以及经济业务量的大小合理选择账务处理程序，以保证会计核算工作质量，提高会计核算工作效率，节约会计核算工作成本。

思考与练习

一、思考题

（1）什么是账务处理程序？常用的账务处理程序有哪些，应如何选择？

（2）会计实务中普遍采用的账务处理程序有哪几种？简述它们的主要特点、程序与适用范围。

（3）区别不同账务处理程序的最主要的标志是什么？

二、判断题

（1）各种账务处理程序的主要区别是登记记账凭证的依据和方法不同。（　　　）

（2）编制财务报表也是企业账务处理程序的内容之一。（　　　）

（3）记账凭证账务处理程序的特点是直接根据记账凭证登记总分类账和明细分类账，它是最基本的账务处理程序。（　　　）

（4）汇总记账凭证和科目汇总表都是登记账簿的依据。（　　　）

（5）汇总记账凭证账务处理程序可以简化总账的登记工作，但编制汇总记账凭证的工作量较大。（　　　）

（6）采用科目汇总表账务处理程序，总账、明细账和日记账均应以科目汇总表为依据登账。（　　　）

（7）各种账务处理程序的相同之处在于其基本模式相同。（　　　）

（8）各种账务处理程序之间的主要区别在于登汇总账的依据和方法不同。（　　　）

（9）科目汇总表账务处理程序的主要不足在于科目汇总表不能反映账户之间的对应关系。（　　　）

（10）汇总记账凭证账务处理程序是最基本的账务处理程序。（　　　）

（11）科目汇总表账务处理程序是以定期编制的科目汇总表为依据登记总账的一种账务处理程序。（　　　）

（12）汇总记账凭证与科目汇总表的汇总方法基本相同，两种账务处理程序基本也相同。（　　　）

三、单项选择题

（1）企业的会计凭证、会计账簿、财务报表相结合的方式为（　　）。

A. 账簿组织　　　　　　　　　　　B. 账务处理程序

C. 财务报表组织　　　　　　　　　D. 会计工作组织

（2）下列账务处理程序中，被称为最基本的账务处理程序的是（　　）。

A. 记账凭证账务处理程序　　　　　B. 汇总记账凭证账务处理程序

C. 科目汇总表账务处理程序　　　　D. 日记总账账务处理程序

（3）记账凭证账务处理程序的主要特点是（　　）。

A. 根据各种记账凭证编制汇总记账凭证

B. 根据各种记账凭证逐笔登记总分类账

C. 根据各种记账凭证编制科目汇总表

D. 根据各种汇总记账凭证登记总分类账

（4）记账凭证账务处理程序的适用范围是（　　）。

A. 规模较大、经济业务量较多的单位

B. 采用单式记账的单位

C. 规模较小、经济业务量较少的单位

D. 会计基础工作薄弱的单位

（5）记账凭证账务处理程序的缺点是（　　）。

A. 不便于分工记账　　　　　　　　B. 程序复杂，不易掌握

C. 登记总账的工作量大　　　　　　D. 不便于查账、对账

（6）科目汇总表账务处理程序比记账凭证账务处理程序增设了（　　）。

A. 原始凭证汇总表　　　　　　　　B. 汇总原始凭证

C. 科目汇总表　　　　　　　　　　D. 汇总记账凭证

（7）科目汇总表账务处理程序的缺点是（　　）。

A. 登记总账的工作量大　　　　　　B. 程序复杂，不易掌握

C. 不能对发生额进行试算　　　　　D. 不便于查账、对账

（8）科目汇总表账务处理程序的缺点是（　　）。

A. 账户对应关系不明确　　　　　　B. 不便于试算平衡

C. 登记总账的工作量大　　　　　　D. 不便于采用计算机处理

（9）汇总记账凭证账务处理程序的缺点是（　　）。

A. 不便于分工记账　　　　　　　　B. 不能体现账户的对应关系

C. 登记总账的工作量大　　　　　　D. 汇总记账凭证的工作量较大

（10）科目汇总表账务处理程序与汇总记账凭证账务处理程序的主要相同之处是
（　　）。

A. 登记总账的依据相同　　　　　　B. 记账凭证汇总的方法相同

C. 汇总凭证的格式相同　　　　　　D. 都需要对记账凭证的资料进行汇总

（11）既能汇总登记总分类账，减轻总账登记工作，又能明确反映账户对应关系，
便于查账、对账的账务处理程序是（　　）。

A. 记账凭证账务处理程序　　　　　B. 汇总记账凭证账务处理程序

C. 科目汇总表账务处理程序　　　D. 日记总账账务处理程序

（12）各种账务处理程序的主要区别是（　　　）。

A. 登记明细分类账的依据和方法不同

B. 登记总分类账的依据和方法不同

C. 总账的格式不同

D. 编制财务报表的依据不同

四、多项选择题

（1）记账凭证账务处理程序的优点有（　　　）。

A. 登记总分类账的工作量较小

B. 账务处理程序简明，容易理解

C. 总分类账登记详细，便于查账、对账

D. 适用于规模大、业务量多的大型企业

（2）合理组织账务处理程序的重要意义在于（　　　）。

A. 节省核算工作人力物力　　　B. 保证会计核算质量

C. 提高服务质量　　　　　　　D. 提高经济效益

（3）关于科目汇总表账务处理程序，下列说法正确的有（　　　）。

A. 可以大大减轻总账的登记工作　B. 可以对发生额进行试算平衡

C. 能明确反映账户的对应关系　　D. 适应于规模较大、业务量较多的企业

（4）在不同账务处理程序下，下列可以作为登记总分类账依据的是（　　　）。

A. 记账凭证　　　　　　　　　B. 科目汇总表

C. 汇总记账凭证　　　　　　　D. 多栏式日记账

（5）汇总记账凭证账务处理程序下，会计凭证方面除设置收款凭证、付款凭证、转账凭证外，还应设置（　　　）。

A. 科目汇总表　　　　　　　　B. 汇总收款凭证

C. 汇总付款凭证　　　　　　　D. 汇总转账凭证

（6）汇总记账凭证账务处理程序的优点有（　　　）。

A. 总分类账的登记工作量相对较小

B. 便于会计核算的日常分工

C. 便于了解账户之间的对应关系

D. 编制汇总转账凭证的工作量较小

（7）为便于汇总转账凭证的编制，日常编制转账凭证时，分录形式最好的是（　　　）。

A. 一借一贷　　　　B. 一借多贷　　　　C. 一贷多借

D. 多贷多借　　　　E. 一借两贷

（8）在各种账务处理程序中，相同的会计账务处理工作有（　　　）。

A. 编制汇总记账凭证　　　　　B. 登记现金、银行存款日记账

C. 登记总分类账和各种明细账　D. 编制财务报表

（9）汇总记账凭证账务处理程序的优点有（　　　）。

A. 反映科目的对应关系　　　　B. 编制汇总转账凭证的工作量较小

C. 减少登记总账的工作量　　　D. 便于核对账目

（10）科目汇总表的特点有（　　　）。

    A. 便于用计算机处理　　　　　　B. 根据原始凭证归类编制

    C. 可作为登记总账的依据　　　　D. 可起试算平衡的作用

（11）科目汇总表的缺点有（　　　）。

    A. 不能反映账户之间的对应关系　B. 编制科目汇总表的工作量较大

    C. 加大登记总账的工作量　　　　D. 不便于查对账目

（12）在各种账务处理程序中，能减少登记总账工作量的是（　　　）。

    A. 记账凭证账务处理程序　　　　B. 日记总账账务处理程序

    C. 汇总记账凭证账务处理程序　　D. 科目汇总表账务处理程序

五、业务题

习题一

1. 目的

练习记账凭证账务处理程序。

2. 资料

（1）东海公司 2014 年 8 月份各账户期初余额如下。

账　户	借方余额	账　户	贷方余额
库存现金	270	累计折旧	41 100
银行存款	9 140	短期借款	54 000
应收账款	15 000	应付账款	73 500
原材料	55 000	应交税费	700
库存商品	37 500	应付利息	400
固定资产	186 000	实收资本	120 000
利润分配	82 800	盈余公积	43 000
生产成本	41 200	本年利润	94 210
合　计	426 910	合　计	426 910

（2）8 月份发生下列经济业务。

① 1 日，股东投入资本 20 000 元，存入银行。

② 2 日，购入下列材料，价款 15 000 元，税款 2 550 元，运杂费 900 元，当即以银行存款支付（运杂费按材料重量比例分配）。

    A 材料　　3 000 千克　　每千克 4.00 元　　计 12 000 元

    B 材料　　1 500 千克　　每千克 2.00 元　　计　3 000 元

    合　计　　　　　　　　　　　　　　　　15 000 元

③ 3 日，出售甲产品 100 件，每件售价 100 元，价款 10 000 元，税款 1 700 元当即收到，存入银行存款户。

④ 5 日，收到 2 日购入的 A、B 两种材料，并验收入库，按实际采购成本入账。

⑤ 5 日，以银行存款交纳上月欠交的税金 700 元。

⑥ 6 日，仓库发出下列材料投入甲产品生产。

A 材料	1 650 千克	每千克 4.00 元	计　6 600 元
B 材料	7 000 千克	每千克 2.00 元	计 14 000 元
合　计			20 600 元

⑦ 7 日，收到大华公司还来前欠货款 14 000 元，存入银行。

⑧ 8 日，以银行存款支付前欠振徽公司货款 13 000 元。

⑨ 10 日，股东投入新机器一台，双方确认的价值为 10 000 元。

⑩ 12 日，向达美公司出售甲产品 200 件，每件售价 100 元，价款 20 000 元，税款 3 400 元。款项尚未收到。

⑪ 14 日，向银行借入短期借款 12 000 元，存入银行。

⑫ 15 日，从银行提取现金 8 000 元，以备发放工资。

⑬ 15 日，以现金支付本月职工工资 8 000 元。

⑭ 15 日，以银行存款预交本月的企业所得税 1 500 元。

⑮ 16 日，以现金支付行政管理部门的办公用品费 93.60 元。

⑯ 16 日，收到达美公司还来货款 23 400 元，存入银行。

⑰ 20 日，以银行存款支付销售甲产品的广告费用 1 800 元。

⑱ 22 日，向新华公司出售甲产品 30 件，每件售价 100 元，价款 3 000 元，税款 510 元。款项尚未收到。

⑲ 24 日，购入下列材料，材料价款 7 000 元，税款 1 190 元，运杂费 600 元，货款已付（运杂费按材料重量比例分配）。

A 材料	1 000 千克	每千克 4.00 元	计 4 000 元
B 材料	1 500 千克	每千克 2.00 元	计 3 000 元
合　计			7 000 元

⑳ 26 日，收到本月 24 日购入 A、B 两种材料，并验收入库，按其实际采购成本入账。

㉑ 31 日，计提本月份应负担的短期借款利息 400 元。

㉒ 31 日，计提本月固定资产折旧 4 000 元，其中：生产车间计提固定资产折旧 2 600 元，行政管理部门计提固定资产折旧 1 400 元。

㉓ 31 日，结转本月职工工资 8 000 元，其中：生产人员工资 5 000 元，车间管理人员工资 1 000 元，行政管理人员工资 2 000 元。

㉔ 31 日，将本月发生的制造费用 3 600 元计入产品生产成本。

㉕ 31 日，甲产品 500 件本月完工，每件单位生产成本 65 元，计 32 500 元。

㉖ 31 日，结转本月已销产品的生产成本，每件 60 元。

㉗ 31 日，将损益类账户余额结转至"本年利润"账户。

㉘ 31 日，按本月实现的利润总额计算企业应交的企业所得税（税率 25%）。

3．要求

（1）根据资料（1）开设总账，登记期初余额。

（2）根据资料（2）编制收款、付款和转账凭证，并根据记账凭证逐笔登记总账。

（3）结出各总账的本期发生额及期末余额，并据以编制试算平衡表进行试算平衡。

习题二

1．目的

练习汇总记账凭证账务处理程序。

2．资料

见本章习题一的资料。

3．要求

（1）根据本章习题一的资料（1），开设总账，并登记期初余额。

（2）根据本章习题一的资料（2）填制的收款、付款和转账凭证分别编制汇总收款凭证、汇总付款凭证和汇总转账凭证。

（3）根据汇总记账凭证登记总账，并结出本期发生额及期末余额。

习题三

1．目的

练习科目汇总表的编制。

2．资料

蓝天公司根据 2014 年 6 月 21 日至 30 日发生的经济业务，编制如下会计分录。

（1）借：应付账款	7 200
贷：银行存款	7 200
（2）借：库存现金	5 000
贷：银行存款	5 000
（3）借：生产成本	21 000
贷：原材料	21 000
（4）借：管理费用	600
贷：库存现金	600
（5）借：银行存款	35 100
贷：主营业务收入	30 000
应交税费	5 100
（6）借：主营业务成本	18 000
贷：库存商品	18 000
（7）借：销售费用	1 000
贷：银行存款	1 000
（8）借：财务费用	1 500
贷：应付利息	1 500
（9）借：管理费用	920
贷：库存现金	920

（10）借：主营业务收入　　　　　　　　　　　　　　　　　　30 000

　　　　贷：本年利润　　　　　　　　　　　　　　　　　　　　　30 000

　　借：本年利润　　　　　　　　　　　　　　　　　　　　23 420

　　　　贷：主营业务成本　　　　　　　　　　　　　　　　　　　18 000

　　　　　　销售费用　　　　　　　　　　　　　　　　　　　　　2 400

　　　　　　财务费用　　　　　　　　　　　　　　　　　　　　　1 500

　　　　　　管理费用　　　　　　　　　　　　　　　　　　　　　1 520

3．要求

根据上述会计分录编制科目汇总表。

习题四

1．目的

练习科目汇总表账务处理程序。

2．资料

见本章习题一的资料。

3．要求

（1）根据习题一的资料（1），开设三栏式总账。

（2）根据习题一的资料（2），编制通用记账凭证，分别编制 8 月 1 日～8 月 15 日、8 月 16 日～8 月 31 日的科目汇总表。

第 9 章

会 计 档 案

学习目标

- 了解会计档案的相关内容
- 熟悉会计档案的归档、保管和销毁程序

导入案例

安然公司是美国能源巨头，其营运的天然气与石油曾占全美市场的 20%，经营业务覆盖全球 40 多个国家和地区，营业收入突破 1000 亿美元，并因此成为全世界最大的能源交易商，位居《财富》杂志"美国 500 强"第七位，成为华尔街财务分析师力荐的蓝筹股。

然而，上述业绩是借助一系列财务舞弊手段实现的。当安然公司于 2001 年 10 月 16 日得出第三季度亏损 6.18 亿美元，及其在 1997—2000 年间由关联交易虚报了 5.52 亿美元的盈利等内幕消息曝光后，安然公司股东财富瞬间蒸发，流通市值由巅峰的 680 亿美元跌至不足 2 亿美元，下跌了 99.92%。为逃避调查，安然公司和为其提供审计服务的原全球五大会计公司之一的安达信还上演了销毁重要会计资料和审计工作底稿的事件，企图以销毁证据的方式隐瞒重要事实。故意销毁会计资料、审计工作底稿是安然公司和安达信被起诉的理由之一。

9.1 会计档案的内容及其归档

9.1.1 会计档案的内容

会计信息的载体包括会计凭证、会计账簿、财务报表，而这些载体及其他的会计资料就构成了会计档案的内容。

会计档案，是指会计凭证、会计账簿和财务报告等会计核算专业资料，是记录和反映单位经济业务的重要史料和证据，是国家经济档案的重要组成部分，是企业单位日常发生的各项经济活动的历史记录，是总结经营管理经验、进行决策所需的主要资料，也是检查各种责任事故的重要依据。各单位的会计部门对会计档案必须高度重视，严加保管。大、中型企业单位应建立会计档案室，小型企业单位应有会计档案柜并指定专人负责。对会计档案应建立严密的保管制度，妥善管理，不得丢失、损坏、抽换或任意销毁。

为了加强会计档案管理，统一会计档案管理制度，根据《中华人民共和国会计法》和《中华人民共和国档案法》的规定，财政部、国家档案局联合发布了《会计档案管理办法》，并于 1999 年 1 月 1 日起正式实施。按照《会计档案管理办法》的规定，企业单位的会计档案包括以下的具体内容。

（1）会计凭证类：包括原始凭证、记账凭证、汇总凭证以及其他会计凭证。

（2）会计账簿类：包括总账、明细账、日记账、固定资产卡片、辅助账簿以及其他会计账簿。

（3）财务报告类：包括月度、季度、年度财务报告，还包括会计报表、附表、附注及文字说明，其他财务报告。

（4）其他类：包括银行存款余额调节表、银行对账单、其他应当保存的会计核算专业资料、会计档案移交清册、会计档案保管清册、会计档案销毁清册。

9.1.2 会计档案的归档

根据《会计档案管理办法》，各单位每年形成的会计档案，应由会计机构按照归档的要求，负责整理立卷，装订成册，编制会计档案保管清册。

当年形成的会计档案，在会计年度终了后，可暂由本单位财务会计部门保管一年。期满之后，应由会计机构编制移交清册，移交本单位的档案机构统一保管；未设立档案部门的，应当在财务会计部门内部指定专人保管。采用电子计算机进行会计核算的单位，应当保存打印出的纸质会计档案。具备采用磁带、磁盘、光盘、微缩胶片等磁性介质保存会计档案条件的，由国务院业务主管部门统一规定，并报财政部、国家档案局备案。

移交本单位档案机构保管的会计档案，原则上应当保持原卷册的封装，个别需要拆封重新整理的，档案机构应当会同会计机构和经办人共同拆封整理，以分清责任。

各单位对会计档案应当科学管理，做到妥善保管、存放有序、查找方便。同时，严格执行安全和保密制度，不得随意堆放，严防毁损、散失和泄密。

9.2 会计档案的管理

9.2.1 会计档案的保管期限

会计档案应分类保存，并建立相应的分类目录或卡片，随时进行登记。按照《会计档案管理办法》的规定，会计档案的保管期限分为永久保管和定期保管两类，其中，定期保管期限又分为 3 年、5 年、10 年、15 年、25 年，时间是从会计年度终了后第一天算起。该办法规定的会计档案保管期限为最低保管期限，具体可以分为以下方面。

（1）需要永久保存的会计档案。主要有：会计档案保管清册、会计档案销毁清册以及年度财务报告、财政总预算、行政单位和事业单位决算、税收年报（决算）。

（2）保管期限为 25 年的会计档案。主要有：现金和银行存款日记账、税收日记账（总账）和税收票证分类出纳账。

（3）保管期限为 15 年的会计档案。主要有：会计凭证类；总账、明细账、日记账和辅助账簿（不包括现金和银行存款）；会计移交清册；行政单位和事业单位的各种会计凭证；各种完税凭证和缴、退库凭证；财政总预算拨款凭证及其他会计凭证；农牧业税结算凭证。

（4）保管期限为 10 年的会计档案。主要有：国家金库编送的各种报表及缴、退库凭证；各收入机关编送的报表；财政总预算保管行政单位和事业单位决算、税收年报、国家金库年报、基本建设拨贷款年报；税收会计报表（包括票证报表）。

（5）保管期限为 5 年的会计档案。主要有：固定资产卡片于固定资产报废清理后保管 5 年；银行余额调节表；银行对账单；财政总预算会计月、季度报表；行政单位和事业单位会计月、季度报表。

（6）保管期限为 3 年的会计档案。主要有：月、季度财务报告；财政总预算会计旬报。

《会计档案管理办法》规定的各类会计档案的保管期限如表 9-1、表 9-2 所示。各单位会计档案的具体名称如有同该表中所列档案名称不相符的，可以比照类似档案的保管期限办理。

表 9-1   企业和其他组织会计档案保管期限表

序号	档 案 名 称	保 管 期 限	备 注
一	会计凭证类		
1	原始凭证	15 年	
2	记账凭证	15 年	
3	汇总凭证	15 年	
二	会计账簿类		
4	总账	15 年	包括日记总账
5	明细账	15 年	
6	日记账	15 年	现金和银行存款日记账保管 25 年
7	固定资产卡片		固定资产报废清理后保管 5 年

序号	档 案 名 称	保 管 期 限	备　注
8	辅助账簿	15 年	
三	财务报告类		包括各级主管部门汇总财务报告
9	月、季度财务报告	3 年	包括文字分析
10	年度财务报告（决算）	永久	包括文字分析
四	其他类		
11	会计移交清册	15 年	
12	会计档案保管清册	永久	
13	会计档案销毁清册	永久	
14	银行余额调节表	5 年	
15	银行对账单	5 年	

表 9-2　　财政总预算、行政单位、事业单位和税收会计档案保管期限表

序号	档 案 名 称	保 管 期 限			备　注
		财政总预算	行政单位事业单位	税收会计	
一	会计凭证类				
1	国家金库编送的各种报表及缴库退库凭证	10 年	10 年		
2	各收入机关编送的报表	10 年			
3	行政单位和事业单位的各种会计凭证		15 年		包括：原始凭证、记账凭证和传票汇总表
4	各种完税凭证和缴、退库凭证			15 年	缴款书存根联在销号后保管 2 年
5	财政总预算拨款凭证及其他会计凭证	15 年			包括：拨款凭证和其他会计凭证
6	农牧业税结算凭证			15 年	
二	会计账簿类				
7	日记账		15 年	15 年	
8	总账	15 年	15 年	15 年	
9	税收日记账（总账）和税收票证分类出纳账		25 年		
10	明细分类、分户账或登记簿	15 年	15 年	15 年	
11	现金出纳账、银行存款账		25 年	25 年	
12	行政单位和事业单位固定资产明细账（卡片）				行政单位和事业单位固定资产报废清理后保管 5 年
三	财务报告类				
13	财政总预算	永久			
14	行政单位和事业单位决算	10 年	永久		
15	税收年报（决算）	10 年		永久	
16	国家金库年报（决算）	10 年			
17	基本建设拨、贷款年报（决算）	10 年			

序号	档 案 名 称	保 管 期 限			备　注
		财政总预算	行政单位事业单位	税收会计	
18	财政总预算会计旬报	3 年			所属单位报送的保管2 年
19	财政总预算会计月、季度报表	5 年			所属单位报送的保管2 年
20	行政单位和事业单位会计月、季度报表		5 年		所属单位报送的保管2 年
21	税收会计报表（包括票据报表）			10 年	电报保管 1 年，所属税务机关报送的保管3 年
四	其他类				
22	会计移交清册	15 年	15 年	15 年	
23	会计档案保管清册	永久	永久	永久	
24	会计档案销毁清册	永久	永久	永久	

注：税务机关的税务经费会计档案保管期限，按行政单位会计档案保管期限规定办理。

9.2.2　会计档案的查阅和交接

1. 会计档案的查阅和复制

各单位应建立健全会计档案的查阅、复制登记制度。各单位保存的会计档案不得借出。如有特殊需要，经本单位负责人批准，可以提供查阅或者复制，并办理登记手续。查阅或者复制会计档案的人员，严禁在会计档案上涂画、拆封和抽换。借出的会计档案，会计档案管理人员要按期如数收回，并办理注销借阅手续。

2. 会计档案的交接

单位因撤销、解散、破产或者其他原因而终止的，在终止和办理注销登记手续之前形成的会计档案，应当由终止单位的业务主管部门或财产所有者代管或移交有关档案馆代管。

单位分立后原单位存续的，其会计档案应当由分立后的存续方统一保管，其他方可查阅、复制与其业务相关的会计档案；单位分立后原单位解散的，其会计档案应当经各方协商后由其中一方代管或移交档案馆代管，各方可查阅、复制与其业务相关的会计档案。单位分立中未结清的会计事项所涉及的原始凭证，应当单独抽出由业务相关方保存，并按规定办理交接手续。

单位因业务移交其他单位办理所涉及的会计档案，应当由原单位保管，承接业务单位可查阅、复制与其业务相关的会计档案，对其中未结清的会计事项所涉及的原始凭证，应当单独抽出由业务承接单位保存，并按规定办理交接手续。

单位合并后原各单位解散或一方存续其他方解散的，原各单位的会计档案应当由合并后的单位统一保管；单位合并后原各单位仍存续的，其会计档案仍应由原各单位保管。建设单位在项目建设期间形成的会计档案，应当在办理竣工决算后移交给建设项目的接受单位，并按规定办理交接手续。

单位之间交接会计档案的，交接双方应当办理会计档案交接手续。移交会计档案的单位，应当编制会计档案移交清册，列明应当移交的会计档案名称、卷号、册数、起止年度和档案编号、应保管期限、已保管期限等内容。

交接会计档案时，交接双方应当按照会计档案移交清册所列内容逐项交接，并由交接双方的单位负责人负责监交。交接完毕后，交接双方经办人和监交人应当在会计档案移交清册上签名或者盖章。

我国境内所有单位的会计档案不得携带出境。驻外机构和境内单位在境外设立的企业（简称境外企业）的会计档案，应当按照《会计档案管理办法》和国家有关规定进行管理。

9.2.3 会计档案的销毁

会计档案保管期满需要销毁时，可以按照以下程序销毁。

（1）由本单位档案机构提出销毁意见，编制会计档案销毁清册。会计档案销毁清册是销毁会计档案的记录和报批文件，一般应包括：销毁会计档案的名称、卷号、册数、起止年度和档案编号、应保管期限、已保管期限、销毁时间等内容。

（2）单位负责人应当在会计档案销毁清册上签署意见。

（3）销毁会计档案时，应当由单位档案机构和会计机构共同派员监销。国家机关销毁会计档案时，应当由同级财政部门、审计部门派员参加监销。财政部门销毁会计档案时，应当由同级审计部门派员参加监销。

（4）监销人在销毁会计档案前，应当按照会计档案销毁清册所列内容清点核对所要销毁的会计档案。销毁后，监销人应当在会计档案销毁清册上签名盖章，并将监销情况报告本单位负责人。

对于保管期满但未结清的债权、债务原始凭证和涉及其他未了事项的原始凭证，不得销毁，应单独抽出，另行立卷，由档案部门保管到未了事项完结时为止。单独抽出立卷的会计档案，应当在会计档案销毁清册和会计档案保管清册中列明。正在项目建设期间的建设单位，其保管期满的会计档案不得销毁。

▌会计名人▐

阎达五（1929—2003），山西祁县人，会计学家、会计理论家、会计教育家，管理活动论的创始人之一。1954 年毕业于中国人民大学，自中国人民大学建校起一直在该校工作。曾任中国会计学会副会长、财政部人才中心高级专家委员会特聘专家、中国会计准则委员会委员、国务院国民经济核算协调委员会委员。20 世纪 50 年代力主苏联经验与中国实际相结合，编写出第一本中国化会计教材而闻名于会计界。独立或合作撰写学术论文 200 余篇，出版教材、专著近 40 部。在半个多世纪的教育生涯中，为国家培养了大批高质量会计人才，对我国会计理论、实务和会计事业的发展做出了重要贡献。

本章小结

会计档案是机关团体和企事业单位在会计核算中形成的、按照规定保存备查的会计信息载体，以及其他有关财务会计工作应予集中保管的财务成本计划、重要的经济合同等文件资料。它是记录和反映经济业务事项的重要史料和证据。具体包括：会计凭证类、会计账簿类、财务会计报告类和其他类。

会计档案的保管期限分为永久和定期两类。定期保管期限分为3年、5年、10年、15年、25年5种。会计档案的保管期限从会计年度终了后的第一天算起。

会计档案的归档、保管期限、查阅、复制、移交及销毁应当遵照《会计档案管理办法》的规定，保证会计档案的安全、完整。

思考与练习

一、思考题

（1）会计档案的具体内容有哪些？

（2）会计档案的保管年限有哪些具体规定？

（3）调查会计档案在查阅、复制、交接、销毁的过程中存在哪些问题？

二、判断题

（1）各单位每年形成的会计档案，都应由会计机构按照归档的要求，负责整理立卷，装订成册，编制会计档案保管清册。（　　）

（2）会计档案包括会计凭证、会计账簿、财务会计报告，但不包括银行存款余额调节表、银行对账单、会计档案保管清册和会计档案销毁清册等。（　　）

（3）会计档案的保管期限，从会计年度终了后的第一天算起。各类会计档案的具体保管期限按照《会计档案管理办法》的规定执行。（　　）

（4）我国境内所有单位的会计档案可以携带出境。（　　）

（5）保管期满但尚未结清的债权债务原始凭证，不得销毁，应单独抽出立卷。（　　）

（6）会计档案交接完毕后，交接双方的领导和监交人应当在会计档案移交清册上签名或者盖章。（　　）

（7）本单位人员调阅会计档案，应经会计主管人员同意。外单位人员调阅会计档案，应有正式介绍信，经本单位领导批准。（　　）

（8）会计档案管理办法规定的会计档案保管期限为最高保管期限，各项单位会计档案的保管原则上应当按照《会计档案管理办法》执行。（　　）

（9）会计档案保管期满需要销毁的，由本单位会计机构提出销毁意见，编制会计档案销毁清册。单位负责人应当在会计档案销毁清册上签署意见。（　　）

（10）企业和其他组织的银行存款余额调节表、银行对账单和固定资产报废清理后的固定资产卡片等会计档案保管期限应当为3年。（　　）

（11）会计账簿类会计档案的保管期限均为15年。（　　）

（12）单位因撤销、解散、破产或者其他原因而终止的，在终止和办理注销登记手续之前形成的会计档案，应当由终止单位的业务主管部门或财产所有者代管或移交

有关档案馆代管。　　　　　　　　　　　　　　　　　　　　　　　（　　）

（13）会计主管人员在会计档案销毁清册上签署意见。　　　　　　　（　　）

（14）对于保管期满尚未结清的债权债务原始凭证和涉及其他未了事项的原始凭证，不得销毁，应当单独抽出，另行立卷，保管到未了事项完结时为止。　　（　　）

（15）各单位保存的会计档案不得借出。　　　　　　　　　　　　　（　　）

三、单项选择题

（1）按照我国《会计档案管理办法》的规定，记账凭证的保管期限是（　　）。

　　　A. 3 年　　　　　B. 5 年　　　　　C. 15 年　　　　D. 永久

（2）会计档案的保管期限是从（　　）算起。

　　　A. 会计年度终了后第一天　　　　B. 审计报告之日

　　　C. 移交档案管理机构之日　　　　D. 会计资料的整理装订日

（3）各单位每年形成的会计档案，都应由（　　）负责整理立卷，装订成册，编制会计档案保管清册。

　　　A. 会计机构　　B. 档案部门　　C. 人事部门　　D. 指定专人

（4）各种会计档案的保管期限，根据其特点分为永久、定期两类。定期保管期限分为（　　）。

　　　A. 3 年、10 年、20 年、30 年、40 年 5 种

　　　B. 1 年、5 年、10 年、15 年、20 年 5 种

　　　C. 3 年、5 年、10 年、15 年、20 年 5 种

　　　D. 3 年、5 年、10 年、15 年、25 年 5 种

（5）企业年度财务报告的保管期限为（　　）。

　　　A. 5 年　　　　　B. 15 年　　　　C. 25 年　　　　D. 永久

（6）根据《会计档案管理办法》规定，企业银行存款余额调节表的保管期限为（　　）。

　　　A. 1 年　　　　　B. 5 年　　　　　C. 10 年　　　　D. 15 年

（7）根据《会计档案管理办法》规定，企业原始凭证的保管期限是（　　）。

　　　A. 3 年　　　　　B. 5 年　　　　　C. 15 年　　　　D. 永久

（8）（　　）是指会计凭证、会计账簿和财务会计报告等会计核算专业材料，是记录和反映单位经济业务的重要史料和证据。

　　　A. 会计档案　　B. 会计报表　　C. 会计报告　　D. 会计文件

（9）按照《会计法》规定，各级人民政府财政部门和（　　）共同负责会计档案工作的指导、监督和检查。

　　　A. 工商行政管理部门　　　　　　B. 档案行政管理部门

　　　C. 统计行政管理部门　　　　　　D. 执法行政管理部门

（10）我国境内所有单位的会计档案（　　）携带出境。

　　　A. 不得　　　　　　　　　　　　B. 可以

　　　C. 允许　　　　　　　　　　　　D. 有些允许，有些不允许

（11）（　　）在会计档案销毁清册上签署意见。

　　　A. 单位负责人　　　　　　　　　B. 会计部门负责人

　　　C. 档案部门负责人　　　　　　　D. 业务部门负责人

（12）财政部门销毁会计档案时，应当由（　　）部门派员参加监销。

    A. 上级监察　　　B. 同级监察　　　C. 上级审计　　　D. 同级审计

（13）单位合并后原各单位解散或一方存续其他方解散的，原各单位的会计档案应由（　　）统一保管。

    A. 主管单位　　　　　　　　　　B. 原单位

    C. 合并后的单位　　　　　　　　D. 上级单位

四、多项选择题

（1）档案部门接收保管的会计档案需要拆封重新整理时，不正确的做法是（　　）。

    A. 由原封装人员拆封整理

    B. 由原财务会计部门拆封整理

    C. 由档案部门拆封整理

    D. 由档案部门会同原财务会计部门和经办人员共同拆封整理

（2）会计档案的具体内容包括（　　）。

    A. 会计凭证　　　B. 会计账簿　　　C. 财务会计报告　　D. 其他会计账簿

（3）下列各项属于其他会计资料的是（　　）。

    A. 银行存款余额调节表　　　　　B. 会计档案移交清理

    C. 会计档案保管清册　　　　　　D. 银行对账单

（4）需要永久保存的会计档案主要有（　　）。

    A. 企业和其他组织的年度财务报告

    B. 预算单位的财政总预算、行政单位和事业单位决算、税收年报

    C. 企业和其他组织的财政总预算、行政单位和事业单位的会计档案保管清册

    D. 企业和其他组织的财政总预算、行政单位和事业单位的会计档案销毁清册

（5）按照《会计档案管理办法》的规定，下列说法中正确的有（　　）。

    A. 会计档案的保管期限分为3年、5年、10年、15年、25年5类

    B. 单位合并后原各单位仍存续的，其会计档案仍应由原各单位保管

    C. 企业银行存款余额调节表、银行对账单和固定资产卡片于固定资产报废清理后保管5年

    D. 我国境内所有单位的会计档案不得携带出境

（6）下列各项属于保管期限为15年的会计档案有（　　）。

    A. 企业和其他组织的各类会计凭证

    B. 财政总预算会计的拨款凭证以及其他会计凭证

    C. 税收会计的各种完税凭证和缴、退库凭证

    D. 各单位的总账、明细账和会计移交清册

（7）下列各项属于保管期限为10年的会计档案有（　　）。

    A. 基本建设拨款年报

    B. 税收会计单位编送的税收年报

    C. 国家金库编送的各种报表及缴库退库凭证

    D. 各收入机关编送的报表

（8）下列各项属于保管期限为5年的会计档案有（　　）。

A. 企业的固定资产卡片账　　　B. 银行存款余额调节表

C. 企业的月、季度财务报告　　　D. 财政总预算会计的旬报

（9）单位因撤销、解散、破产或者其他原因而终止的，在终止和办理注销登记手续之前形成的会计档案，应当由（　　　）等代管。

A. 终止单位的业务主管部门　　　B. 财产所有者

C. 移交的有关档案馆　　　D. 工商管理部门

（10）会计档案销毁清册是销毁会计档案的书面记录和报批文件，其内容一般应包括（　　　）。

A. 销毁会计档案的名称　　　B. 卷号、册数、起止年度和档案编号

C. 应保管期限和已保管期限　　　D. 销毁时间

附　录

附录1　《企业会计准则》会计科目表

顺序号	编号	会计科目名称	顺序号	编号	会计科目名称
		一、资产类	13	1131	应收股利
1	1001	库存现金	14	1132	应收股利
2	1002	银行存款	15	1201	应收代位追偿款
3	1003	存放中央银行款项	16	1211	应收分保账款
4	1011	存放同业	17	1212	应收分保合同准备金
5	1012	其他货币资金	18	1221	其他应收款
6	1021	结算备付金	19	1231	坏账准备
7	1031	存出保证金	20	1301	贴现资产
8	1101	交易性金融资产	21	1302	拆出资金
9	1111	买入返售金融资产	22	1303	贷款
10	1121	应收票据	23	1304	贷款损失准备
11	1122	应收账款	24	1311	代理兑付证券
12	1123	预付账款	25	1321	代理业务资产

续表

顺序号	编号	会计科目名称	顺序号	编号	会计科目名称
26	1401	材料采购	58	1622	生产性生物资产累计折旧
27	1402	在途物资	59	1623	公益性生物资产
28	1403	原材料	60	1631	油气资产
29	1404	材料成本差异	61	1631	累计折耗
30	1405	库存商品	62	1701	无形资产
31	1406	发出商品	63	1702	累计摊销
32	1407	商品进销差价	64	1703	无形资产减值准备
33	1408	委托加工物资	65	1711	商誉
34	1411	周转材料	66	1801	长期待摊费用
35	1421	消耗性生物资产	67	1811	递延所得税资产
36	1431	贵金属	68	1821	独立账户资产
37	1441	抵债资产	69	1901	待处理财产损溢
38	1451	损余物资			二、负债类
39	1461	融资租赁资产	70	2001	短期借款
40	1471	存货跌价准备	71	2002	存入保证金
41	1501	持有至到期投资	72	2003	拆入资金
42	1502	持有至到期投资减值准备	73	2004	向中央银行借款
43	1503	可供出售金融资产	74	2011	吸收存款
44	1511	长期股权投资	75	2012	同业存款
45	1512	长期股权投资减值准备	76	2021	贴现负债
46	1521	投资性房地产	77	2101	交易性金融负债
47	1531	长期应收款	78	2111	卖出回购金融资产款
48	1532	未实现融资收益	79	2201	应付票据
49	1541	存出资本保证金	80	2202	应付账款
50	1601	固定资产	81	2203	预收账款
51	1602	累计折旧	82	2211	应付职工薪酬
52	1603	固定资产减值准备	83	2221	应交税费
53	1604	在建工程	84	2231	应付利息
54	1605	工程物资	85	2232	应付股利
55	1606	固定资产清理	86	2241	其他应付款
56	1611	未担保余值	87	2251	应付保单红利
57	1621	生产性生物资产	88	2261	应付分保账款

顺序号	编号	会计科目名称	顺序号	编号	会计科目名称
89	2311	代理买卖证券款	118	5101	制造费用
90	2312	代理承销证券款	119	5201	劳务成本
91	2313	代理兑付证券款	120	5301	研发支出
92	2314	代理业务负债	121	5401	工程施工
93	2401	递延收益	122	5402	工程结算
94	2501	长期借款	123	5403	机械作业
95	2502	应付债券		六、损益类	
96	2601	未到期责任准备金	124	6001	主营业务收入
97	2602	保险责任准备金	125	6011	利息收入
98	2611	保户储金	126	6021	手续费及佣金收入
99	2621	独立账户负债	127	6031	保费收入
100	2701	长期应付款	128	6041	租赁收入
101	2702	未确认融资费用	129	6051	其他业务收入
102	2711	专项应付款	130	6061	汇总损益
103	2801	预计负债	131	6101	公允价值变动损益
104	2901	递延所得税负债	132	6111	投资收益
	三、共同类		133	6201	摊回保险责任准备金
105	3001	清算资金往来	134	6202	摊回赔付支出
106	3002	货币兑换	135	6203	摊回分保费用
107	3101	衍生工具	136	6301	营业外收入
108	3201	套期工具	137	6401	主营业务成本
109	3202	被套期项目	138	6402	其他业务成本
	四、所有者权益类		139	6403	营业税金及附加
110	4001	实收资本	140	6411	利息支出
111	4002	资本公积	141	6421	手续费及佣金支出
112	4101	盈余公积	142	6501	提取未到期责任准备金
113	4102	一般风险准备	143	6502	提取保险责任准备金
114	4103	本年利润	144	6511	赔付支出
115	4104	利润分配	145	6521	保单红利支出
116	4201	库存股	146	6531	退保金
	五、成本类		147	6541	分出保费
117	5001	生产成本	148	6542	分保费用

顺序号	编号	会计科目名称	顺序号	编号	会计科目名称
149	6601	销售费用	153	6701	资产减值损失
150	6602	管理费用	154	6711	营业外支出
151	6603	财务费用	155	6801	所得税费用
152	6604	勘探费用	156	6901	以前年度损益调整

附录2 《小企业会计准则》会计科目表

顺序号	编号	会计科目名称	顺序号	编号	会计科目名称
		一、资产类	23	1602	累计折旧
1	1001	库存现金	24	1604	在建工程
2	1002	银行存款	25	1605	工程物资
3	1012	其他货币资金	26	1606	固定资产清理
4	1101	短期投资	27	1621	生产性生物资产
5	1121	应收票据	28	1622	生产性生物资产累计折旧
6	1122	应收账款	29	1701	无形资产
7	1123	预付账款	30	1702	累计摊销
8	1131	应收股利	31	1801	长期待摊费用
9	1132	应收利息	32	1901	待处理财产损溢
10	1221	其他应收款			二、负债类
11	1401	材料采购	33	2001	短期借款
12	1402	在途物资	34	2201	应付票据
13	1403	原材料	35	2202	应付账款
14	1404	材料成本差异	36	2203	预收账款
15	1405	库存商品	37	2211	应付职工薪酬
16	1407	商品进销差价	38	2221	应交税费
17	1408	委托加工物资	39	2231	应付利息
18	1411	周转材料	40	2232	应付利润
19	1421	消耗性生物资产	41	2241	其他应付款
20	1501	长期债券投资	42	2401	递延收益
21	1511	长期股权投资	43	2501	长期借款
22	1601	固定资产	44	2701	长期应付款

顺序号	编号	会计科目名称	顺序号	编号	会计科目名称
		三、所有者权益类	55	5001	主营业务收入
45	3001	实收资本	56	5051	其他业务收入
46	3002	资本公积	57	5111	投资收益
47	3101	盈余公积	58	5301	营业外收入
48	3103	本年利润	59	5401	主营业务成本
49	3104	利润分配	60	5402	其他业务成本
		四、成本类	61	5403	营业税金及附加
50	4001	生产成本	62	5601	销售费用
51	4101	制造费用	63	5602	管理费用
52	4301	研发支出	64	5603	财务费用
53	4401	工程施工	65	5711	营业外支出
54	4403	机械作业	66	5801	所得税费用
		五、损益类			

参考文献

［1］财政部. 企业会计准则（2006）. 北京：经济科学出版社，2006.

［2］财政部. 企业会计准则——应用指南（2006）. 北京：中国财政经济出版社，2006.

［3］财政部会计司编写组. 企业会计准则讲解（2008）. 北京：人民出版社，2008.

［4］会计从业资格考试辅导教材编写组. 会计基础. 北京：中国财政经济出版社，2010.

［5］会计从业资格考试辅导教材编写组. 财经法规与会计职业道德. 北京：中国财政经济出版社，2010.

［6］金跃武. 基础会计. 北京：高等教育出版社，2006.

［7］王炜、金跃武、王辉. 基础会计学习指导、习题与实训. 北京：高等教育出版社，2006.

［8］王俊生. 基础会计学. 北京：中国财政经济出版社，2009.